ÁLVARO **ANDRINI**
MARIA JOSÉ **VASCONCELLOS**

PRATICANDO
MATEMÁTICA

edição
renovada

4ª edição
São Paulo, 2018

Dados Internacionais de Catalogação na Publicação (CIP)
(Câmara Brasileira do Livro, SP, Brasil)

Andrini, Álvaro
  Praticando matemática 7 / Álvaro Andrini, Maria José Vasconcellos. –
4. ed. renovada. – São Paulo: Editora do Brasil, 2018. – (Coleção praticando
matemática)

  Suplementado pelo manual do professor.
  Bibliografia
  ISBN 978-85-10-06855-0 (aluno)
  ISBN 978-85-10-06856-7 (professor)

  1. Matemática (Ensino fundamental)
  I. Vasconcellos, Maria José. II. Título. III. Série.

18-16826   CDD -372.7

Índices para catálogo sistemático:
1. Matemática: Ensino fundamental 372.7
Maria Alice Ferreira - Bibliotecária - CRB-8/7964

© Editora do Brasil S.A., 2018
Todos os direitos reservados

Direção geral: Vicente Tortamano Avanso

Direção editorial: Felipe Ramos Poletti
Gerência editorial: Erika Caldin
Coordenação de arte: Cida Alves
Supervisão de revisão: Dora Helena Feres
Supervisão de iconografia: Léo Burgos
Supervisão digital: Ethel Shuña Queiroz
Supervisão de controle de processos editoriais: Marta Dias Portero
Supervisão de direitos autorais: Marilisa Bertolone Mendes

Supervisão editorial: Valéria Elvira Prete
Edição: Igor Marinho Guimarães da Nóbrega
Assistência editorial: Andriele de Carvalho Landim e Cristina Silva dos Santos
Auxílio editorial: Fernanda Carvalho
Coordenação de revisão: Otacilio Palareti
Copidesque: Gisélia Costa e Ricardo Liberal
Revisão: Alexandra Resende, Andréia Andrade, Elaine Fares e Maria Alice Gonçalves
Pesquisa iconográfica: Elena Ribeiro e Thais Falcão
Assistência de arte: Leticia Santos
Design gráfico: Andrea Melo
Capa: Patrícia Lino
Imagem de capa: Ivansmuk/Dreamstime.com com pesquisa iconográfica de Daniel Andrade
Ilustrações: DAE, Danillo Souza, Estúdio Ornintorrinco, Hélio Senatore, Ilustra Cartoon, Jorge Zaiba, Leonardo Conceição, Marcelo Azalim, Paulo José, Pedro Sotto, Reinaldo Rosa, Reinaldo Vignati, Ronaldo Barata e Zubartez.
Produção cartográfica: DAE e Sônia Vaz
Coordenação de editoração eletrônica: Abdonildo José de Lima Santos
Editoração eletrônica: Adriana Albano, Armando F. Tomiyoshi, Débora Jóia, Gabriela César, Gilvan Alves da Silva, José Anderson Campos e Sérgio Rocha
Licenciamentos de textos: Cinthya Utiyama, Paula Harue Tozaki e Renata Garbellini
Controle de processos editoriais: Bruna Alves, Carlos Nunes, Jefferson Galdino, Rafael Machado e Stephanie Paparella

4ª edição / 1ª impressão, 2018
Impresso na Meltingcolor Gráfica e Editora Ltda.

Rua Conselheiro Nébias, 887
São Paulo, SP – CEP 01203-001
Fone: +55 11 3226-0211
www.editoradobrasil.com.br

APRESENTAÇÃO

Prezado aluno,

Você já deve ter perguntado a si mesmo, ou a seu professor:
"Para que eu devo estudar Matemática?"
Há três respostas possíveis:

1. A Matemática permite que você conheça melhor a realidade.
2. A Matemática pode ajudar você a organizar raciocínios.
3. A Matemática pode ajudar você a fazer descobertas.

Este livro e as orientações de seu professor constituem um ponto de partida. O caminho para o conhecimento é você quem faz.

Os autores

"Não há ramo da Matemática, por mais abstrato que seja, que não possa um dia vir a ser aplicado aos fenômenos do mundo real."

Lobachevsky

*Agradecemos ao professor
Eduardo Wagner
pelos comentários e sugestões
que contribuíram para a melhoria
deste trabalho.*

SUMÁRIO

UNIDADE 1 - Números naturais

1. A sequência dos números naturais 7
2. Representação na reta e comparação entre números naturais 10
3. Leitura e escrita 10
4. Múltiplos e divisores 12
5. Mínimo múltiplo comum e máximo divisor comum 16

UNIDADE 2 - Frações e números decimais

1. Fração e divisão 25
2. Frações equivalentes 32
3. Frações e números decimais na reta numérica 34
4. Expressões numéricas 36
5. Potenciação e raiz quadrada de números decimais 39
6. O tempo e suas medidas 42

UNIDADE 3 - Números negativos

1. Onde encontramos números negativos? 57
2. Comparando números 60
3. Reta numérica 62
4. Distâncias na reta numérica 63
5. Adição envolvendo números negativos 65
6. Subtração envolvendo números negativos 69
7. Simplificando registros 70
8. Multiplicação com números negativos 73
9. Divisão envolvendo números negativos 76
10. Potenciação com base negativa 78
11. Raiz quadrada 80
12. Expressões numéricas 82

UNIDADE 4 - Proporcionalidade

1. O que é grandeza? 89
2. Escalas, plantas e mapas 94
3. Aplicações das razões....................... 98
4. Grandezas diretamente proporcionais 102
5. Grandezas inversamente proporcionais 106

UNIDADE 5 - Razões e porcentagens

1. Porcentagens: representação e cálculo 117
2. Calculando o percentual 120
3. Da parte para o todo 122
4. Cálculo direto de descontos e acréscimos 124

UNIDADE 6 - Construindo e interpretando gráficos

1. Porcentagens e gráficos 131
2. Construindo um gráfico de setores 134
3. Pictogramas 138
4. Médias 140
5. Moda e mediana 144
6. Estudando um orçamento familiar 148

UNIDADE 7 - Sólidos geométricos

1. Poliedros 157
2. Prismas e pirâmides 160
3. Poliedros regulares 165
4. Cilindros, cones e esferas 167

UNIDADE 8 - Áreas e volumes

1. Uma, duas, três dimensões 177
2. Unidades de medida de superfície 179
3. Conversões entre as unidades de medida de superfície 181
4. Comparando áreas 184
5. Área do retângulo e do quadrado 185
6. Área de polígonos 188
7. Mais cálculos de áreas… 192
8. Relações entre as unidades de medida, de volume e de capacidade 195

UNIDADE 9 - Equações

1. Letras e padrões 203
2. Equações 204
3. Algumas operações com letras 209
4. Balanças em equilíbrio e equações 212
5. Mais problemas e equações 215

UNIDADE 10 - Inequações

1. Desigualdades - símbolos e propriedades 225
2. Inequações 228
3. Inequações e problemas 230
4. Exercitando a resolução de inequações ... 232

UNIDADE 11 - Ângulos e triângulos

1. Recordando... 237
2. Congruência de segmentos e de ângulos 240
3. Ângulos suplementares 242
4. Ângulos complementares 243
5. Ângulos opostos pelo vértice 245
6. Ângulos, problemas e equações 247
7. Grau e subdivisões do grau 249
8. Bissetriz de um ângulo 251
9. Existência de triângulos 254
10. Classificação e construção de triângulos 256
11. Simetria no triângulo isósceles 258
12. Simetria no triângulo equilátero 259
13. Ângulos internos dos triângulos 261
14. Soma das medidas dos ângulos internos de um quadrilátero 263

Sugestões de livros e *sites*........ 269

Referências 272

Moldes e malhas 273

Respostas dos exercícios 284

UNIDADE 1
Números naturais

1. A sequência dos números naturais

Marcelo está contando seus CDs. Para contar usamos os números:
1, 2, 3, 4, 5, 6, 7, 8, 9, 10, 11, ...

Você sabe que, com o zero, esses números formam a sequência dos números naturais. Essa sequência é infinita, pois todo número natural tem um **sucessor**:

0, 1, 2, 3, 4, 5, 6, 7, ...

- o sucessor de 4 é 5;
- o sucessor de 25 é 26;
- o sucessor de 1 029 é 1 030;

e assim por diante.

No dicionário encontramos:
Antecessor: aquele que vem antes.

Na sequência dos números naturais:
- 7 é o antecessor de 8;
- 42 é o antecessor de 43.

Pense e responda: Qual é o antecessor de 100? Qual é o único número natural que não tem antecessor?

Podemos selecionar na sequência dos números naturais dois ou mais números **consecutivos**:
- 8 e 9 são consecutivos;
- 63, 64 e 65 são consecutivos;
- 139, 140, 141 e 142 são consecutivos.

Descubra, com os colegas, quais são os dois números naturais consecutivos que somados resultam em 95. Só vale cálculo mental!

NÚMEROS NATURAIS 7

Par ou ímpar?

No marco inicial de uma estrada, foi colocada uma placa na qual estava escrito: **km 0**. A partir dela, de 2 em 2 quilômetros, foram colocadas mais placas indicando a distância percorrida, ou a percorrer.

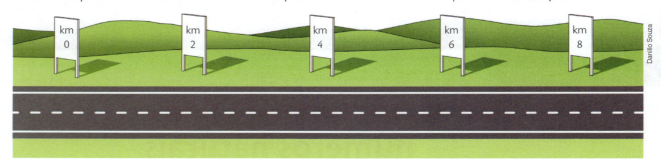

Ao contar os quilômetros de 2 em 2, a partir do zero, iniciamos a sequência dos números **pares**, que é infinita:

0, 2, 4, 6, 8, 10, 12, 14, 16, 18, 20, 22, ...

Um número natural é par quando o algarismo das unidades é igual a 0, 2, 4, 6 ou 8.

> Responda no caderno:
> Quando um número natural é **ímpar**?

Além da contagem, os números naturais têm outras aplicações. Observe as fotografias abaixo e responda oralmente que função têm os números naturais apresentados em cada uma delas.

EXERCÍCIOS

1. Veja os números que aparecem nestas frases:
   a) Lúcia comeu $\frac{1}{5}$ do bolo.
   b) O encanador comprou 8,30 m de tubo.
   c) Em Paris a temperatura atingiu −2 °C.
   d) O jogo teve 1 847 torcedores.

   Qual desses números é natural?

2. Responda.
   a) Qual é o sucessor de 58 999?
   b) Qual é o antecessor de 2 001 000?

3. A soma de três números naturais consecutivos é igual a 240. Qual é o maior desses três números?

4. Os números naturais também são usados como códigos ou para indicar ordem:

Responda.
   a) Qual é o Código de Endereçamento Postal (CEP) de sua residência?
   b) Se você está numa fila em 26º lugar, quantas pessoas têm à sua frente? Qual lugar ocupa quem tem 12 pessoas à sua frente?

5. Quais são os dois próximos números desta sequência?

5, 11, 9, 15, 13, ...

6. Se n é um número natural, qual é o valor de n quando:
   a) $n + 3 = 10$?
   b) $n - 5 = 35$?
   c) $2 \cdot n = 18$?

7. Entre quais valores pode variar a pontuação obtida se lançarmos simultaneamente 2 dados?

8. O senhor Alfredo é carteiro. Ele tem dez cartas para entregar, uma em cada residência, nos números:

| 14 | 25 | 47 | 62 | 74 |
| 95 | 110 | 119 | 123 | 141 |

   a) No lado esquerdo da rua as casas estão numeradas com números ímpares. Quais são eles?
   b) Quantas cartas seu Alfredo entregará no "lado par" da rua?
   c) Se entregar as cartas seguindo a ordem dos números, quantas vezes ele terá de atravessar a rua?

2. Representação na reta e comparação entre números naturais

A cada número natural, fizemos corresponder um ponto na **reta numérica**.

Essa representação facilita a comparação entre dois números: o **maior** número é o que está representado à **direita** do outro na reta numérica. Veja os exemplos:

- 5 > 3 (lemos: cinco é maior que três)
- 2 < 7 (dois é menor que sete)
- 1 > 0 (um é maior que zero)
- 4 = 4 (quatro é igual a quatro)

3. Leitura e escrita

Os números naturais aparecem com frequência em tabelas e gráficos. Veja a tabela de dados e o gráfico de barras com dados do IBGE sobre a população estimada da capital de alguns estados brasileiros e do Distrito Federal.

Capital	Nº de habitantes
Rio de Janeiro	6 453 682
Belém	1 432 844
São Luís	1 064 197
Brasília	2 852 372
Curitiba	1 864 416

Fonte: <www.ibge.gov.br/>.
Acesso em: dez. 2014.

População de algumas capitais brasileiras

Vamos tomar como exemplo a população estimada de Brasília: 2 852 372 habitantes.
Lemos: dois milhões, oitocentos e cinquenta e dois mil trezentos e setenta e dois habitantes.
2 852 372 = 2 000 000 + 800 000 + 50 000 + 2 000 + 300 + 70 + 2
Observe que esse número tem 3 classes e 7 ordens:

		2	8	5	2	3	7	2
Ordem das centenas de milhão	Ordem das dezenas de milhão	Ordem das unidades de milhão	Ordem das centenas de milhar	Ordem das dezenas de milhar	Ordem das unidades de milhar	Ordem das centenas	Ordem das dezenas	Ordem das unidades
Classe dos milhões			Classe dos milhares			Classe das unidades simples		

Arredondando esse número para a centena de milhar mais próxima, temos 2 900 000 habitantes.

> **Desafio!**
> Quem vai à lousa fazer com a população das outras capitais o mesmo que foi feito com a população de Brasília?

EXERCÍCIOS

9. (Saresp) A figura abaixo mostra quantos metros André, Bento e César já percorreram na corrida que estão apostando.

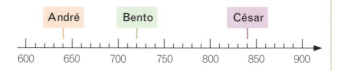

Qual é a distância, em metros, percorrida individualmente pelos meninos?

10. Considere o número:

3 860 982

a) Escreva como lemos esse número.
b) Quantas unidades representa o algarismo 8 que está à esquerda do 2? E o que está à esquerda do 6?

11. Observe que um mil (1 000) tem 3 zeros e um milhão (1 000 000) tem 6 zeros. Quantos zeros tem um bilhão? E um trilhão?

12. Reescreva a notícia, representando o número com algarismos.

O planeta Terra tem cerca de sete bilhões de habitantes.*

*Estimado em 2014.

13. Se eu quero representar o antecessor de *n*, escrevo *n* − 1. Se eu quero representar o sucessor de *n*, o que devo escrever?

14. Observe a tabela:

Número de habitantes de algumas capitais brasileiras Ano: 2014*	
Brasília	2 852 372
Cuiabá	575 480
Curitiba	1 864 416
Manaus	2 020 301
Natal	862 044
São Paulo	11 895 893

*Estimativa   Fonte: <www.ibge.gov.br/>.
Acesso em: dez. 2014.

a) Qual é a cidade mais populosa? E a menos populosa?

Ladeira Porto Geral na região da rua 25 de Março, em São Paulo.

b) Quais cidades têm menos de um milhão de habitantes?
c) Coloque em ordem crescente os números da tabela.

15. Considere todos os números naturais de três algarismos diferentes formados por 3, 4 e 5. Responda.

a) Quais começam por 3?
b) Quais começam por 4?
c) Quais começam por 5?
d) Quantos são no total?

4. Múltiplos e divisores

Sequência dos múltiplos de um número natural

Em geral, os ovos são vendidos em embalagens com 12 unidades cada uma.

1 embalagem contém:
1 · 12 = 12 ovos

2 embalagens contêm:
2 · 12 = 24 ovos

3 embalagens contêm:
3 · 12 = 36 ovos

Quantos ovos teremos se comprarmos:

- 4 embalagens?
- 5 embalagens?
- 6 embalagens?

Para obter o número de ovos, multiplicamos o número de embalagens por 12.

O número de ovos será sempre um **múltiplo** de 12.

0, 12, 24, 36, 48, 60, ... é a sequência dos múltiplos de 12. Essa sequência é infinita.

Observe que ela é obtida multiplicando os números naturais por 12.

0 · 12 = 0   1 · 12 = 12   2 · 12 = 24   3 · 12 = 36   4 · 12 = 48

e assim por diante.

> Pense e responda oralmente:
> Se comprarmos n embalagens, quantos ovos teremos?

> Desafio!
> 1. Quem vai à lousa escrever a sequência:
>   a) dos múltiplos de 4?
>   b) dos múltiplos de 15?
> 2. Qual é o número que é múltiplo de todos os números naturais?

Será que 212 é múltiplo de 12?

Ajude a Adriana! Converse com os colegas e explique como podemos descobrir se um número é múltiplo de outro.

Divisores de um número natural

Nas embalagens mais encontradas no comércio, os ovos são dispostos assim:

2 · 6 = 12

No entanto, podemos imaginar outras formas de dispô-los:

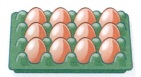 

3 · 4 = 12

3 e 4 são os fatores, 12 é o produto

1 · 12 = 12

Observe que encontramos os fatores ou **divisores** de 12: 1, 2, 3, 4, 6 e 12. Também dizemos que 12 é **divisível** por 1, 2, 3, 4, 6 e 12.

Quer ver mais um exemplo? Os divisores de 20 são: 1, 2, 4, 5, 10 e 20.

REFLETINDO

Qual é o menor divisor de um número natural? E o maior?

1. Escreva os divisores ou fatores de:
   a) 18   b) 35   c) 100   d) 1

2. Ana disse que 8 é divisor de 32. André falou que 32 é divisível por 8. Quem acertou?

3. É possível distribuir 816 maçãs em caixas com 24 maçãs cada uma sem que sobrem ou faltem maçãs? Justifique sua resposta.

Responda no caderno!

INTERAGINDO

Respondam no caderno.

1. A soma de dois números ímpares é par ou ímpar? E o produto?
2. A soma de um número natural com seu sucessor é par ou ímpar?
3. Como representamos o antecessor e o sucessor de um número natural $x + 2$?
4. Quantos números naturais há do número 15 até o número 65? Quantos são pares?
5. Como descobrimos se um número é múltiplo de outro?
6. Como obtemos a sequência dos múltiplos de um número natural x?

NÚMEROS NATURAIS

EXERCÍCIOS

16. Verdadeiro ou falso?

   a) 2 é divisor de 85
   b) 13 é divisor de 39
   c) 78 é divisível por 2
   d) 54 é divisível por 8

17. Escreva os múltiplos de 8 maiores que 130 e menores que 170.

18. O número 665 é termo desta sequência?

19. Escreva os quatro termos seguintes das sequências numéricas.

   a) $3 \cdot n \rightarrow$ 3, 6, 9, ...
   b) $2 \cdot n + 1 \rightarrow$ 3, 5, 7, ...

20. Em um jogo de bingo um senhor concorre com a seguinte cartela:

3		27		46		63		84
	11		36		55	65	72	
	16	25			54		75	89

Neste momento já foram sorteados:
   • os números múltiplos de 3;
   • os números múltiplos de 5.

Quais números estão faltando para que a cartela seja preenchida?

21. Qual é o próximo termo da sequência?

   2 187, 729, 243, 81, ...

22. Responda.

   a) Quem tem mais divisores: o número 17 ou o número 12?
   b) Quem tem mais divisores: o número 7 ou o número 11?
   c) Qual é o menor divisor de um número?
   d) Qual é o maior divisor de um número?

23. Quais números naturais compreendidos entre 30 e 80 são divisíveis por 5, mas não são divisíveis por 10?

24. Qual número:

   • é múltiplo de 5;
   • está compreendido entre 30 e 50;
   • e é múltiplo de 8?

25. Numa sala de aula há 35 alunos.

   a) Essa turma poderia ser dividida em 5 grupos com o mesmo número de alunos? Justifique.
   b) Essa turma poderia ser dividida em 4 grupos com o mesmo número de alunos? Justifique.
   c) Existe outra possibilidade de formação de grupos com o mesmo número de alunos (não valem grupos com apenas 1 aluno)? Qual?

Números primos

E os **números primos**? Lembra-se deles? São os números naturais que têm exatamente dois divisores: 1 e ele mesmo.

> 2, 3, 5, 7 e 11, por exemplo, são números primos

Existem infinitos números primos. O único número par que é primo é o 2.

O nome **primo** nada tem a ver com parentesco. Seu significado é de "primeiro". Isso porque todo número natural não primo maior que 1 pode ser escrito como produto de números primos, ou seja, os primos "geram" os demais números naturais por meio da multiplicação. Acredita-se que os gregos antigos foram os primeiros a perceber essa propriedade.

Veja exemplos:

- $15 = 3 \cdot 5$

- $28 = 4 \cdot 7 = 2 \cdot 2 \cdot 7 = \boxed{2^2 \cdot 7}$ .... $2^2 \cdot 7$ é a forma fatorada prima de 28

- $99 = 9 \cdot 11 = 3^2 \cdot 11$

> Escreva no caderno a forma fatorada prima do número 36.

EXERCÍCIOS (NO CADERNO)

26. Veja algumas pilhas de blocos numerados:

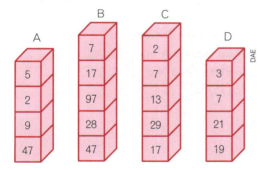

Qual é a pilha constituída somente de números primos?

27. Quais números são primos?

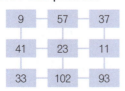

28. Substitua as letras por números para que as decomposições em fatores primos fiquem corretas.

a)
350	2
A	5
35	B
C	7
1	

b)
A	2
60	B
30	2
C	3
5	D
1	

29. A fatoração completa de 1 176 é:

a) $2^2 \cdot 3^2 \cdot 7$ c) $2^3 \cdot 3 \cdot 7^2$
b) $2^3 \cdot 3^2 \cdot 7$ d) $2^3 \cdot 3 \cdot 7$

30. Sendo $A = 2^2 \cdot 3 \cdot 7^3$, então a afirmação correta é:

a) *A* é um número ímpar.
b) *A* é um número primo.
c) 21 é múltiplo de *A*.
d) 49 é um divisor de *A*.

NÚMEROS NATURAIS **15**

5. Mínimo múltiplo comum e máximo divisor comum

Vamos rever os conceitos de mínimo múltiplo comum (**mmc**) e de máximo divisor comum (**mdc**) resolvendo problemas.

mmc

1. Cristina tem um belo jardim em sua casa. Para mantê-lo bonito, ela rega as plantas a cada 6 dias e aplica uma solução com vitaminas para as raízes a cada 8 dias. Às vezes, as duas tarefas coincidem no mesmo dia. De quanto em quanto tempo isso acontece? Consideremos como zero o dia em que as tarefas coincidem.
   - Regar as plantas: 0, 6, 12, 18, 24, 30, 36, 42, 48, ... (são os múltiplos de 6).
   - Aplicar a solução: 0, 8, 16, 24, 32, 40, 48, 56, 64, ... (são os múltiplos de 8).

   As tarefas coincidem em intervalos de tempo que são **múltiplos comuns** de 6 e de 8: 0, 24, 48, 72, ... A primeira coincidência depois do dia zero acontecerá em 24 dias, que é o mmc de 6 e 8. Escrevemos mmc (6, 8) = 24.

> Tente responder mentalmente:
> Se Cristina regasse as plantas a cada 4 dias e aplicasse a vitamina a cada 10 dias, de quantos em quantos dias as tarefas coincidiriam?

mdc

2. Maurício está criando um jogo que tem como tema a Olimpíada. Ele fez cartões que representarão alguns dos países que participam dos Jogos Olímpicos. São 32 cartões para países que pertencem ao Hemisfério Norte e 24 para os que pertencem ao Hemisfério Sul. Esses cartões serão separados e distribuídos igualmente entre os jogadores. Nenhum cartão pode sobrar.
   - Quantos participantes o jogo pode ter?
   - Qual é o número máximo de jogadores?

   Vamos ajudá-lo a responder.
   Os divisores de 32 são: 1, 2, 4, 8, 16 e 32.
   Os divisores de 24 são: 1, 2, 3, 4, 6, 8, 12 e 24.
   Os divisores comuns de 32 e 24 são: 1, 2, 4 e 8.
   Qual é o máximo divisor comum (mdc) de 24 e 32?

> Para que a distribuição dos cartões funcione, o número de jogadores precisa ser divisor de 32 e de 24 ao mesmo tempo. Quais são eles? Qual é o mdc (24, 32)?

Respondam no caderno.

1. Dezessete é um número primo. Os múltiplos de 17 são números primos?
2. Determinem os múltiplos de 8 compreendidos entre 150 e 200. Expliquem como fizeram.
3. Observem:

| mmc (9, 27) = 27 | mmc (15, 30) = 30 | mmc (8, 4, 2) = 8 | mmc (7, 14, 28) = 28 |
| mdc (9, 27) = 9 | mdc (15, 30) = 15 | mdc (8, 4, 2) = 2 | mdc (7, 14, 28) = 7 |

O que ocorre com o mmc e o mdc dos números quando um deles é múltiplo do(s) outro(s)?

4. Quais são o mmc e o mdc de dois números primos? E de dois números consecutivos?

EXERCÍCIOS

31. Pense nos múltiplos de 4.
a) Indique todos os múltiplos de 4 menores que 30.
b) Dos números que você escreveu, quais são também múltiplos de 6?
c) Qual é o mínimo múltiplo comum de 4 e 6?

32. No mês de março, Celso jogou tênis nos dias ímpares e Rodrigo jogou tênis nos dias múltiplos de 3. Quantas vezes ambos jogaram tênis no mesmo dia?

Março						
Dom	Seg	Ter	Qua	Qui	Sex	Sáb
			1	2	3	4
5	6	7	8	9	10	11
12	13	14	15	16	17	18
19	20	21	22	23	24	25
26	27	28	29	30	31	

33. Quais números são simultaneamente divisores de 16 e 28? Qual é o maior deles?

34. Sempre que o mdc de dois números naturais é igual a 1, dizemos que esses números **são primos entre si**.
Usando essa informação, qual desses pares de números são primos entre si?

a) 6 e 10
b) 8 e 13
c) 35 e 45
d) 44 e 77

35. Na cozinha de um restaurante, a manutenção do fogão é feita a cada dois dias; a da geladeira, a cada três; e a do *freezer*, a cada cinco dias. Hoje, os três equipamentos estão sendo revisados. Daqui a quantos dias essa coincidência ocorrerá novamente?

36. Uma empresa pretende armazenar 700 kg de sabão em pó fazendo o melhor aproveitamento do espaço. Que modelo de caixa apresentado abaixo a empresa deve utilizar e quantas caixas serão necessárias?

37. Um lojista tem 45 lâmpadas: 12 amarelas, 15 azuis e 18 verdes. Com essas 45 lâmpadas, quer formar caixas que tenham cada uma o mesmo número de lâmpadas amarelas, azuis e verdes. Quantas caixas pode formar e qual será a composição de cada caixa?

38. Em uma caixa há mais de 50 laranjas e menos de 60.

◆ Se tirarmos as laranjas de 3 em 3, sobram 2.
◆ Se tirarmos de 5 em 5, sobram 4.
Quantas laranjas há na caixa?

VALE A PENA LER

Zero, a grande invenção

O zero é um dos mais importantes personagens da história da Matemática. Parece estranho dizer isso, pois pensamos: zero é nada, não tem sentido contar zero estrela, zero caneta... Para que inventar um símbolo que representa o nada? Por isso, muitas civilizações ignoraram o zero durante séculos. O sistema de numeração romano, por exemplo, não tem representação para o zero.

No entanto, imagine a seguinte situação: o pastor conta suas ovelhas: são 204, ou seja, 2 centenas, nenhuma dezena e 4 unidades. Se só existissem os símbolos 2 e 4, como mostrar que a posição das dezenas deve estar vazia? Como escrever que entre o 2 e o 4 há uma posição sem nenhuma quantidade?

O registro para 24, 204, 2 004, 2 400, 20 004 etc. seria o mesmo, ou seja, confusão na certa. A invenção de um símbolo para indicar a posição vazia tornou o sistema de numeração posicional que hoje usamos realmente eficiente, permitindo que fosse possível registrar qualquer quantidade utilizando somente dez símbolos. Portanto, o zero resolveu um problema de escrita dos números.

O povo indiano, criador do sistema de numeração que hoje usamos, inicialmente usava uma palavra para denominar o zero: *sunya*, que significa "vazio". Os árabes traduziram essa palavra por *sifr* (vago), que em latim foi traduzido por *zephyrum*. Ao longo do tempo, os nomes foram se modificando e hoje usamos a palavra **zero**.

Embora se atribua aos hindus a utilização prática do zero no registro de números, a ideia do zero aparece em vários sistemas de numeração antigos, como o da civilização maia, que viveu no território que abrangia da Guatemala até o México.

Curiosidade

Veja na figura ao lado o formato dos algarismos arábicos que se encontra na página de rosto do livro *Libro Intitulado Arithmetica Practica*, escrito por Juan de Yciar, matemático e calígrafo espanhol — 1549.

Que tal descobrir um pouco mais sobre a história do zero?
Combine com os colegas e pesquisem em livros, enciclopédias ou na internet.
Depois troquem informações!

REVISANDO

39. Verdadeiro ou falso?
a) 42 é múltiplo de 6
b) 11 é divisor de 21
c) 36 tem 9 divisores
d) Zero é divisor de todos os números.

40. Descubra o número!

> Sou um número com 75 dezenas e a soma dos meus algarismos é 16.

41. A quantia de seis milhões, quinze mil quatrocentos e trinta e dois reais é repartida igualmente entre três ganhadores da Lotomania.
Quanto recebe cada um deles?

42. Observe a sequência:

4, 8, 12, 16, 20, ...

a) Qual é o décimo termo dessa sequência? E o 27º?
b) Qual é o termo de ordem n?

43. (Vunesp) Num curso de inglês, a distribuição das idades dos alunos é dada pelo gráfico seguinte.

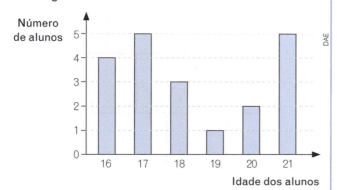

a) Qual é o número total de alunos do curso?
b) Qual é o número de alunos com no mínimo 19 anos?

44. Sejam x, y, 75 e z números naturais consecutivos. Descubra qual é o valor de $x + y + z$.

45. A soma de dois números ímpares é um número par ou um número ímpar? E a soma de dois números pares?

46. A soma de dois números naturais consecutivos é par ou é ímpar?

47. Hoje é sábado. Que dia da semana será daqui a 99 dias?

48. (Encceja) Marcela, responsável pela decoração da festa de São João, decidiu dispor as bandeirolas na seguinte sequência:

Fila	1ª	2ª	3ª
Número de bandeirolas	7	12	17

No pátio da escola cabiam 7 filas. Obedecendo a mesma sequência numérica do quadro, qual o número de bandeirolas da última fila?

49. Roberto pensou num número primo menor que 10. Multiplicou o número por 5 e somou 2 ao resultado. Obteve também um número primo menor que 40. Em que número ele pensou?

50. Os frascos da figura contêm bombons. Se o primeiro tiver 32 bombons, estime o número de bombons do segundo frasco.

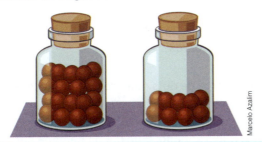

Fazer uma **estimativa** é indicar um valor aproximado de uma quantidade comparando-a com outra que se conhece.

51. Um número natural dividido por 8 deixa resto 6. O resto da divisão desse número por 4 é igual a:

a) 0
b) 2
c) 3
d) 4

52. (Obmep) Daniela fez uma tabela mostrando a quantidade de água que gastava em algumas de suas atividades domésticas.

Atividade	Consumo	Frequência
Lavar roupa	150 litros por lavagem	1 vez ao dia
Tomar um banho de 15 minutos	90 litros por banho	1 vez ao dia
Lavar o carro com mangueira	100 litros por lavagem	1 vez na semana

Para economizar água, ela reduziu a lavagem de roupa para 3 vezes por semana, o banho diário para 5 minutos e a lavagem semanal do carro para apenas um balde de 10 litros. Quantos litros de água ela passou a economizar por semana?

a) 1010
b) 1110
c) 1210
d) 1211
e) 1310

53. Quais números de cinco algarismos podemos escrever utilizando os que estão abaixo?

54. A balança a seguir está em equilíbrio. Qual é a massa da manga em gramas?

55. Dona Maria tem 5 pacotes com restos de feijão.

Quais pacotes devemos juntar para obter exatamente um quilograma de feijão?

56. Cada quadrado mede 7 cm de lado. Qual é o perímetro da figura?

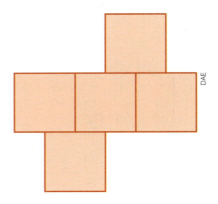

57. Márcia mediu o comprimento de uma mesa usando palitos de picolé, todos com 12 cm. Se ela verificou que a medida era de 19 palitos, qual é o comprimento da mesa, em metros?

58. Quais são os números naturais que estão compreendidos entre:

a) 76 e 79?   b) 50 e 54?
   Quantos são?   Quantos são?

> Se você já descobriu a regra, pode continuar!

Quantos números naturais há entre 205 e 273?

59. Um capítulo de um livro de Matemática vai do início da página 27 até o fim da página 46. Quantas são as páginas desse capítulo?

60. Na sequência apresentada, o número de asteriscos que deveria aparecer no final dela é:

*	***	*****	...	▨
0	1	2		10

a) 19   c) 23
b) 21   d) 24

61. Fernanda tem 5 irmãos. Marcos tem 4 irmãos. Fernanda, Marcos e os irmãos de ambos somam:

a) 9   c) 11
b) 10   d) 12

62. (Prominp) Antes de ontem foi terça-feira. Amanhã é dia 10. Ontem foi:

a) quinta-feira, dia 9.
b) segunda-feira, dia 8.
c) quarta-feira, dia 8.
d) quarta-feira, dia 11.

63. (Saresp) Foi feito o levantamento do número de meninos e meninas entre 4 turmas de uma escola. O resultado é apresentado na tabela abaixo.

Turma	Meninos	Meninas
A	22	29
B	24	19
C	22	23
D	26	26

Qual, dentre os gráficos abaixo, melhor representa essa tabela?

a)
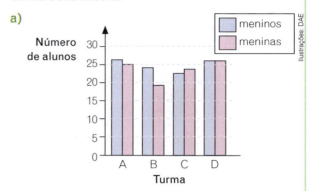

b)
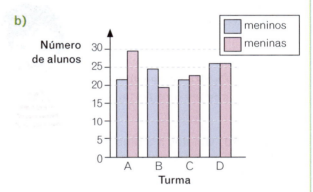

c)
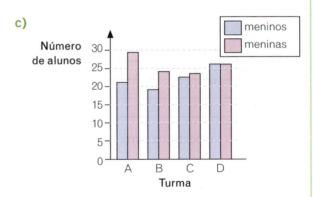

d)
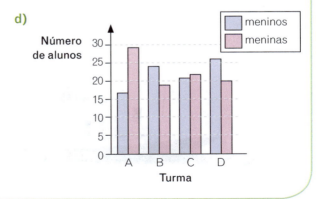

DESAFIOS NO CADERNO

64. (Prominp) Uma lâmpada pisca de 10 em 10 segundos. Outra lâmpada pisca de 8 em 8 segundos. Se elas piscam juntas em um momento, voltarão a piscar juntas daqui a quantos segundos?

65. Gabriel vai escolher dois ingredientes diferentes para fazer uma *pizza*. Pode escolher:

atum   frango   presunto

muçarela   calabresa

Quantos tipos de *pizza* diferentes Gabriel pode fazer?

Mostre como você chegou à resposta.

66. (Uenf-RJ) Um dos maiores acidentes do século XX foi o naufrágio do transatlântico Titanic. Segundo informações divulgadas, salvaram-se desse naufrágio 318 passageiros na 1ª e 2ª classes, dos quais 249 eram mulheres e crianças. Considere a tabela abaixo, que mostra a distribuição dos sobreviventes por classe.

Classe	Homens	Mulheres e crianças
1ª	?	145
2ª	15	?

Calcule o número que corresponde à quantidade de:

a) mulheres e crianças que se salvaram na 2ª classe;

b) homens que se salvaram na 1ª classe.

67. (Obmep) O piso de uma cozinha foi revestido de ladrilhos brancos e pretos, conforme a figura. Cada ladrilho branco custou R$ 2,00 e cada ladrilho preto custou R$ 3,00. Quanto foi gasto na compra de ladrilhos?

68. (UERJ) Deseja-se transportar 480 livros iguais em caixas que têm as mesmas medidas. Sabe-se que em cada caixa cabem 36 livros. Qual é o número de livros que ficará do lado de fora das caixas?

69. Se eu tivesse 4 lápis a mais do que tenho, poderia dar a você 7 lápis e ainda ficaria com 2. Quantos lápis eu tenho?

70. (Obmep) O número da casa de Júlia tem exatamente três algarismos, cuja soma é 24.

Encontre todos os possíveis números da casa de Júlia, em cada uma das situações a seguir.

a) Os três algarismos são iguais.

b) Os algarismos são todos diferentes.

c) Apenas dois algarismos são iguais.

SEÇÃO LIVRE

Lendo códigos de barras

Vemos, abaixo, o código de barras de um produto alimentício fabricado no Brasil.

Observe que ele é composto de 13 algarismos.

Vamos descobrir o que eles representam?

Os três primeiros indicam o país de origem do produto. No exemplo, o Brasil: 789.

Os quatro algarismos seguintes identificam a empresa fabricante. Os próximos cinco dígitos representam o código do produto dentro da classificação da própria empresa, especificando sabor, modelo, cor, por exemplo.

O último algarismo é chamado de dígito de controle. Ele é obtido por meio de operações feitas com os algarismos anteriores, servindo assim para confirmar se a leitura do código foi feita corretamente.

Quando passamos uma mercadoria pelo caixa, o leitor óptico envia ao computador a sequência de barras pretas e brancas impressa no rótulo ou na etiqueta do produto. Um *software* interpreta qual sequência de números ela representa, identificando o produto e seu preço.

Observe que, quando a leitura óptica falha por algum motivo, o caixa digita a sequência de algarismos que aparece abaixo das barras.

O tipo de código que interpretamos no nosso exemplo é conhecido como EAN13 e está entre os mais utilizados. No entanto, não é o único existente.

Atualmente, o código de barras é aplicado em muitas áreas: indústria, comércio, contas de consumo (como luz e água), boletos bancários, hospitais, correios, transportes etc.

Vamos comprovar o que aprendemos?

1. Verifique em alguns códigos de barras de produtos brasileiros que realmente todos começam com 789, que é o código do Brasil. Anote alguns códigos de barras no caderno.

2. Procure, em casa ou no supermercado, produtos fabricados pela mesma empresa. Os quatro algarismos seguintes à identificação do país são iguais?

3. No supermercado, encontramos produtos fabricados em outros países. Descubra e anote no caderno, para mostrar aos colegas, o código de identificação de dois países diferentes.

AUTOAVALIAÇÃO

NO CADERNO

Anote no caderno o número do exercício e a letra correspondente à resposta correta.

71. A diferença entre o número três milhões, cinco mil e dezenove e o número três mil quinhentos e dezenove é:

a) 297 000
b) 301 500
c) 3 496 662
d) 3 001 500

72. 0 · 78 e 0 : 78 são, respectivamente, iguais a:

a) 0 e 0
b) 0 e 78
c) 78 e 0
d) 78 e 78

73. Das alternativas abaixo, a única que apresenta dois múltiplos de 75 e três divisores de 75 é:

a) 1, 3, 5 e 75
b) 0, 1, 3 e 750
c) 1, 5, 75 e 100
d) 1, 3, 75 e 750

74. O mínimo múltiplo comum de 9 e 27 é igual:

a) ao triplo de 9.
b) ao triplo de 27.
c) à terça parte de 9.
d) à terça parte de 27.

75. (Encceja) Para controlar a quantidade de remédio que precisava ser administrada em um paciente durante 7 dias, uma enfermeira construiu a seguinte tabela:

Dia	1º	2º	3º	4º	5º
Mililitros	180	160	140	120	100

A quantidade de remédio registrada na tabela representa uma sequência. No 7º dia, esse paciente deverá tomar, desse medicamento:

a) 80 mililitros.
b) 60 mililitros.
c) 40 mililitros.
d) 20 mililitros.

76. (Cesgranrio-RJ) Augusto está em uma fila de pessoas. Quando as pessoas na fila são contadas de trás para a frente, Augusto é o 8º. No entanto, se contadas de frente para trás, ele ocupa a 10ª posição. Quantas pessoas há nessa fila?

a) 16
b) 17
c) 18
d) 19

77. (Obmep) O número de consultas mensais realizadas em 2006 por um posto de saúde está representado no gráfico abaixo. Em quantos meses foram realizadas mais de 1 200 consultas?

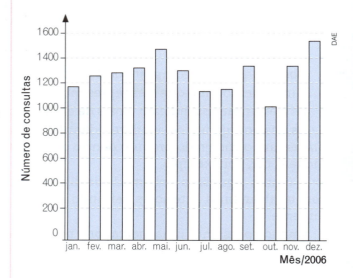

a) 6
b) 7
c) 8
d) 9

78. (UFRJ) Maria quer fazer um colar usando contas azuis e brancas, de tal forma que sejam intercaladas 3 contas brancas com 4 contas azuis. Se Maria usar um total de 91 contas para fazer este colar, o total de contas azuis usadas será igual a:

a) 48
b) 52
c) 56
d) 60

UNIDADE 2

Frações e números decimais

1. Fração e divisão

Pense na seguinte situação:
Duas barras de chocolate devem ser divididas igualmente entre 5 crianças.

Para resolvê-la, podemos dividir cada barra em 5 partes iguais.

Cada criança recebe $\frac{2}{5}$ da barra de chocolate.

Observe que dividimos 2 por 5 e obtivemos $\frac{2}{5}$.

Então, $2 : 5 = \frac{2}{5}$.

E se tivéssemos 3 barras de chocolate para dividir igualmente entre 2 crianças?

Cada criança receberia $\frac{3}{2}$ da barra de chocolate.

Ou seja, $3 : 2 = \frac{3}{2} = 1\frac{1}{2}$.

fração ← → número misto

Nas situações acima encontramos um novo significado para as frações: o de quociente entre números. Podemos usar o traço de fração para indicar uma divisão.

> **Desafio!**
> Quem vai à lousa mostrar com figuras que $3 : 4 = \frac{3}{4}$?

Agora vamos efetuar a divisão 2 : 5.

```
 2  | 5
20   0,4
 0
```

Então, 2 : 5 = 0,4. Observe que o quociente é um número decimal.

Podemos representar 2 : 5 de duas maneiras:

- $\frac{2}{5}$ (forma fracionária)
- 0,4 (forma decimal)

Com base nessas ideias podemos escrever:

1. Frações na forma de número decimal

Veja exemplos:

- $\frac{1}{8} = 1 : 8 = 0,125$
- $\frac{3}{2} = 3 : 2 = 1,5$

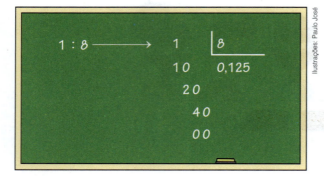

Vamos fazer a próxima divisão com o auxílio de uma calculadora?

- $\frac{15}{32} = 15 : 32 = ?$

Digitamos 15 ÷ 32 = 0,46875. Logo, $\frac{15}{32} = 0,46875$.

Agora observe:

- $\frac{5}{9} = 5 : 9 = 0,555...$

Nessa divisão não é possível chegar ao resto zero.

A representação decimal de $\frac{5}{9}$ é uma **dízima periódica**. Seu período é 5.

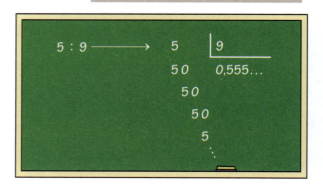

Período de uma dízima periódica é o número formado pelo(s) algarismo(s) que se repete(m).

Use a calculadora para escrever $\frac{161}{125}$ na forma de número decimal.

REFLETINDO

Responda no caderno.

1. Júlio pediu ao funcionário da mercearia $\frac{1}{4}$ de quilo (kg) de muçarela.

   O visor da balança indicou 0,25 kg. Por quê?

2. É comum pedidos como "$\frac{1}{2}$ quilo de muçarela" ou "$\frac{3}{4}$ de quilo de muçarela".

   O que o visor da balança indicaria nesses casos?

3. O que você acha que é mais frequente nas receitas culinárias ou listas de compras: medidas registradas na forma fracionária ou na forma decimal?

26

2. Números decimais na forma de fração

- $0{,}125 = \dfrac{125}{1000} = \dfrac{1}{8}$ (forma simplificada)

- $2{,}4 = \dfrac{24}{10} = \dfrac{12}{5}$ (forma simplificada)

- $0{,}95 = \dfrac{95}{100} = \dfrac{19}{20}$ (forma simplificada)

Você percebeu que transformamos o número decimal em fração decimal (denominador 10, 100, 1 000 etc.)? Depois, como foi possível, simplificamos a fração.

Divida 19 por 20. Que número você obteve?

Falando em calculadora...

Paulo queria descobrir qual das frações era maior: $\dfrac{33}{25}$ ou $\dfrac{49}{40}$.

Na calculadora ele fez:

33 ÷ 25 = 1,32

49 ÷ 40 = 1,225

Como a parte inteira dos dois números decimais é igual a 1, vou comparar a parte decimal: 3 décimos é maior que 2 décimos. Então, 1,32 > 1,225.

Usando a representação decimal das frações, Paulo concluiu que:

$\dfrac{33}{25}$ é maior que $\dfrac{49}{40}$, ou seja: $\dfrac{33}{25} > \dfrac{49}{40}$.

 REFLETINDO

Um número natural que tem mais algarismos do que outro é sempre maior do que ele:

$\underbrace{103}_{3 \text{ algarismos}} > \underbrace{99}_{2 \text{ algarismos}}$

Isso ocorre com os números decimais?

$\underbrace{9{,}7}_{2 \text{ algarismos}}$ é maior ou menor que $\underbrace{1{,}8153}_{5 \text{ algarismos}}$?

Quem representou, pela primeira vez, "um meio", tal como você conhece, foi o matemático italiano Leonardo de Pisa, também conhecido como Fibonacci, que viajou pelo Oriente e aprendeu como os árabes e os hindus representavam as frações. Assim, por volta do ano 1200 d.C., quando regressou à Itália, ele publicou um livro no qual "um meio" apareceu representado por $\dfrac{1}{2}$.

O uso frequente das frações e dos números decimais deve-se ao holandês Simon Stevin (1548-1620).

Atualmente, com o desenvolvimento das calculadoras e dos computadores, o uso dos números decimais tem-se tornado cada vez mais importante.

Em algumas situações as frações facilitam nossa vida.

Situação 1

Para dividir igualmente uma barra de chocolate entre 3 crianças, basta dividi-la em 3 partes iguais e dar $\frac{1}{3}$ a cada criança.

No entanto, usando números decimais, temos:
1 : 3 = 0,333..., que é uma dízima periódica.

```
1     | 3
1 0    0,333
  1 0
    1 0
      1
```

0,333... de um chocolate? Que complicado! É melhor usar uma fração!

Situação 2

Com R$ 7,00, quantos pacotes de figurinhas que custam R$ 0,25 cada um podemos comprar?

Para descobrir, basta fazer 7 : 0,25.

Veja esta sugestão de cálculo: $0,25 = \frac{1}{4}$.

$$7 : 0,25 = 7 : \frac{1}{4} = 7 \cdot 4 = 28$$

Dividir por 0,25 é o mesmo que dividir por $\frac{1}{4}$. E dividir por $\frac{1}{4}$ é o mesmo que multiplicar por 4.

Compare essa solução com a que mostramos a seguir!

Eu resolvi assim: se cada pacote custa 25 centavos, então 4 pacotes custam 1 real.

Desse modo, com 7 reais podemos comprar 28 pacotes de figurinhas, pois 7 · 4 = 28.

EXERCÍCIOS

1. Em quais das situações a seguir há possibilidade de uma distribuição em partes iguais?
   a) Dividir 48 camisas entre 5 pessoas.
   b) Dividir 3 litros de leite entre 4 crianças.
   c) Dividir 19 tesouras entre 3 pessoas.
   d) Dividir 21 metros de arame entre 6 pessoas.

2. Responda.
   a) Três dias representam que fração da semana?
   b) Vinte minutos representam que fração da hora?
   c) Vejo televisão duas horas por dia. Que fração do dia ocupo vendo televisão?

3. Que fração do litro ocupa o líquido que está dentro de cada um dos frascos?

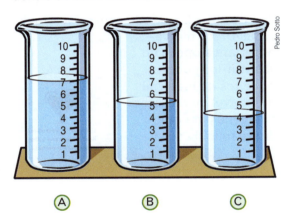

Como você escreve essas frações na forma de número decimal?

4. Escreva de dois modos diferentes cada um dos quocientes.

Exemplo: $1 : 4 = \dfrac{1}{4} = 0,25$

   a) 8 : 10
   b) 4 : 25
   c) 9 : 8
   d) 41 : 20

5. Escreva os números decimais na forma de fração simplificada.
   a) 6,5
   b) 0,75
   c) 3,120
   d) 1,04

6. Um real equivale a 100 centavos. A que fração do real equivale:
   a) 25 centavos?
   b) 50 centavos?
   c) 10 centavos?
   d) 3 centavos?

7. Copie e complete o quadro.

Fração	$\dfrac{2}{8}$	$\dfrac{2}{6}$	$\dfrac{2}{5}$	$\dfrac{8}{3}$
Número decimal	0,25			

Quais frações dessa tabela geram uma dízima periódica?

8. Copie apenas as afirmações verdadeiras.
   a) 0,18 é o mesmo que $\dfrac{18}{10}$
   b) $\dfrac{6}{20}$ representa o número 0,3
   c) 0,9 pode ser representado por uma fração decimal
   d) $\dfrac{7}{2}$ é o mesmo que $3\dfrac{1}{2}$

9. Dona Dalila foi ao mercado e comprou:
   - meio quilograma de pepino;
   - 1,5 kg de cenoura;
   - $\dfrac{1}{4}$ kg de alho.

Quantos quilogramas de hortaliças ela levou?

10. Paulo caminha 4,76 quilômetros por dia até chegar ao trabalho. Quantos metros ele caminha em 8 dias?

> Lembrete: 1 quilômetro = 1000 metros.

11. (Vunesp) O gráfico a seguir mostra a produção de sandálias de uma empresa do ramo no mês passado.

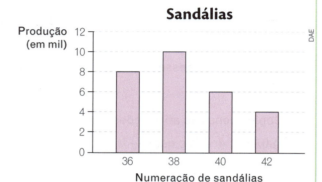

Analisando o gráfico, conclui-se que, do total de sandálias produzidas, as de numeração 36 e 40, juntas, representam:

a) $\dfrac{3}{4}$ b) $\dfrac{1}{2}$ c) $\dfrac{1}{3}$ d) $\dfrac{3}{5}$

12. (Fesp-RJ) Multiplicar o número 50 por 0,05 é o mesmo que dividi-lo por:

a) 2 b) 20 c) 200 d) 2 000

13. Em um supermercado uma lata de azeite custa R$ 9,98. Lico comprou 3 latas de azeite, pagou com uma nota de R$ 50,00 e, para facilitar, deu 44 centavos em moedas. Quanto Lico recebeu de troco, em reais?

14. Dulce comprou 1 kg de filé *mignon* por R$ 36,90 e pagou com duas notas de R$ 20,00. Quanto Dulce receberá de troco?

a) Uma nota de R$ 2,00 e uma moeda de R$ 0,10.
b) Duas notas de R$ 2,00 e uma moeda de R$ 0,10.
c) Três moedas de R$ 1,00 e dez moedas de R$ 0,10.
d) Três moedas de R$ 1,00 e uma moeda de R$ 0,10.

15. (Saresp) Robson utilizou $\dfrac{3}{4}$ de 1 litro de tinta para pintar a sala de sua casa. Sabendo que o restante da casa equivale a 3 vezes a área pintada da sala, quantos litros de tinta ele precisará para pintar os outros cômodos?

a) $2\dfrac{1}{4}$ litros c) $\dfrac{9}{12}$ litros

b) $3\dfrac{3}{4}$ litros d) $\dfrac{12}{4}$ litros

16. (CAp-UERJ)

A ameaça dos sacos plásticos

Entre os grandes vilões da poluição urbana, os 2 milhões de sacos plásticos usados anualmente no Rio tinham data para começar a sair de circulação: 15 de julho de 2010. De acordo com o Projeto de Lei 885/07, os mercados teriam a opção de substituí-los por outros feitos de material reutilizável ou oferecer vantagens para quem abrisse mão da peça.

Adaptado de *Veja*, 07/07/2010.

Para cumprir a lei, um supermercado oferece desconto para consumidores que levem suas bolsas reutilizáveis para as compras. A cada 5 produtos comprados, o supermercado oferece um desconto de 3 centavos.

Dona Zelina fez compras e levou-as para casa em suas bolsas para aproveitar o desconto oferecido pelo mercado. Veja a lista de compras de Dona Zelina:

Produto		Preço unitário
Tipo	Quantidade	
sabonete	5	R$ 1,00
pacote de biscoito	3	R$ 2,70
caixa de sabão em pó	2	R$ 3,99

Calcule o preço total, em reais, que Dona Zelina pagou por suas compras.

SEÇÃO LIVRE

1. **(CPII-RJ)** Além dos desastres ambientais causados pelo descuido do ser humano com o planeta, outro evento que tem aparecido cada vez mais nos noticiários é a ocorrência de terremotos. Vejamos os locais e as datas onde ocorreram alguns terremotos e a intensidade de cada um deles, conforme registrado na escala Richter.

- 1964 (Alasca): 9,2 graus.
- 1993 (Índia): 6,4 graus.
- 1995 (Japão): 7,2 graus.
- 2004 (Indonésia): 9,1 graus.
- 2010 (Haiti): 7,0 graus.
- 2010 (Chile): 8,8 graus.
- 2013 (China): 7,0 graus.
- 2014 (Chile): 8,2 graus.

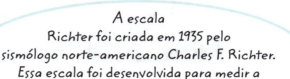

a) Quais dos anos mencionados nas datas acima são divisíveis por 6?

b) Calcule o produto entre a maior e a menor intensidades registradas, de acordo com as informações contidas no texto.

2. **(CPII-RJ)** Uma cantina resolveu fazer uma campanha chamada "Alimentação Saudável", informando ao público o número de calorias dos alimentos que vende.
Veja alguns exemplos na tabela a seguir:

Alimentos	Quantidade de calorias	Preço (R$)
1 copo de leite — 250 mL	146	1,30
1 copo de suco de manga — 250 mL	109	2,40
1 copo de suco de pêssego — 250 mL	77	2,50
1 copo de água de coco verde — 250 mL	62	1,70
1 unidade de banana	55	0,75
1 unidade de maçã	85	1,30
1 unidade de manga	230	2,00
1 pacotinho de morango	43	1,50
1 sanduíche de peito de peru	220	3,30
1 sanduíche de salada de atum	417	2,70
1 sanduíche de queijo quente	340	2,10

http://www.faac.unesp.br/pesquisa/nos/bom_apetite/

a) Lúcia comprou uma fruta, um sanduíche e uma bebida. Ela consumiu a maior quantidade de calorias possível. Quanto Lúcia gastou, sabendo que ela não gosta de atum?

b) Em um mês, nessa cantina, Mariana consumiu 539 calorias ao beber suco de pêssego. Quantos litros de suco de pêssego ela bebeu nesse mês?

Lembrete: 1 litro = 1 000 mL

c) Eduardo tinha uma nota de R$ 50,00. Ele comprou um suco, uma fruta e um sanduíche. Qual foi o troco recebido por Eduardo, sabendo que ele gastou o menor valor possível?

2. Frações equivalentes

Comer $\frac{1}{2}$ ou $\frac{2}{4}$ da mesma *pizza* dá no mesmo, porque $\frac{1}{2}$ e $\frac{2}{4}$ são **frações equivalentes**, ou seja, representam a mesma quantidade.

Existem infinitas frações equivalentes a uma fração dada. Para obtê-las, basta multiplicar o numerador e o denominador da fração pelo mesmo número natural diferente de zero.

Com a ideia de fração equivalente, podemos economizar divisões na hora de escrever frações na forma de número decimal.

- $\frac{1}{5} = \frac{2}{10} = 0{,}2$ (× 2)

- $\frac{7}{25} = \frac{28}{100} = 0{,}28$ (× 4)

- $\frac{137}{200} = \frac{685}{1000} = 0{,}685$ (× 5)

REFLETINDO

Para uma fração de denominador 7, você usaria essa ideia? Por quê?

Há frações que representam números naturais. Veja algumas delas:

- $\frac{8}{2} = 8 : 2 = 4$

- $\frac{12}{4} = 12 : 4 = 3$

- $\frac{18}{2} = 18 : 2 = 9$

Observe:
$5 = \frac{10}{2} = \frac{15}{3} = \frac{20}{4} = \ldots$
Escreva no caderno:
a) 6 como fração de denominador 5;
b) 7 como fração de denominador 4.

Lembrando...

Podemos simplificar uma fração dividindo numerador e denominador por um divisor comum a eles. Exemplo:

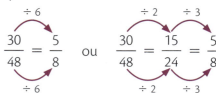

$\frac{30}{48} = \frac{5}{8}$ ou $\frac{30}{48} = \frac{15}{24} = \frac{5}{8}$

Não é mais possível simplificar.
A fração está na forma **irredutível**.

EXERCÍCIOS

17. Três crianças foram à lousa e cada uma escreveu uma fração.

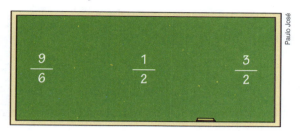

a) Quais frações representam a mesma quantidade?

b) Como são chamadas as frações que representam a mesma quantidade?

c) Comprar 1 pacote de $\frac{1}{2}$ quilo de café ou 2 pacotes de $\frac{1}{4}$ de quilo é a mesma coisa?

18. Complete no caderno e escreva suas conclusões.

a)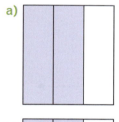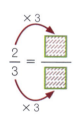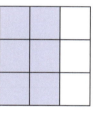

b)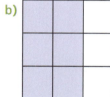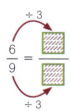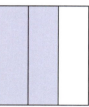

c)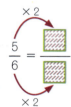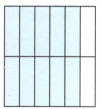

d)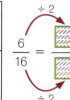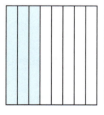

19. João dividiu um bolo retangular em 8 partes iguais e comeu 4. Qual teria sido a forma mais rápida de fazer essa divisão de modo a comer a mesma quantidade?

20. Encontre uma fração equivalente a $\frac{15}{45}$ com:

a) numerador 5;

b) denominador 30.

21. Considere as frações:

$\frac{1}{2}$ $\frac{7}{5}$ $\frac{6}{2}$ $\frac{2}{7}$ $\frac{18}{6}$ $\frac{4}{8}$

Indique as que representam:

a) números naturais;

b) números menores que 1;

c) frações equivalentes.

22. Copie e complete.

a) $0,7 = \dfrac{\square}{10} = \dfrac{\square}{20} = \dfrac{21}{\square} = \dfrac{\square}{40}$

b) $0,55 = \dfrac{11}{20} = \dfrac{\square}{40} = \dfrac{33}{\square} = \dfrac{\square}{80} = \dfrac{55}{\square}$

23. Qual destas frações não é equivalente a $\frac{3}{8}$?

$\frac{6}{16}$ $\frac{15}{40}$ $\frac{21}{56}$ $\frac{30}{64}$ $\frac{33}{88}$ $\frac{18}{48}$

3. Frações e números decimais na reta numérica

Usando uma régua, realize a atividade a seguir no caderno.

1. Traçamos uma reta e marcamos nela o ponto correspondente a zero.

2. Usando sempre a mesma unidade de medida (4 cm, por exemplo), marcamos à direita do zero os pontos correspondentes a 1, 2, 3, 4 e assim por diante.

3. Dividimos a unidade de medida em 4 partes iguais, marcamos os pontos correspondentes a $\frac{1}{4}, \frac{1}{2}, \frac{3}{4}, \frac{5}{4}$ e escrevemos também a forma decimal de cada fração.

$$\frac{5}{4} = 1\frac{1}{4}$$

INTERAGINDO

1. Na reta traçada no caderno, localize os pontos correspondentes a $\frac{3}{2}$, $\frac{7}{4}$, $2\frac{1}{4}$ e $3\frac{1}{4}$.

   Coloque as frações na forma decimal, como fizemos acima. Compare suas representações com as dos colegas.

2. Agora trace outra reta numérica.

   Em seguida, divida a unidade de medida em 5 partes iguais e marque os pontos correspondentes a 0,2; 0,8; 1,6 e 2,4.

   Localize na reta traçada no caderno os pontos que representam 1,8; 2,6 e 3,1. Escreva a fração correspondente a cada número localizado.

   Troque seu caderno com o do colega. Você confere as representações dele e ele as suas.

   Pensem, conversem e respondam:

   Qual seria o **procedimento** para representar na reta o número 3,74?

EXERCÍCIOS

24. Você já sabe representar números naturais em uma reta. Copie as retas numéricas e represente os números decimais indicados pelas setas vermelhas.

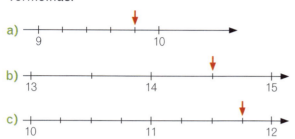

25. Construa uma reta como esta e represente nela as frações a seguir:

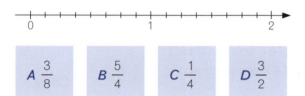

A $\frac{3}{8}$ B $\frac{5}{4}$ C $\frac{1}{4}$ D $\frac{3}{2}$

26. Observe as jarras da tia Januária e o que há em cada uma.

refrigerante $\frac{5}{4}$ L   chá $\frac{2}{7}$ L   água $\frac{7}{4}$ L   leite $\frac{2}{3}$ L   laranjada $\frac{5}{2}$ L

Indique a jarra que contém:

a) menos de 0,5 L;
b) entre 1 L e 2 L;
c) entre 0,5 L e 1 L;
d) uma quantidade equivalente a $\frac{10}{4}$ L.

27. Observe os números:

| 0,83 | 0,800 | 0,799 | 0,8 |

a) Qual deles é o maior?
b) Qual deles é o menor?
c) Quais desses números são iguais?

28. Veja os ingredientes de dois bolos e responda:

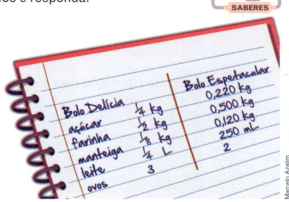

a) As quantidades de farinha nos dois bolos são iguais?
b) Qual dos bolos leva menos açúcar?
c) Qual dos bolos leva mais manteiga?

29. Descubra o nome de um objeto colocando os números indicados em ordem crescente.

A	A	C
0,5	$\frac{7}{2}$	$\frac{1}{5}$
E	N	T
2,99	$1\frac{1}{2}$	3

30. Um dos corredores venceu a maratona. Descubra quem foi o vencedor sabendo que o número de sua camiseta está compreendido entre $\frac{13}{5}$ e $\frac{13}{4}$.

Paulo   Rui   Ari   Sílvio   Marcos   Léo

4. Expressões numéricas

Cláudia e Jair foram à doceria e compraram 1 pacote de balas por R$ 4,00 e 3 caixas de bombons por R$ 5,00 cada. Dividiram a despesa igualmente. Quanto cada um gastou?

Para resolver o problema, faremos:

$$(4 + 3 \cdot 5) : 2$$

Ou, usando o traço de fração para indicar a divisão:

$$\frac{4 + 3 \cdot 5}{2}$$

> Quando utilizamos o traço da fração para indicar divisão em expressões, efetuaremos todas as operações no numerador e no denominador para depois efetuar a divisão.

> Lembre-se do que você já conhece sobre expressões e responda no caderno.
>
> Na expressão numérica $\frac{4 + 3 \cdot 5}{2}$:
>
> **a)** Que operação deve ser realizada em primeiro lugar? Qual é o seu resultado?
> **b)** Que operação será realizada em seguida e qual é o seu resultado?
> **c)** Qual é a última operação a ser realizada? Qual é o seu resultado?
> **d)** Quanto gastou cada um?

São comuns expressões numéricas com traço de fração indicando divisão.

Quer ver mais um exemplo?

Podemos escrever a expressão $\left(\frac{2}{3} - \frac{1}{6}\right) : \frac{3}{5}$ usando o traço de fração para indicar a divisão:

$$\frac{\frac{2}{3} - \frac{1}{6}}{\frac{3}{5}}$$

O resultado de $\left(\frac{2}{3} - \frac{1}{6}\right)$ deve ser dividido por $\frac{3}{5}$.

Usando a ideia de fração equivalente, temos: $\frac{2}{3} = \frac{4}{6}$.

Então, $\dfrac{\frac{2}{3} - \frac{1}{6}}{\frac{3}{5}} = \dfrac{\frac{4}{6} - \frac{1}{6}}{\frac{3}{5}} = \dfrac{\frac{3}{6}}{\frac{3}{5}} = \dfrac{\cancel{3}^{1}}{6} \cdot \dfrac{5}{\cancel{3}_{1}} = \dfrac{5}{6}$, que é resultado da expressão.

> É o mesmo que $\frac{3}{6} : \frac{3}{5}$, que é igual a $\frac{3}{6} \cdot \frac{5}{3}$.

EXERCÍCIOS

31. Calcule mentalmente.

a) $\dfrac{1}{7} + \dfrac{6}{7}$

b) $\dfrac{5}{6} - \dfrac{1}{3}$

c) $0{,}75 - \dfrac{1}{4}$

d) $\dfrac{1}{3} + \dfrac{1}{3} + \dfrac{1}{3}$

e) $0{,}5 + \dfrac{1}{2}$

f) $\dfrac{5}{6} + 1{,}3 + \dfrac{1}{6} + 0{,}7$

32. Cálculo mental.

Roberto levou para seu lanche $\dfrac{3}{4}$ de uma torta, e sua irmã levou $\dfrac{2}{8}$ da mesma torta. Que quantidade de torta comeram os dois irmãos juntos?

33. Mateus gosta de livros de aventura. Há dois dias começou a ler um novo livro. No primeiro dia leu $\dfrac{1}{6}$ e no segundo dia leu $\dfrac{2}{5}$ do mesmo livro.

a) Que parte do livro ele já leu?
b) Que parte do livro ainda falta ler?

34. Um terreno em formato retangular foi dividido em 4 lotes.

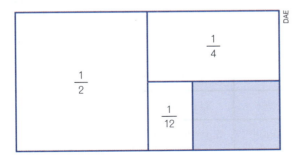

A parte sombreada representa que fração do terreno?

35. Calcule mentalmente.

a) $9 \cdot \dfrac{1}{2}$

b) $6{,}8 \cdot \dfrac{1}{2}$

c) $20 \cdot \dfrac{1}{4}$

d) $30 \cdot \dfrac{1}{5}$

Explique o raciocínio que você usou.

36. Se um quilo de refeição no supermercado custa R$ 20,80, quanto pagarei, em reais, por 250 gramas?

37. O preço de $1\dfrac{1}{2}$ kg de frango é R$ 8,10. Qual é o preço, em reais, de 3,20 kg de frango?

38. Doze amigos foram jantar numa pizzaria. Cada um deles comeu $\dfrac{1}{3}$ de pizza de muçarela e metade de pizza de atum.

a) Quantas pizzas de cada sabor eles comeram?
b) Quantas pizzas comeram no total?

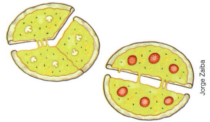

39. Calcule mentalmente.

a) $24 : 2$

b) $24 : \dfrac{1}{2}$

c) $24 : \dfrac{1}{4}$

d) $10 : \dfrac{1}{2}$

e) $10 : \dfrac{1}{5}$

f) $10 : 2\dfrac{1}{2}$

40. Sheila vai embalar $\frac{3}{4}$ de quilograma de balas em saquinhos com $\frac{1}{8}$ de quilograma. Quantos saquinhos deverá utilizar?

41. Calcule o valor das expressões e apresente o resultado na forma de fração irredutível.

a) $0,5 + \frac{1}{4} \cdot \frac{1}{3}$

b) $\frac{1}{2} + \frac{1}{3} : \frac{5}{6}$

c) $\frac{1}{4} \cdot 0,5 + \frac{1}{2}$

d) $15 : \left(\frac{3}{4} - \frac{1}{4}\right)$

e) $\left(3 + \frac{1}{2}\right) \cdot \frac{4}{5}$

f) $\left(0,75 + \frac{1}{4}\right) : \frac{2}{5} + \frac{1}{2}$

42. Escreva a expressão numérica correspondente a cada frase e em seguida resolva-a.

a) O triplo da soma de dois quintos com um quarto.

b) A metade da soma entre um meio e um terço.

43. Calcule.

a) $\dfrac{\frac{6}{5}}{\frac{1}{2} + \frac{1}{3}}$

b) $\dfrac{3 + \frac{1}{5}}{\frac{1}{2} - \frac{1}{4}}$

44. (Fuvest-SP) Ache a média aritmética dos números $\frac{3}{5}$, $\frac{13}{4}$ e $\frac{1}{2}$.

45. Vamos compreender?

$$\frac{0,32}{0,2} = \frac{32}{100} : \frac{2}{10} = \frac{32}{100} \cdot \frac{10}{2} = \frac{320}{200} = \frac{32}{20} = 1,6$$

Veja outro modo de resolver:

$$\frac{0,32}{0,2} = \frac{32}{20} = \frac{16}{10} = 1,6$$
(× 100)

Resolva utilizando os dois modos.

a) $\dfrac{0,72}{0,4}$

b) $\dfrac{2,40}{0,25}$

46. Deverão ser colocados em copos 19 litros de suco de laranja. Em cada copo cabe 0,25 litro. Quantos copos ficarão cheios?

47. Calcule.

a) $\dfrac{7 + 0,5}{1 - 0,5}$

b) $\dfrac{8 - 1,2 \cdot 2}{0,1 + 0,4}$

c) $\dfrac{7}{1 - 2 \cdot 0,3}$

d) $\dfrac{0,6 \cdot 0,3}{7,2 - 6}$

48. Copie e complete a tabela.

Produto	Quantidade	Preço por kg	Preço unitário	Total (R$)
açúcar	4 kg	R$ 0,82		
café	1,5 kg	R$ 12,20		
feijão	2,5 kg	R$ 3,92		
alho	$\frac{1}{2}$ kg	R$ 16,34		
óleo	3 latas		R$ 2,14	
água	5 garrafas		R$ 1,85	
			Total a pagar	

5. Potenciação e raiz quadrada de números decimais

Potenciação

Quantos quadradinhos iguais a este ▢ formam o quadrado ao lado?

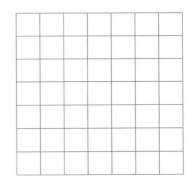

O quadrado é formado por 7 fileiras de 7 quadradinhos cada. Encontramos o total de quadradinhos fazendo a multiplicação: 7 · 7 = 49.

Uma multiplicação de fatores iguais é uma potenciação.

- 7 · 7 = 7^2 = 49 (Lê-se: 7 elevado ao quadrado é igual a 49.)

Na potência 7^2, a base é 7 e o expoente é 2.

Veja outro exemplo:

Quantos quadradinhos iguais a este ▢ formam o quadrado verde?

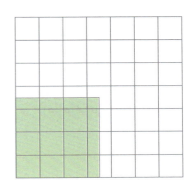

Para saber, conte os quadradinhos inteiros. Depois, agrupe as partes para formar quadradinhos inteiros.

Temos 12 quadradinhos e $\frac{1}{4}$ de quadradinho. Como $\frac{1}{4}$ = 0,25, o quadrado verde tem 12,25 quadradinhos.

Podemos chegar a esse resultado de outro modo, por meio de uma multiplicação.

A medida do lado do quadrado verde é 3,5.

Observe que 3,5 · 3,5 = 12,25.

Se não quisermos contar quadradinhos, podemos fazer 3,5 · 3,5 para encontrar o número de quadradinhos, ou seja, 3,5 · 3,5 = $3,5^2$ = 12,25.

Na potência $3,5^2$, a base é 3,5 e o expoente é 2.

Na potenciação, a base pode ser um número decimal.

Veja:

- $0,7^3$ = 0,7 · 0,7 · 0,7 = 0,49 · 0,7 = 0,343
- $6,2^2$ = 6,2 · 6,2 = 38,44
- $3,28^1$ = 3,28
- $14,9^0$ = 1

Você também pode trabalhar com a base da potência na forma fracionária:

$$0,7^3 = \left(\frac{7}{10}\right)^3 = \frac{7^3}{10^3} = \frac{343}{1000} = 0,343$$

A calculadora ajuda no cálculo de potências
(Utilize uma calculadora comum.)

Para calcular $5,2^2$, digite 5,2 [×] [=].

Aparecerá no visor o resultado: 27,04.

Se você apertar a tecla [=] novamente, obterá $5,2^3$, que é 140,608.

Aperte a tecla [=] pela terceira vez para obter $5,2^4$.

Confira com os colegas o resultado!

FRAÇÕES E NÚMEROS DECIMAIS

Raízes quadradas exatas

E como calcular as raízes quadradas? Vamos fazer o caminho inverso da potenciação:

- Já vimos que com 49 quadradinhos formamos um quadrado de lado 7.

  $\sqrt{49} = 7$ porque $7^2 = 49$

- Com 12,25 quadradinhos formamos um quadrado de lado 3,5.

  $\sqrt{12,25} = 3,5$ porque $3,5^2 = 12,25$

Agora observe a figura ao lado.

Com 2 quadradinhos e $\dfrac{1}{4}$ de quadradinho, ou seja, 2,25 quadradinhos, formamos um quadrado de lado 1,5.

Portanto, $\sqrt{2,25} = 1,5$ porque $1,5^2 = 2,25$.

Acompanhe mais estes exemplos:

- $\sqrt{0,81} = 0,9$ porque $0,9^2 = 0,9 \cdot 0,9 = 0,81$
- $\sqrt{1,44} = 1,2$ porque $1,2^2 = 1,2 \cdot 1,2 = 1,44$

Procuramos o número que elevado ao quadrado resulta em 28,09.

$\left.\begin{array}{l}5^2 = 25 \quad \text{É pouco} \\ 6^2 = 36 \quad \text{Passou!}\end{array}\right\}$ O número está entre 5 e 6.

Vamos experimentar:

- $5,7^2 = 5,7 \cdot 5,7 = 32,49$ — Não é!
- $5,3^2 = 5,3 \cdot 5,3 = 28,09$ — Achamos!

Então, $\sqrt{28,09} = 5,3$.

Como 28,09 tem 9 na última posição, poupamos cálculos lembrando que $5,3^2$ e $5,7^2$ também terminam em 9.

Há calculadoras que têm a tecla .

Para calcular, por exemplo, $\sqrt{171,61}$, digitamos 171,61 e a tecla .

Aparece no visor 13,1, que é a raiz quadrada de 171,61.

$$13,1^2 = 171,61$$

Confira!

Podemos calcular mais facilmente a raiz quadrada de certos números decimais se usarmos a forma fracionária.

$$\sqrt{0,04} = \sqrt{\dfrac{4}{100}} = \dfrac{2}{10} = 0,2$$

EXERCÍCIOS

49. A figura ao lado representa dois quadrados. Diga o que representa cada uma das expressões:

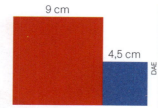

a) 9^2
b) $4,5^2$
c) $9^2 + 4,5^2$

50. Responda.

a) Qual é o quadrado de 0,6?
b) Qual é o quadrado de 3,2?
c) Qual é o cubo de 0,4?

51. Calcule.

a) $(1,5)^2$
b) $(5,1)^2$
c) $(0,7)^3$
d) $(1,1)^3$
e) $(0,3)^4$
f) $(10,1)^2$

52. Qual é a área do quadrado amarelo?

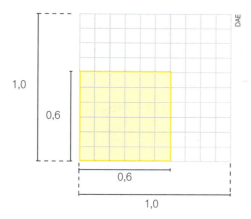

53. Calcule.

a) $0,7 \cdot (0,2)^2$
b) $3 - (0,1)^2$
c) $(6,5)^0 + (0,2)^3$
d) $(0,3)^2 + (0,4)^2$
e) $(0,3 + 0,4)^2$
f) $5 + (1,2)^2 - (0,7)^2$

54. Qual é maior?

a) $(0,2)^2$ ou 0,4?
b) 0,01 ou $(0,1)^2$?
c) $(0,5)^2$ ou $(0,5)^3$?
d) $(0,1)^3$ ou $(0,01)^2$?

55. Você sabe que $10 = \sqrt{100}$. Escreva os números abaixo da mesma forma.

a) 2,8
b) 6,1
c) 2,5
d) 7,2

56. Qual é a raiz quadrada?

a) $\sqrt{36}$
b) $\sqrt{100}$
c) $\sqrt{\dfrac{36}{100}}$
d) $\sqrt{0,36}$

57. Qual é maior: $\sqrt{30}$ ou 5,6?

58. Quanto é:

a) $\sqrt{0,49}$?
b) $\sqrt{0,01}$?
c) $\sqrt{1,69}$?
d) $\sqrt{2,56}$?

59. Calcule.

a) $\sqrt{49} + \sqrt{25} + \sqrt{0,25}$
b) $8 \cdot \sqrt{0,09} - \sqrt{0,49}$

60. Calcule a área total da figura sabendo que ela é formada por 3 quadrados e o lado de cada um tem metade do comprimento do lado do quadrado anterior.

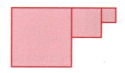

Área do quadrado maior = 5,76 m²

61. Qual é o valor da expressão $\dfrac{\dfrac{1}{2} + 5,5}{\sqrt{9}}$?

62. Quais valores de a satisfazem esta desigualdade?
$5 < \sqrt{a} < 7$

Valores de a			
6	36	50	5,5
20	39	26	58

6. O tempo e suas medidas

As horas, os dias, os meses, os anos... Observando o céu e os ciclos da natureza, a humanidade criou maneiras de contar e medir o tempo.

De acordo com G. J. Whitrow, professor, pesquisador e autor de obras sobre a História da Ciência, devemos aos egípcios nossa atual divisão do dia em 24 horas. Um fragmento de relógio de sol egípcio datado de cerca de 1500 a.C. é considerado o mais antigo relógio solar conhecido e está em exposição no museu de Berlim. Feito em pedra e na forma de T, a posição da sombra indica a hora por meio das linhas traçadas na parte vertical.

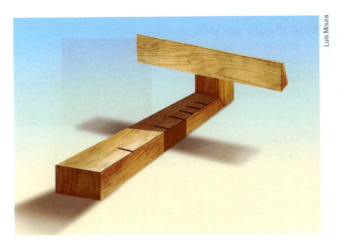

O T era voltado para o leste pela manhã. À medida que o sol se elevava no céu, a sombra se reduzia até desaparecer ao meio-dia, na marca da sexta hora. O T era virado então para o oeste, marcando as 6 horas do período da tarde.

1 dia = 24 horas

Aproximadamente que fração do dia você passa na escola?

Muito tempo depois, a hora foi dividida em 60 partes iguais: foi criado o minuto.

1 minuto = $\frac{1}{60}$ de hora, ou 1 hora = 60 minutos

Vinte minutos correspondem a que fração da hora?

Curiosidade

Veja a possível origem da palavra **minuto**:
hora diminuída → diminuta → minuto

A hora foi dividida uma segunda vez, dando origem ao segundo.

1 segundo = $\frac{1}{60}$ de minuto, ou 1 minuto = 60 segundos

1 hora = 3 600 segundos

O sistema de numeração que usamos é de base 10, ou seja, agrupamos de 10 em 10. Quando contamos minutos e segundos, agrupamos de 10 em 10? Que base de contagem usamos?

Podemos perceber que essas unidades de medida não fazem parte de um sistema decimal.

Por quê?

Porque o sistema de numeração usado na antiga civilização babilônica era de base 60, diferente do que usamos, que tem base 10. Essa civilização teve muita influência na Matemática e na Astronomia. Essa forma de contar o tempo é um exemplo disso.

E os meses e as semanas?

Cada fase da Lua (nova, crescente, cheia e minguante) tem duração aproximada de 7 dias.

Os romanos chamavam esse intervalo de tempo de *septimana* (7 manhãs). Daí o nome **semana**.

> 1 semana = 7 dias

O tempo decorrido entre uma Lua nova e outra recebeu o nome de *metiore*, que deu origem ao mês.

Temos meses de 28, 29, 30 e 31 dias.

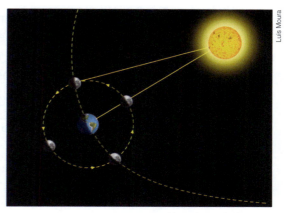

Esquema Sol-Terra-Lua.

Tamanhos e distâncias representados sem escala.

> 1 ano = 12 meses
> 1 ano = 365 dias

REFLETINDO

Resolva no caderno.

Se hoje fosse quarta-feira e dia 5 do mês, que cálculo você faria para descobrir em que dia da semana cairia o dia 27?

Ano bissexto

O planeta Terra leva 365 dias, 5 horas, 48 minutos e 46 segundos para dar uma volta completa ao redor do Sol. Portanto, o ano solar tem aproximadamente 6 horas a mais do que o ano do calendário.

Como 4 · 6 horas = 24 horas, a cada 4 anos temos um ano com 366 dias para compensar essa diferença.

São os anos bissextos, em que o mês de fevereiro tem 29 dias.

CONECTANDO SABERES

| FEVEREIRO |
D	S	T	Q	Q	S	S
						1
2	3	4	5	6	7	8
9	10	11	12	13	14	15
16	17	18	19	20	21	22
23	24	25	26	27	28	29

Situações e problemas envolvendo medidas de tempo

1. Um atleta corre 45 minutos todos os dias. Quantas horas e quantos minutos ele corre em uma semana?

   1 semana = 7 dias

   45 · 7 = 315 minutos por semana

   Como 60 min = 1 h, para saber quantas horas e minutos há em 315 minutos fazemos:

   $$\begin{array}{r|l} 315 & 60 \\ \hline 15 & 5 \end{array}$$

   Portanto, ele corre 5 horas e 15 minutos por semana.

Quantas vezes 60 cabe em 315?

FRAÇÕES E NÚMEROS DECIMAIS • 43

2. Alunos de 7ºˢ anos produziram campanhas em vídeo para promover a conservação e a limpeza da escola. Os vídeos serão exibidos num telão durante o recreio. Veja a duração dos vídeos:

- 7º A: vídeo com duração de 3 min 28 s
- 7º B: vídeo com duração de 2 min 45 s

Quanto tempo do recreio a projeção vai ocupar?

```
    3 min 28 s
+   2 min 45 s
    ─────────
    5 min 73 s
```

Somamos segundos com segundos e minutos com minutos.

Como 60 s = 1 min, 73 s = 1 min 13 s.

Logo, a projeção dos vídeos terá 6 minutos e 13 segundos de duração.

3. 8,1 h correspondem a 8 horas e quantos minutos?
Veja: 8,1 h = 8 horas + 0,1 de hora

$\frac{1}{10}$ de 60 minutos = 6 minutos

Portanto 8,1 h = 8 h 6 min.
Veja outra situação semelhante:
2,3 dias = 2 dias + 0,3 de dia

$\frac{3}{10}$ de dia = $\frac{3}{10}$ de 24 horas = 7,2 horas

7,2 h = 7 horas + 0,2 de hora = 7 horas + 12 minutos
Então 2,3 dias correspondem a 2 dias, 7 horas e 12 minutos.

4. Um debate na TV entre candidatos ao governo de certo estado terá duração exata de 1 h 45 min 24 s. Como dividir esse tempo em 3 blocos de mesma duração?
Para resolver, podemos converter o tempo total para segundos:

1 h = 3 600 s
45 min = 45 · 60 = 2 700 s } 3 600 s + 2 700 s = 6 300 s

6 300 + 24 = 6 324 s

Dividimos esse tempo por 3:
6 324 : 3 = 2 108 s

Dividimos 2 108 por 60 para saber quantos minutos há em 2 108 segundos.

Agora voltamos a transformar os segundos em minutos e segundos:

```
2 108 | 60
  308   35
   08
```

Logo, cada bloco deverá ter duração de 35 min 8 s.

44

5. O piloto alemão Sebastian Vettel conquistou o grande prêmio de Mônaco de Fórmula 1 em 2011.

Os jornais registraram o tempo em que ele completou as 78 voltas da prova assim:

2 h 9 min 38 s 373

Qual é o significado do número 373 nesse tempo?

As unidades menores que o segundo são decimais.

O número 373 corresponde a 373 milésimos de segundo ⟶ 0,373 s

Sebastian Vettel.   Circuito de Mônaco, Monte Carlo.

> Dividindo 1 segundo em 10 partes iguais, obtemos décimos de segundo; dividindo 1 segundo em 100 partes iguais, obtemos centésimos de segundo, e assim por diante.

Veja outra situação desse Grande Prêmio:

Os tempos de Vettel e do espanhol Fernando Alonso, numa mesma volta dessa prova, foram:

Vettel: 1 min 16 s 276
Alonso: 1 min 16 s 547

Para saber quanto Vettel foi mais rápido do que Alonso nessa volta, faremos:

```
  1 min 16 s 547
−  1 min 16 s 276
  ───────────────
  0 min  0 s 271
```

Subtraímos milésimos de segundo de milésimos de segundo, segundos de segundos e minutos de minutos.

Portanto, Vettel foi 0,271 s mais rápido do que Alonso nessa volta.

INTERAGINDO

Resolvam no caderno.

1. **Reunião às 9,2 h**

   9,2 h correspondem a:

   a) 9 h 02 min   b) 9 h 20 min   c) 9 h 12 min

   Expliquem a resposta.

2. Tenho 3 chocolates para dividir igualmente entre 8 crianças. Cada um receberá mais da metade de um chocolate ou menos? Façam desenhos e expliquem como pode ser feita essa divisão.

3. O número $\frac{29}{23}$ fica à direita ou fica à esquerda do número 1 na reta numérica.

   Expliquem como pensaram.

4. É correto afirmar que x^2 é sempre maior que x?

5. $\sqrt{50,41}$ está entre quais dois números naturais consecutivos?

FRAÇÕES E NÚMEROS DECIMAIS

EXERCÍCIOS

63. Dona Eliana saiu de casa às 8h35min e demorou uma hora e meia para fazer as compras. Pretendia chegar a sua casa antes das 10 horas. Será que conseguiu?

64. Copie e complete a tabela com o número de horas de estudo de dois irmãos durante três dias.

	1º dia	2º dia	3º dia	Total
Lúcio	$3\frac{1}{2}$ h	$1\frac{1}{4}$ h	2 h	
Mauro	4 h	$2\frac{1}{2}$ h	$3\frac{1}{2}$ h	

65. Se um discurso que dura $1\frac{1}{4}$ hora começou às 10h50min, a que horas deve terminar?

66. Para dar uma volta em uma pista circular, uma pessoa gasta em média 9 min 15 s. Quanto tempo demorará para dar 7 voltas?

67. Um maratonista demorou 1 h 15 min para percorrer 25 km. Em média, quantos minutos gastou para percorrer cada quilômetro?

68. Fiz uma viagem em duas etapas. Os tempos gastos foram:

Etapa A: 7 h 24 min 38 s
Etapa B: 5 h 43 min 36 s

Qual foi o tempo total da viagem?

69. Uma sessão de cinema começou às 8h59min58s e terminou às 11h2min1s. Quanto tempo durou?

70. Um motorista percorre uma estrada em 2 etapas. Na primeira etapa anda 80 quilômetros por hora durante 3 horas e na segunda anda 90 quilômetros por hora durante 1 hora e 30 minutos. Quantos quilômetros o motorista percorreu?

71. A quantos minutos corresponde 1,25 hora?

72. No Grande Prêmio de Fórmula 1 de Mônaco, de 2011, Jenson Button fez sua volta mais rápida em 1 min 16 s 463, enquanto seu companheiro de equipe, Lewis Hamilton, completou sua volta mais rápida em 1 min 17 s 847. Qual é a diferença a favor de Button?

73. Num colégio, as aulas começam às 13h15min. Cada aula tem duração de 45 minutos. Entre a 4ª e a 5ª aula há um intervalo de 15 minutos. A que horas começa a 5ª aula?

VALE A PENA LER

Um pouco da história do relógio

Hoje vemos relógios por toda parte: de pulso, de parede, esportivos, na forma de joia... No entanto, medir o tempo com precisão foi um desafio que durou séculos para a humanidade. Apresentaremos um pouco dessa jornada.

A medição mecânica do tempo teve origem em conventos e igrejas para regular e chamar os religiosos nos horários de oração. Esses relógios precisavam ser ajustados de acordo com a estação do ano e as diferentes horas do nascer e do pôr do sol. A palavra inglesa *clock* deriva do holandês *clojk*, que quer dizer "sino". Os primeiros relógios mecânicos eram máquinas movidas por pesos que tocavam um sino a intervalos regulares. Um relógio mecânico fabricado em 1386 encontra-se no Museu de Ciência, em Londres. É formado por duas engrenagens movidas por cordas e pesa cerca de 200 quilos. Com base nos grandes relógios mecânicos foram criados os menores para uso doméstico.

O ponteiro dos minutos só apareceu depois que Galileu Galilei, em 1582, estudou o movimento pendular. A aplicação do pêndulo nos relógios reduziu o erro diário das medidas de tempo de 15 minutos para cerca de 10 segundos. Esse maquinismo foi aperfeiçoado, o que permitiu a redução do tamanho das máquinas até chegar ao relógio de bolso.

O relógio de pulso tem uma história interessante, que envolve um brasileiro famoso: Santos Dumont. Para controlar o tempo em seus voos, pediu a seu amigo Cartier que fabricasse um relógio que pudesse ser acomodado no pulso, e esse foi o primeiro relógio de pulso fabricado na França. O relógio de pulso já era conhecido, mas raramente usado. Santos Dumont ajudou a difundi-lo.

Curiosidades

- Este relógio tem quatro faces e começou a funcionar em 31 de maio de 1859.
- O ponteiro dos minutos tem 4 metros de comprimento.

Imagem da torre do Big Ben em Londres com o relógio marcando 3 horas e 53 minutos em duas faces.

FRAÇÕES E NÚMEROS DECIMAIS

EXERCÍCIOS

74. Uma prova de Matemática começa às 12h30min e tem duração de $2\frac{5}{6}$ horas. A que horas termina a prova?

75. Quantos minutos tem um quarto da metade de 2 horas?

76. O produto 7 · 24 · 60 · 60 é igual ao:
   a) número de horas de uma semana.
   b) número de segundos em sete horas.
   c) número de minutos de sete semanas.
   d) número de segundos em uma semana.

(Fesp-RJ) Leia o texto e responda às questões 77 e 78.

O lixo de todo dia

Você deve saber que o problema do lixo é um dos mais sérios para o meio ambiente.

O lixo doméstico é formado por restos de comida, embalagens vazias, revistas, jornais velhos etc.

Muitas coisas são feitas para serem usadas apenas uma vez. Cada pessoa produz cerca de 500 gramas de lixo por dia. O lixo precisa ser recolhido rapidamente para que não se transforme em foco de doenças.

77. O total aproximado de quilos de lixo que uma família de 6 pessoas produz, em 72 horas, é:
   a) 5 kg
   b) 9 kg
   c) 3,5 kg
   d) 7,5 kg

78. Em um condomínio onde moram 421 pessoas, a quantidade de lixo produzida em 2 semanas é, aproximadamente:
   a) 2 947 kg
   b) 3 497 kg
   c) 2 517,50 kg
   d) 3 157,50 kg

(Fesp-RJ) Leia o texto abaixo e responda às questões 79 e 80.

Conserte vazamentos e economize água. Um buraco de 3 milímetros no cano de uma torneira desperdiça cerca de 4 800 litros de água num dia.

79. Se já foram desperdiçados 300 litros de água, esse cano está vazando há:
   a) 60 minutos
   b) 75 minutos
   c) 90 minutos
   d) 105 minutos

80. Percebendo esse vazamento e demorando 780 minutos para consertá-lo, teremos desperdiçado a seguinte quantidade de litros de água:
   a) 2 300 litros
   b) 2 400 litros
   c) 2 500 litros
   d) 2 600 litros

81. (Vunesp) Abel assinou um plano com a operadora de seu celular nas seguintes condições:

   ◆ tarifa mensal fixa de R$ 28,00;
   ◆ gratuidade em 12 horas de ligações por mês;
   ◆ R$ 0,05 por minuto que exceder as 12 horas gratuitas.

Em novembro, Abel usou seu celular por 11 horas e 55 minutos e, em dezembro, por 17 horas e 16 minutos. A despesa de Abel com seu celular, nesses dois meses, foi de:
   a) R$ 43,80
   b) R$ 71,80
   c) R$ 92,80
   d) R$ 99,80

SEÇÃO LIVRE

82. (CAp-UERJ) A tirinha abaixo apresenta uma conversa entre as personagens Mafalda e Suzanita.

QUINO

© Joaquín Salvador Lavado (QUINO) *Toda Mafalda*, Martins Fontes, 1991.

Mafalda e Suzanita discutem constantemente. A cada dez minutos, Mafalda chama sua amiga de louca; a cada dezoito minutos, Suzanita é quem chama Mafalda de louca.

Suponha que as duas tenham passado 12 horas juntas.

Calcule a quantidade de vezes, nesse período de tempo, que se chamaram ao mesmo tempo de loucas.

83. (CAp-UERJ) **Nova safra de recordes**

Ao quebrar marcas antigas no atletismo, esportistas mostram que o Brasil evoluiu no preparo individual e tem tudo para brilhar nos próximos jogos Pan-Americanos.

A tabela abaixo mostra alguns recordes, obtidos por corredores brasileiros no período de 1976 a 1988, que ainda não foram batidos.

Atleta	Categoria de corrida	Tempo
Eloi Schleder	20 000 metros	1 h 2 min 18 s
Joaquim Cruz	800 metros	1 min 40 s
Soraya Telles	1 milha	4 min 30 s
Robson Caetano	100 metros	10 s

Adaptado de *Isto É*, 17/08/2011.

[...]

A tabela mostra, também, o tempo gasto por Joaquim Cruz e por Robson Caetano em seus recordes.

Imagine que, em sua corrida, cada um desses atletas tenha mantido a mesma velocidade durante todo o percurso.

Calcule quantos metros cada um deles percorreu em apenas 1 segundo e identifique qual dos dois foi o mais veloz.

REVISANDO

84. Um meio destas balas é do Guilherme e um terço é do Pedro. Quantas balas tem cada um deles?

85. Este copo de liquidificador comporta até 1 litro. Ele está dividido em décimos de litro e também em frações. Veja algumas medidas em litros que foram realizadas com esse copo:

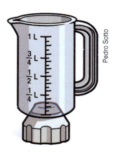

| 0,7 L | $\frac{1}{4}$ L | 0,2 L | $\frac{3}{4}$ L | 0,9 L | $\frac{1}{2}$ L | 0,4 L |

Escreva os valores dessas medidas em ordem crescente.

86. Escreva:

a) duas frações que representem 7;

b) uma fração equivalente a $\frac{13}{2}$ com numerador 65;

c) duas frações equivalentes a $\frac{8}{36}$;

d) a fração irredutível equivalente a $\frac{72}{30}$.

87. Observe a quantidade de leite em cada caixa:

Ⓐ $\frac{3}{4}$ L Ⓑ $\frac{2}{3}$ L Ⓒ 0,65 L

a) Qual das caixas tem mais leite?
b) Qual das caixas tem menos leite?

88. Um automóvel percorre 12,5 km com 2 litros de gasolina. Quanto ele gasta de gasolina para percorrer 1 km?

89. Calcule mentalmente e apresente o resultado na forma de número decimal.

a) $8 + \frac{1}{2}$

b) $2,4 - \frac{3}{10}$

c) $0,4 + \frac{1}{2} + 0,6$

d) $1,3 + \frac{1}{4} + \frac{7}{4}$

90. Luís come 10 pães e meio por semana. Em média, quantos pães ele come por dia?

91. Calcule o valor das expressões.

a) $\frac{2}{5} + \frac{1}{2} - \frac{1}{3}$

b) $\frac{3}{4} \cdot \frac{5}{6} + \frac{1}{2}$

c) $\frac{2}{3} + \frac{1}{4} \cdot 3$

d) $\frac{3}{4} : \frac{1}{2} - \frac{2}{3}$

e) $\frac{3}{5} + \frac{1}{5} : \frac{1}{10}$

f) $2\frac{1}{2} + \frac{3}{2} \cdot \frac{1}{2}$

92. Um pedreiro deve construir um muro de 8 m de comprimento em 5 dias. Quantos metros, em média, ele deve construir por dia?

93. (Prominp) Dormir bem é fundamental para o bom aprendizado escolar. Para os adolescentes, que ainda estão em fase de crescimento, o ideal são nove horas e quinze minutos de sono por dia. João é um adolescente que dorme 440 minutos diários. Quanto tempo a mais João deveria dormir, por dia, para que seu tempo de sono fosse ideal?

a) 1 hora e 15 minutos
b) 1 hora e 25 minutos
c) 1 hora e 55 minutos
d) 2 horas e 45 minutos

94. Observe a figura dos três irmãos:

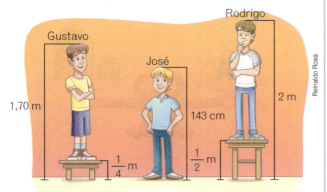

Represente essas alturas na forma de número decimal e responda.

a) Quem é o mais baixo?
b) Quem é o mais alto?
c) Que diferença de altura há entre Rodrigo e Gustavo?

95. Em uma praça há uma pista com a forma de um quadrado. Rodrigo percorreu 3 lados do quadrado, descansou um pouco e deu, em seguida, uma volta e meia na pista.

Responda.

a) O que representa a expressão $\frac{3}{4} + 1,5$?
b) Rodrigo deu mais que duas voltas na pista ou menos?
c) Quanto lhe faltou para completar duas voltas e meia na pista?

96. Um chocolate foi repartido por três amigos: Carla, Davi e Gustavo. Carla comeu $\frac{1}{10}$ do chocolate, Davi $\frac{1}{2}$ e Gustavo 0,3.

a) Qual dos amigos comeu a maior porção de chocolate?
b) Que porção de chocolate foi comida?
c) Que porção sobrou?

97. (Prominp) Para nos mantermos saudáveis, é preciso fazer exercícios regularmente. O gráfico abaixo apresenta a quantidade de calorias queimadas em uma hora de exercícios, dependendo da atividade realizada.

Todos os dias Marcelo corre 20 minutos. Quantas calorias ele queima diariamente?

98. (FMRP-SP) O peso de uma garrafa cheia de refrigerante é 530 gramas. Bebi a terça parte do refrigerante e o peso caiu para 420 gramas. Qual é o peso da garrafa vazia?

FRAÇÕES E NÚMEROS DECIMAIS 51

99. Um médico estima em $\frac{1}{4}$ de hora o tempo que leva para examinar um paciente. Nesse ritmo, quantos pacientes ele poderá examinar em 5 horas?

100. Calcule.

a) $1,6 \cdot 1,6 - 2,56$

b) $15,2 - (1,3)^2$

c) $(0,6)^2 + (0,8)^2$

d) $4 \cdot (0,5)^2 - 0,83$

101. Por que a raiz quadrada de 10,24 é 3,2?

102. Calcule.

a) $\sqrt{81} + \sqrt{16} + \sqrt{0,25}$

b) $5 \cdot \sqrt{0,09} - \sqrt{0,01}$

103. (Fuvest-SP) No estádio do Morumbi 72 000 torcedores assistem a um jogo. Através de cada uma das 6 saídas disponíveis podem passar 1 000 pessoas por minuto. Qual é o tempo mínimo necessário para esvaziar o estádio?

104. Calcule o peso dos objetos A e B e apresente a resposta na forma de número decimal.

105. Veja a tabela de preços de um estacionamento:

1ª hora R$ 1,50
2ª hora R$ 1,00
3ª hora em diante R$ 0,60
Frações da hora serão cobradas como hora inteira.

Quanto pagará a pessoa que deixar seu carro estacionado por:

a) duas horas?

b) uma hora e meia?

c) 40 minutos?

d) três horas e 18 minutos?

106. Calcule.

a) $\dfrac{1 + 0,2}{1 - 0,2}$

b) $\dfrac{2,4 \cdot 1,2}{0,7 + 0,8}$

107. (Fuvest-SP) Calcule $\dfrac{0,2 \cdot 0,3}{3,2 - 2,0}$

108. Por qual número se deve dividir 50,05 para obter 5,5?

$50,05 : \square = 5,5$

DESAFIOS NO CADERNO

109. Uma pesquisa com seiscentas pessoas concluiu que $\frac{3}{4}$ delas são esportistas e $\frac{2}{5}$ dos esportistas praticam futebol. Qual é o número de pessoas que praticam futebol?

110. Calcule.

a) $\dfrac{1 + \dfrac{3}{4}}{2 - \dfrac{1}{2}}$

b) $\dfrac{\dfrac{1}{5}}{\left(\dfrac{3}{2}\right)^2 - \left(\dfrac{1}{2}\right)^2}$

111. Um avião parte de São Paulo com destino a Salvador. Qual é o tempo de duração da viagem?

Partida	
São Paulo	20h25min
Chegada	
Salvador	22h40min

112. Um aluno gasta 40 min para resolver 12 questões. Qual é o tempo médio que ele leva para resolver cada questão?

113. Numa competição de natação a partida foi dada às 9h20min22s e o primeiro colocado chegou às 9h27min15s. Qual foi o tempo do campeão?

114. Observe as balanças em equilíbrio:

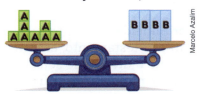

Qual é a massa de cada pacote B?

115. João foi a um supermercado comprar refrigerantes e observou as seguintes promoções:

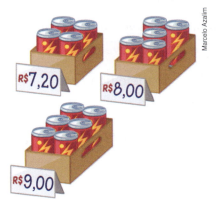

a) Ele quer comprar exatamente 20 latinhas. Complete as frases escrevendo todas as maneiras possíveis de comprar essa quantidade aproveitando as promoções.

♦ ▨ embalagens com 4 latinhas.

♦ ▨ embalagens com 5 latinhas.

♦ ▨ embalagens com 4 latinhas mais ▨ embalagens com 6 latinhas.

♦ ▨ embalagens com 5 latinhas mais ▨ embalagem com 4 latinhas mais ▨ embalagem com 6 latinhas.

b) Como ele poderá fazer a compra pagando o menor preço possível pelas 20 latinhas de refrigerante? Quanto ele vai pagar?

FRAÇÕES E NÚMEROS DECIMAIS 53

SEÇÃO LIVRE

As frações e o caso da herança

O senhor Almeida deixou para os três filhos uma bela herança. Em seu testamento, escreveu claramente como deveria ser feita a divisão de seus bens. Tudo correu sem problemas, até o momento em que eles descobriram como o pai gostaria de ver divididos os 17 cavalos que possuía:

- metade para o filho mais velho;
- um terço para o filho do meio;
- um nono para o caçula.

A metade, um terço e um nono de 17 não são números inteiros! O que fazer?

Os três irmãos pediram a ajuda de um professor de Matemática, amigo da família, para resolver o problema. Inicialmente, ele solicitou que pedissem emprestado um cavalo a um vizinho.

Ficaram, então, com 18 cavalos:

- o filho mais velho ficou com $\frac{1}{2}$ de 18 = 9 cavalos;
- o filho do meio ficou com $\frac{1}{3}$ de 18 = 6 cavalos;
- o filho mais novo ficou com $\frac{1}{9}$ de 18 = 2 cavalos.

O cavalo do vizinho pôde ser devolvido e a divisão aconteceu de acordo com a vontade do senhor Almeida. Graças à Matemática, tudo foi resolvido!

Agora o desafio é descobrir que estratégia o professor de Matemática usou para resolver o problema. Vamos ajudá-lo? Quem descobrir a estratégia vai à lousa mostrá-la aos colegas.

Malba Tahan e *O homem que calculava*

O texto que você acabou de ler foi escrito com base em uma das maravilhosas histórias presentes no livro *O homem que calculava*, de Malba Tahan. De forma atraente e desafiadora, o autor narra as aventuras e proezas matemáticas do "calculista" persa Beremiz Samir no século XIII.

Malba Tahan é, na verdade, o pseudônimo usado pelo ilustre professor de Matemática Júlio César de Melo e Souza (1895-1974) em várias de suas obras. *O homem que calculava* é a mais famosa entre elas.

AUTOAVALIAÇÃO

Anote no caderno o número do exercício e a letra correspondente à resposta correta.

116. O número 0,64 pode ser representado por:

a) $\dfrac{8}{25}$ b) $\dfrac{16}{50}$ c) $\dfrac{25}{16}$ d) $\dfrac{16}{25}$

117. Sobre as igualdades

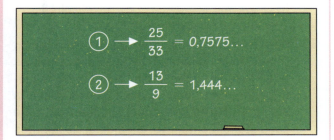

é correto afirmar que:

a) apenas a primeira é verdadeira.
b) apenas a segunda é verdadeira.
c) as duas são verdadeiras.
d) as duas são falsas.

118. Silveriana colocou parênteses na expressão 3 − 0,5 + 2,25 − 0,25 de modo a obter resultado 0. Indique como ela fez.

a) 3 − 0,5 + (2,25 − 0,25)
b) (3 − 0,5 + 2,25) − 0,25
c) 3 − (0,5 + 2,25) − 0,25
d) 3 − (0,5 + 2,25 − 0,25)

119. Qual dos seguintes números é o maior?

a) $\dfrac{1}{2} + \dfrac{1}{3}$ c) $\dfrac{1}{2} \cdot \dfrac{1}{3}$

b) $\dfrac{1}{2} - \dfrac{1}{3}$ d) $\dfrac{1}{2} : \dfrac{1}{3}$

120. (Mack-SP) Qual o valor de $\dfrac{0,2 \cdot 0,7 - 4 \cdot 0,01}{0,5 \cdot 0,2}$?

a) 0,1 c) 1
b) 0,01 d) 10

121. (Vunesp) Uma loja de material de construção vende canos de PVC de diâmetro em polegadas.

| $1\dfrac{1}{4}$ | $\dfrac{3}{4}$ | $\dfrac{1}{2}$ | $3\dfrac{1}{2}$ | $\dfrac{3}{8}$ | $3\dfrac{1}{8}$ | $3\dfrac{3}{4}$ |

As frações que correspondem ao cano mais fino e ao mais grosso são, respectivamente:

a) $\dfrac{3}{8}$ e $3\dfrac{3}{4}$ c) $\dfrac{3}{4}$ e $3\dfrac{1}{2}$

b) $\dfrac{3}{8}$ e $3\dfrac{1}{8}$ d) $\dfrac{1}{2}$ e $3\dfrac{3}{4}$

122. (PUC-SP) O valor de $\dfrac{\dfrac{1}{2} + 0{,}3}{8}$ é:

a) 0,1 b) $\dfrac{1,3}{16}$ c) 0,2 d) $\dfrac{3}{16}$

123. (UFRJ) João escreveu o número decimal 1,25 na forma de fração. Em seguida, João encontrou uma fração equivalente a esta com o numerador igual a 15 e outra com o numerador igual a 20. A soma dos denominadores das duas frações equivalentes encontradas por João é igual a:

a) 16 c) 24
b) 18 d) 28

55

124. Um caminhão cuja carga máxima é de 8,5 toneladas transporta 42 caixas de 210 kg cada uma. A carga excedente tem:

a) 32 kg
b) 33 kg
c) 330 kg
d) 320 kg

125. (ETF-SP) Uma garrafa de refrigerante contém 300 mL de líquido. Sabendo que nesse refrigerante cada 1 mL de líquido contém 0,04 g de açúcar, quantos gramas de açúcar tem uma dúzia de garrafas desse refrigerante?

a) 120 g
b) 144 g
c) 150 g
d) 156 g

126. (PUC-SP) O valor de $\dfrac{4 \cdot (0{,}3)^2}{2 - 1{,}4}$ é:

a) 3
b) 6
c) 0,6
d) 0,3

127. (Vunesp) A figura mostra o trajeto que Ana percorre diariamente para ir de sua casa, localizada no ponto A, até a sua escola, localizada no ponto D. Na figura, as distâncias entre os pontos B e C, e C e D estão representadas por frações da distância total do percurso entre os pontos A e D. Se ela faz esse percurso duas vezes por dia (ida e volta), para frequentar a escola ela caminha semanalmente, de 2ª a 6ª feira, um total de:

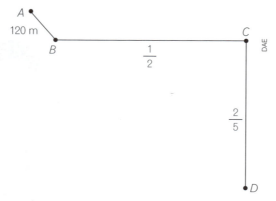

a) 8 km
b) 9 km
c) 12 km
d) 14 km

128. Quantos minutos equivalem a 2,35 horas?

a) 140 min
b) 141 min
c) 142 min
d) 143 min

129. (SEE-RJ) Aos domingos, a primeira fornada de pão sai às 6 h e 30 min, e a segunda sai às 8 h e 25 min. O espaço de tempo entre as duas fornadas é de:

a) 2 h 15 min
b) 1 h 55 min
c) 1 h 30 min
d) 1 h 15 min

130. Para licenciar meu automóvel no PoupaTempo (nome dado no estado de São Paulo a postos que atendem a população que deseja requerer diferentes tipos de documento), recebi a senha 41. Há 40 pessoas na minha frente. Se cada atendimento leva, em média, 3,5 minutos e o atendimento tem início às 9 horas, a que horas serei atendido?

a) 11h10min
b) 11h20min
c) 12h10min
d) 11h40min

131. Um consumidor pagou, num supermercado, R$ 77,52 por um pacote de azeitona no qual estava indicado 5 kg. Desconfiado daquele peso, procurou o órgão oficial competente, que verificou a irregularidade e constatou que havia 250 gramas a menos do produto. Qual foi, na realidade, o preço de 1 kg daquela azeitona?

a) R$ 15,50
b) R$ 15,68
c) R$ 16,32
d) R$ 16,44

UNIDADE 3

Números negativos

1. Onde encontramos números negativos?

Você já sabe que os números 1, 2, 3, 4, 5, ... surgiram pela necessidade de contar. Sabe também que as frações e os números decimais foram criados para representar certas quantidades não inteiras muito presentes nos problemas de medidas.

E os números negativos?

Eles vieram para resolver situações do tipo: "3 − 5 quanto dá?", que provavelmente surgiram com o desenvolvimento do comércio e o aparecimento das dívidas, dos prejuízos...

Vamos examinar uma situação comum nos dias de hoje.

Quem tem cheque especial pode gastar mais do que possui na sua conta bancária até certo limite, e ficar devendo ao banco.

Uma pessoa, por exemplo, tem R$ 100,00 na conta e faz uma retirada de R$ 120,00.

O resultado da subtração 100 − 120 não é um número natural.

Usaremos o **número negativo** −20 para representar o saldo dessa pessoa após a retirada.

100 − 120 = −20

O sinal de "menos" indica que ela deve R$ 20,00 ao banco.

Você já deve ter visto números negativos em outras situações.

No registro de temperaturas abaixo de zero, por exemplo:

Cidade	Temperatura (°C)
Berlim	−1
Chicago	−1
Nova York	−1
Montreal	−3
Lima	+20
Paris	+4

Fonte: *Climatempo*, 4 abr. 2015.

REFLETINDO

Cite mais dois exemplos de situações em que apareçam números negativos.

Ou para registrar profundidades abaixo do nível do mar.

Associa-se o nível do mar à altitude zero. Profundidades abaixo do nível do mar são indicadas por números negativos.

Nota histórica

A aceitação dos números negativos foi muito lenta, pois usar quantidades negativas não é natural quando pensamos em situações concretas: como imaginar 3 bois menos 5 bois? Como tirar aquilo que não temos? Por isso, embora tenham sido encontrados na China e na Índia registros muito antigos de problemas envolvendo números negativos, eles só foram realmente aceitos como números por volta do século XVI.

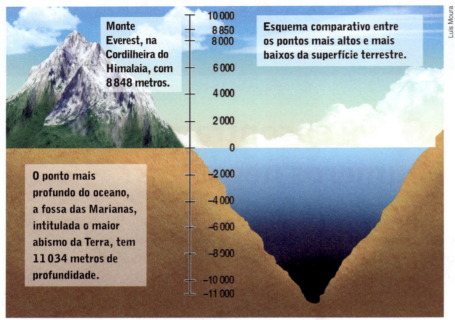

Fontes de pesquisa: Center for Coastal and Ocean Mapping (CCOM) e Instituto Brasileiro de Geografia e Estatística (IBGE).

Ou para representar prejuízos.

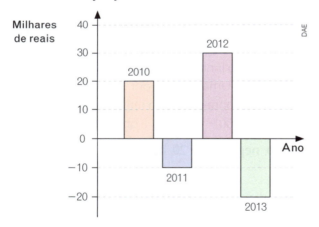

Pense e responda:
O número zero é positivo ou negativo?

Portanto, conhecemos os números positivos, que podem vir ou não acompanhados do sinal +...

+2 ou simplesmente 2	+34 ou 34	+478 ou 478	+61,07 ou 61,07
+5,6 ou 5,6	$+\dfrac{7}{8}$ ou $\dfrac{7}{8}$	$+\dfrac{13}{19}$ ou $\dfrac{13}{19}$	etc.

... e os números negativos, que são precedidos pelo sinal —. Por exemplo:

−5	−67	−8,23	$-\dfrac{5}{9}$

EXERCÍCIOS

1. Associe a cada termômetro uma das ilustrações a seguir.

2. Associe um número positivo ou um número negativo a cada uma das situações:

   a) um lucro de R$ 10,70;
   b) um prejuízo de R$ 300,00;
   c) um avanço de 8 minutos;
   d) um atraso de 15 minutos;
   e) uma temperatura de 2 graus abaixo de zero;
   f) uma altitude de 527,3 m acima do nível do mar.

3. Utilize números positivos para representar a parte da *pizza* indicada nas figuras e números negativos para indicar a parte da *pizza* que foi retirada.

   a)    b)

4. Se você tem R$ 71,00 no banco e retira R$ 100,00, sua conta fica com saldo positivo ou negativo? Qual é o valor desse saldo?

5. Calcule as diferenças.

6	6	6	6	6	6	6
−3	−4	−5	−6	−7	−8	−9

6. Suponha que a temperatura neste momento é de 12 °C. Indique a nova temperatura se o termômetro:

   a) subir 3 °C;
   b) baixar 15 °C;
   c) baixar 7 °C;
   d) baixar 12 °C.

7. Num bar chegaram alguns potes que deveriam conter 60 bombons cada um. O proprietário fez uma verificação e marcou os potes da seguinte maneira:

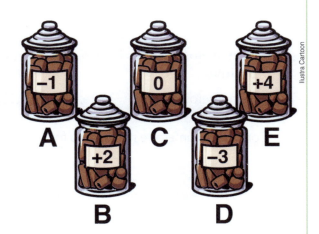

−3 indica a falta de 3 bombons
+2 indica o excesso de 2 bombons

   a) Existe algum pote que contém 60 bombons? Qual deles?
   b) Quantos bombons há em cada pote?
   c) Se transferirmos o excesso de bombons do último pote para o primeiro, qual será a nova anotação no primeiro pote?

2. Comparando números

É importante saber comparar números. Dentre dois números, qual é o menor?

Em certo dia de inverno, um jornal publicou as temperaturas mínimas em algumas cidades do Sul do Brasil.

A cidade de São Joaquim foi a que registrou a temperatura mais baixa nesse dia. Uma temperatura de −3 °C é menor do que uma temperatura de −1 °C, e as duas temperaturas negativas são menores do que a temperatura de 0 °C em Curitiba e do que a temperatura positiva de 4 °C em Porto Alegre.

Tempo no Sul do Brasil		
Cidade	Tempo	Temperatura mínima
Curitiba (PR)	chuvoso	0 °C
São Joaquim (SC)	nublado	−3 °C
Porto Alegre (RS)	claro	4 °C
Gramado (RS)	nublado	−1 °C

Pensando nas temperaturas fica mais fácil comparar números positivos e negativos.

−3 < 4
−3 < 0
−3 < −1

Você e seus colegas vão dizer qual é o menor número:
a) −6 ou 0?
b) −2 ou −8?
c) −1,2 ou 4?
d) 0,5 ou −20?

- Os números +1, +2, +3, +4, +5, +6, ..., ou simplesmente 1, 2, 3, 4, 5, 6, ..., são os **números inteiros positivos**.
- Os números −1, −2, −3, −4, −5, −6, ... são os **números inteiros negativos**.

Com esses números e mais o zero formamos a sequência dos números inteiros, que é infinita:

..., −4, −3, −2, −1, 0, 1, 2, 3, 4, ...

Veja outros exemplos de números inteiros:

−134, −10, −7, 75, 1 237, 768 905

Na sequência dos números inteiros:
- o antecessor de −4 é −5;
- o antecessor de −1 é −2;
- o sucessor de −4 é −3;
- o sucessor de −1 é 0;

e assim por diante.

Todo número inteiro tem um antecessor e um sucessor.

0, 1, 2, 3, 4, 5, ... são os números naturais.
Os números naturais são números inteiros.

EXERCÍCIOS

8. Observe as temperaturas registradas às 10 h de certo dia em várias cidades do mundo.

Cidade	Temperatura (°C)
A	−4,5
B	+6
C	−7,2
D	+18,6
E	+26
F	−1
G	+34

a) Em que cidades se registraram temperaturas positivas?

b) Em que cidades se registraram temperaturas negativas?

c) Qual foi a maior temperatura registrada? E a menor?

9. Qual é maior?

a) +17 ou −17?
b) −29 ou 0?
c) +60 ou 60?
d) −9,8 ou −10?
e) 100 ou −300?
f) +490 ou 489?
g) −370 ou −369?
h) 0,6 ou −1,8?

10. Observe o gráfico e faça o que se pede.

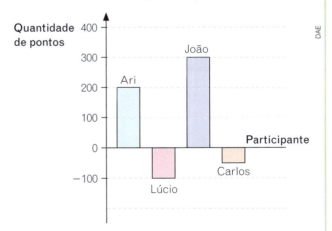

Resultado de um jogo com 4 participantes

Escreva os nomes dos participantes em ordem decrescente de pontos.

11. Quem sou eu?

a) Sou o maior número inteiro negativo de três algarismos.

b) Sou o menor número inteiro positivo de dois algarismos.

12. Copie as sequências e complete-as.

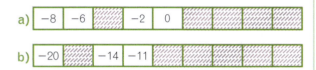

13. Faça a correspondência da letra de cada pacote com a quantidade de massa indicada no quadro.

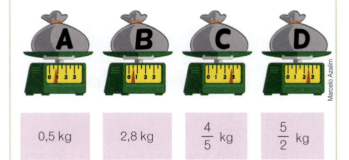

| 0,5 kg | 2,8 kg | $\frac{4}{5}$ kg | $\frac{5}{2}$ kg |

14. Relacione os números utilizando os sinais =, < ou >.

a) −2,13 ▨ −2,06

b) −3 ▨ $-\frac{15}{5}$

c) 1,001 ▨ −4,5

d) $-\frac{13}{2}$ ▨ −5

15. A temperatura às 23 horas era de 1 grau positivo. Entre essa hora e a meia-noite, desceu 2 graus. Da meia-noite às 6 horas da manhã, desceu 5 graus. Das 6 da manhã ao meio-dia, subiu 10 graus. Calcule sucessivamente:

a) a temperatura à meia-noite;

b) a temperatura às 6 da manhã;

c) a temperatura ao meio-dia.

NÚMEROS NEGATIVOS 61

3. Reta numérica

Os números negativos também podem ser associados a pontos de uma reta.
Traçamos uma reta e escolhemos um ponto para representar o zero:

Usando sempre a mesma unidade, marcamos os pontos que representam os números inteiros positivos à direita do zero e os pontos que representam os números inteiros negativos à esquerda do zero.

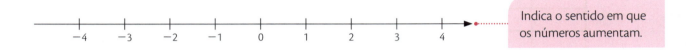

Indica o sentido em que os números aumentam.

Veja como representamos na reta numérica alguns números decimais e frações.

Por exemplo, $-2,5$; $-1,2$ e $-\dfrac{1}{3}$:

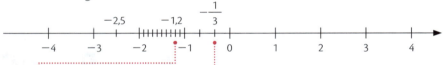

$-1,2$ está entre -1 e -2.
Dividimos a unidade em 10 partes iguais. Cada parte é 1 décimo. Então tomamos 2 décimos à esquerda do -1.

$-\dfrac{1}{3}$ está entre 0 e -1.
Dividimos a unidade em 3 partes iguais e tomamos 1 parte à esquerda do zero.

A reta numérica também nos ajuda a comparar números. Entre dois números, qual é o maior?
Basta observar qual tem representação mais à direita na reta numérica: esse será o maior.
Então, para começar:

- qualquer número positivo é maior que zero;
- zero é maior que qualquer número negativo;
- qualquer número positivo é maior que um número negativo.

E quando queremos comparar dois números negativos?

Vimos que $-3 < -1$ (lembra-se das temperaturas?). Isso se confirma na reta numérica, pois a representação de -1 está à direita da representação de -3.

Logo:
- $-3 < -1$ ou $-1 > -3$

Da mesma forma:
- $-0,5 > -1$
- $-6,4 > -10$
- $-1,75 > -8,25$

4. Distâncias na reta numérica

Módulo e simétrico

Vimos que um número é representado na reta numérica por um ponto.
A distância entre esse ponto e o ponto que representa o zero é o **módulo** ou valor absoluto desse número.

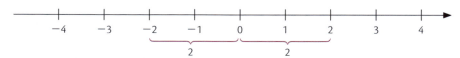

A distância entre o ponto que representa o 2 e o ponto que representa o zero é 2. Por isso, $|2| = 2$ (Lemos: *módulo de 2 é igual a 2.*)

Da mesma forma,

$|-2| = 2$

2 e −2 são números diferentes, mas têm o mesmo módulo, porque estão à mesma distância do zero. Eles são chamados **simétricos** ou **opostos**.

- 3 e −3 são simétricos ou opostos, pois
 $|3| = 3$ e $|-3| = 3$

Todo número tem um oposto:

- o oposto de 8 é −8;
- o oposto de −7,2 é 7,2;
- o oposto de $\dfrac{3}{4}$ é $-\dfrac{3}{4}$;

e assim por diante.

> O oposto de zero é o próprio zero.

Distância entre dois pontos

Qual é a distância entre −4 e 3 na reta numérica?

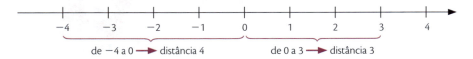

$4 + 3 = 7$
A distância é 7.

Qual é a distância entre −3 e −1 na reta numérica?

$3 - 1 = 2$
A distância é 2.

NÚMEROS NEGATIVOS **63**

EXERCÍCIOS

16. Escreva os números representados pelos pontos A, B e C em cada reta numérica.

a)

b)
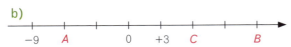

17. Observe a escada e complete as frases com as palavras *acima* ou *abaixo*. A seguir responda, em cada situação, qual dos números é maior.

a) −5 está ▨ de −2

b) −7 está ▨ de −10

c) +4 está ▨ de +6

d) −3 está ▨ de +1

e) −9 está ▨ de 0

f) +6 está ▨ de −6

g) +2 está ▨ de 0

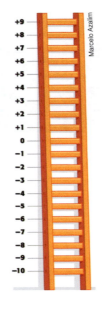

18. Diga qual é:

a) o maior número inteiro menor do que −8;

b) o menor número inteiro maior do que −165.

19. Na figura abaixo, o lado do quadrinho corresponde a uma unidade.

Diga qual número corresponde ao ponto X se a origem (ponto 0) for:

a) o ponto A;

b) o ponto B;

c) o ponto C.

20. Escreva um número não inteiro compreendido entre −4 e −2.

21. Situe entre dois números inteiros consecutivos:

a) 9,3

b) $\dfrac{11}{2}$

c) −0,6

d) $-\dfrac{16}{5}$

22. Escreva dois números cujo valor absoluto seja 19. Que nomes recebem esses números?

23. Quem está errado?

Joana: $\dfrac{7}{10}$ e −0,7 são números simétricos

Paulo: 0,5 e −0,05 são números simétricos

Mário: $-\dfrac{3}{8}$ e $\dfrac{3}{8}$ têm sinais contrários

Carol: O simétrico de zero é zero.

24. Qual é maior?

a) −3 ou o seu simétrico?

b) −8 ou o seu módulo?

c) 5 ou o simétrico de −10?

5. Adição envolvendo números negativos

Vamos examinar algumas situações. Indicaremos dívidas e prejuízos com números negativos.

De uma dívida de R$ 80,00 vou pagar R$ 30,00. Ainda ficarei devendo R$ 50,00.

Meu saldo é de R$ 40,00 negativos. Depositando R$ 40,00 eu "zero a conta"!

Minha empresa teve prejuízo de R$ 4.000,00 em janeiro e de R$ 3.000,00 em fevereiro. O prejuízo acumulado foi de R$ 7.000,00.

$(-80) + (+30) = -50$
Devia 80, pagou 30, fica devendo 50.

Nessa situação, temos $(-40) + (+40) = 0$.
A soma de dois números simétricos é zero.

Nesse caso, são somados os prejuízos:
$(-4\,000) + (-3\,000) = -7\,000$

Com base nessas situações, faremos como exemplo outras adições:

- $(-15) + (+9) = -6$
- $(+7) + (-7) = 0$
- $(-3,2) + (-1,4) = -4,6$
- $\left(-\dfrac{7}{5}\right) + \left(\dfrac{7}{5}\right) = 0$
- $\left(-\dfrac{1}{2}\right) + \dfrac{1}{3} = -\dfrac{3}{6} + \dfrac{2}{6} = -\dfrac{1}{6}$
- $(-2,1) + (+3,9) = 1,8$

> Na adição envolvendo números negativos, a ordem das parcelas não altera a soma.

Faça mentalmente:
a) $(-7) + (+4)$
b) $(-5) + (-2)$
c) $-0,8 + (+2,8)$
d) $\left(+\dfrac{2}{3}\right) + \left(-\dfrac{2}{3}\right)$

Para somar:
- dois números positivos, somamos seus módulos e o resultado é positivo.
- dois números negativos, somamos seus módulos e o resultado é negativo.
- dois números de sinais contrários, subtraímos seus módulos e o resultado tem o sinal do número de maior módulo.

Adições com mais de duas parcelas

O dono de uma microempresa montou uma tabela e representou em um gráfico de barras seus resultados no primeiro semestre do ano. Os números positivos indicam lucros e os negativos, prejuízos.

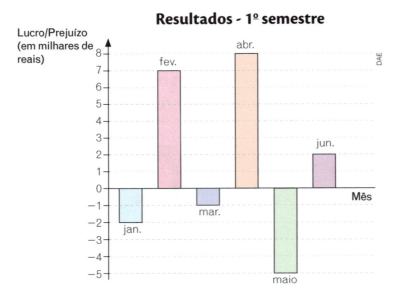

Resultados - 1º semestre

Mês	Lucro/Prejuízo (em milhares de reais)
Janeiro	−2
Fevereiro	7
Março	−1
Abril	8
Maio	−5
Junho	2

O prejuízo de 2 anula o lucro de 2.

♦ A empresa acumulou lucro ou prejuízo nesse semestre? De quanto?

Para responder a essa pergunta, recorremos a uma adição:

(−2) + (+7) + (−1) + (+8) + (−5) + (+2)
              +15   −6

Somamos o total de lucros com o total de prejuízos:

(+15) + (−6) = 9

Concluímos que a empresa teve lucro de R$ 9.000,00 no semestre.

> Na adição envolvendo números negativos, podemos associar as parcelas!

Junte-se a um colega para resolver as questões.

1. Vimos que o lucro acumulado pela empresa no semestre foi de R$ 9.000,00. Calculem o lucro médio mensal nesse período.

2. Usem os dados da tabela ao lado para calcular o valor do lucro ou prejuízo acumulado pela empresa no 2º semestre do mesmo ano.

Mês	Lucro/Prejuízo (em milhares de reais)
Julho	−3
Agosto	6
Setembro	4
Outubro	−4
Novembro	−5
Dezembro	8

EXERCÍCIOS

25. Faça as seguintes operações bancárias observando o exemplo:

> Crédito de R$ 10,00 **mais** débito de R$ 15,00 = −R$ 5,00.

a) Crédito de R$ 18,00 **mais** crédito de R$ 5,00.
b) Débito de R$ 25,00 **mais** débito de R$ 10,00.
c) Crédito de R$ 20,00 **mais** débito de R$ 30,00.
d) Débito de R$ 60,00 **mais** crédito de R$ 80,00.
e) Crédito de R$ 50,00 **mais** débito de R$ 50,00.

26. Veja a ideia de Maurício para calcular $(+5) + (-3)$:

Antes:

Uma unidade positiva e uma unidade negativa se anulam.

Operação:

Depois:

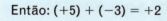

Então: $(+5) + (-3) = +2$

Agora chegou a sua vez de calcular!

a) $(+7) + (-2)$
b) $(-3) + (+4)$
c) $(+4) + (-6)$
d) $(+5) + (-5)$
e) $(+1) + (+4)$
f) $(-2) + (-1)$
g) $7 + (-1)$
h) $-6 + (-2)$
i) $3 + (+4)$
j) $0 + (-2)$
k) $0 + (+6)$
l) $-1 + (+1)$

27. O saldo bancário de um cliente do Banco Fortuna era de R$ 43,00 e passou a ser de −R$ 6,00. O cliente fez um depósito ou uma retirada? De quanto?

28. Num jogo de baralho, Rodrigo e Carolina obtiveram os seguintes resultados:

	Rodrigo	Carolina
1ª partida	ganhou 510 pontos	perdeu 80 pontos
2ª partida	perdeu 215 pontos	ganhou 475 pontos
3ª partida	perdeu 485 pontos	ganhou 290 pontos
4ª partida	ganhou 625 pontos	perdeu 115 pontos

a) Qual é o número total de pontos de Carolina após as quatro partidas?
b) Qual é o número total de pontos de Rodrigo após as quatro partidas?
c) De quem foi a vantagem final? Quantos pontos de diferença?

29. Qual é a soma de cada expressão?

a) $-62 + 47$
b) $-58 + 69$
c) $44 + (-88)$
d) $200 + (-100)$
e) $-500 + (-100)$
f) $6 + 1,5$
g) $1,2 + 8,17$
h) $2 + (-2,3)$
i) $6 + (-0,7)$
j) $-0,48 + (-0,52)$

30. Calcule.

a) $\dfrac{1}{2} + \dfrac{3}{7}$

b) $-\dfrac{2}{3} + \dfrac{4}{9}$

c) $\dfrac{5}{3} + \left(-\dfrac{1}{2}\right)$

d) $-\dfrac{1}{3} + (-1)$

31. Em um quadrado mágico, a soma dos números de cada linha, coluna ou diagonal sempre dá o mesmo resultado.

Considere o quadrado da figura abaixo, em que as letras que aparecem representam números inteiros.

4	A	B
C	1	D
1	E	−2

Se esse quadrado é mágico, qual é o valor de $A + B + C + D + E$?

32. Calcule o valor das expressões.
a) $-3 + 7 + 4$
b) $1 + (-4) + (-6)$
c) $-10 + 20 + (-8)$
d) $(-3) + 2 + (-4) + (-6)$
e) $0,6 + 1,2 + (-1,75)$
f) $2,8 + (-1) + (-1,6)$
g) $\frac{3}{4} + \left(-\frac{1}{2}\right) + \left(-\frac{2}{5}\right)$
h) $2 + 3 + \left(-\frac{4}{3}\right)$

33. Um termômetro está marcando −2 °C em uma cidade. Se a temperatura subir 6 °C, quantos graus marcará o termômetro?

34. Uma pessoa tem R$ 600,00 em sua conta bancária e faz, sucessivamente, as seguintes operações:

- retira R$ 73,50;
- deposita R$ 18,30;
- retira R$ 466,90;
- retira R$ 125,00.

O saldo final fica positivo ou negativo? Em quanto?

35. Lúcia foi à feira e comprou as seguintes quantidades de frutas:

- $1\frac{3}{4}$ kg de laranja;
- $\frac{1}{2}$ kg de maçã;
- 250 g de uva.

No total, quantos quilos de frutas ela comprou?

36. Considere a sequência:

$$+1, -2, +3, -4, +5, -6, +7, \ldots$$

Qual é a soma do 15º termo com o 34º termo?

37. Considere os seguintes números e escolha dois deles, de modo que:

103	20	+15	−36	−29
−15	28	−100	−21	42

a) a soma seja zero.
b) a soma seja 3.
c) a soma seja 62.
d) a soma seja −8.
e) a soma seja −50.

6. Subtração envolvendo números negativos

Navegando na internet, Maurício encontrou uma tabela com as temperaturas mínimas registradas em três cidades da Europa num fim de semana:

Temperatura mínima (°C)		
Cidade	Sábado	Domingo
Roma	+2	+6
Paris	+3	−1
Viena	−7	−4

Ele percebeu que houve variação nas temperaturas. Em algumas cidades a temperatura baixou e em outras, subiu.

A diferença de temperaturas em cada cidade pode ser calculada efetuando uma subtração:

temperatura do domingo − temperatura de sábado

Vamos fazer os cálculos com Maurício?

Em Roma, a temperatura subiu 4 °C:

$(+6) - (+2) = 4$

Veja: $(+6) - (+2) = 4$ é o mesmo que $(+6) + (-2) = 4$

$- (+$
$\downarrow$
$+ (-$

Subtrair +2 é o mesmo que **somar −2**, que é o seu oposto.

Em Paris esfriou: a temperatura caiu 4 °C.

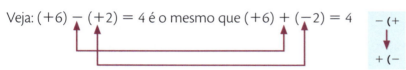

$(-1) - (+3) = -4$

Observe que $(-1) - (+3) = -4$ é o mesmo que $(-1) + (-3) = -4$.

Subtrair +3 é o mesmo que **somar −3**.

Já em Viena, o domingo foi menos frio do que o sábado: a temperatura subiu 3 °C.

$(-4) - (-7) = 3$

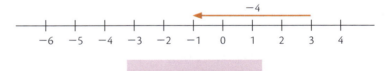

Mais uma vez temos que: $(-4) - (-7) = (-4) + (+7) = 3$
Subtrair −7 é o mesmo que **somar +7**.

$- (-$
$\downarrow$
$+ (+$

Você percebeu? Subtrair um número é o mesmo que somar o seu oposto.

NÚMEROS NEGATIVOS 69

7. Simplificando registros

A expressão abaixo envolve adições e subtrações.

$$(+5) + (-3) - (-9) - (+6) + (+2)$$

Vamos resolvê-la?
Primeiro escrevemos as subtrações que apareceram na expressão usando a adição:

$$(+5) + (-3) + (+9) + (-6) + (+2)$$
$$+16 \qquad -9$$

Depois associamos as parcelas e calculamos: $(+16) + (-9) = 7$.

Veremos agora uma maneira mais simples de registrar e resolver essa mesma expressão, sem usar tantos sinais e parênteses. Acompanhe a seguir:

Escrevemos as subtrações na forma de adição.

$$(+5) + (-3) - (-9) - (+6) + (+2) = (+5) + (-3) + (+9) + (-6) + (+2)$$

Agora vem a novidade: convencionamos que se a expressão tiver somente adições, o sinal operacional $+$ não precisa ser escrito e os parênteses passam a não ser necessários. Veja:

$$(+5) + (-3) + (+9) + (-6) + (+2) = +5 - 3 + 9 - 6 + 2$$

Como o sinal da 1ª parcela é positivo, podemos omiti-lo, chegando à expressão simplificada:

$$5 - 3 + 9 - 6 + 2 = 16 - 9 = 7$$
$$16 \quad -9$$

> Também podemos resolver a expressão fazendo as operações na ordem em que aparecem:
> $5 - 3 + 9 - 6 + 2 =$
> $= 2 + 9 - 6 + 2 =$
> $= 11 - 6 + 2 = 5 + 2 = 7$
> Você escolhe o caminho!

Comparando a expressão original com a simplificada, descobriremos um jeito mais rápido de chegar à expressão simplificada. Veja:

$$(+5) + (-3) - (-9) - (+6) + (+2)$$
$$5 \quad -3 \quad +9 \quad -6 \quad +2$$

Para eliminar os parênteses, faremos corresponder:

- a dois sinais iguais, um sinal de $+$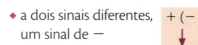

- a dois sinais diferentes, um sinal de $-$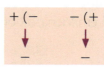

Veja mais exemplos:

- $(-1,5) + (-0,5) - (-1,2) - (+1) - (-0,4) =$
$= -1,5 - 0,5 + 1,2 - 1 + 0,4 =$
$= -3 + 1,6 = -1,4$

- $\left(+\dfrac{2}{5}\right) + \left(-\dfrac{1}{2}\right) - \left(-\dfrac{7}{10}\right) =$
$= \dfrac{2}{5} - \dfrac{1}{2} + \dfrac{7}{10} = \dfrac{4}{10} - \dfrac{5}{10} + \dfrac{7}{10} =$
$= \dfrac{4-5+7}{10} = \dfrac{6}{10} = \dfrac{3}{5}$

EXERCÍCIOS

38. Calcule mentalmente.

a) $6 - (-2)$
b) $5 - (+1)$
c) $9 - (+9)$
d) $-7 - (-5)$
e) $-9 - (+1)$
f) $89 - (-11)$
g) $2,4 - (-3)$
h) $-0,5 - (-0,5)$

39. A temperatura num *freezer* era de $-15\,°C$. Faltou energia elétrica e a temperatura subiu $6\,°C$. A que temperatura se encontra agora o *freezer*?

40. Numa cidade, a temperatura mais fria do ano foi de $-5\,°C$ e a mais quente foi de $35\,°C$.

Qual é a diferença entre a temperatura mais quente e a temperatura mais fria?

41. Nesta pirâmide de números, cada número é a soma dos dois números abaixo dele. Qual número está no alto da pirâmide?

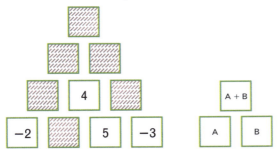

42. Num campeonato de futebol, o saldo de gols é muito utilizado como critério de desempate entre dois times que apresentam o mesmo número de pontos. Ele é obtido pela diferença entre gols marcados e gols sofridos.

Time	Gols marcados	Gols sofridos	Saldo de gols
A	15		8
B	10	15	
C		7	−3
D	9		0

a) Quantos gols sofreu o time A?
b) Qual é o saldo de gols do time B?
c) Quantos gols marcou o time C?
d) Quantos gols sofreu o time D?

43. (Vunesp) Um camelô fez quatro vendas.

Na primeira teve prejuízo de R$ 4,00, na segunda teve prejuízo de R$ 11,00, na terceira teve lucro de R$ 13,00 e na última teve lucro de R$ 5,00. Pode-se calcular o saldo resultante desses quatro negócios efetuando:

a) $4 - 11 + 13 + 5 = 11$
b) $-4 - 11 - 13 + 5 = -23$
c) $-4 + (-11) + 13 + 5 = 3$
d) $-4 - (-11) + 13 + 5 = 25$

44. Copie e complete:

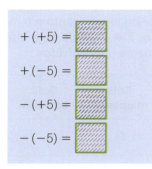

a) + seguido de + é o mesmo que ▢.

b) + seguido de − é o mesmo que ▢.

c) − seguido de + é o mesmo que ▢.

d) − seguido de − é o mesmo que ▢.

45. Leia estas situações:

a) $(-1) + (-4) = -1 - 4 = -5$

☹ Devo 1 e devo 4, então devo 5.

b) $(-3) + (+5) = -3 + 5 = 2$

🙂 Devo 3 e tenho 5, então tenho 2.

c) $(+9) + (-9) = 9 - 9 = 0$

😐 Tenho 9 e devo 9, então tenho 0.

d) $(-3) - (+4) = -3 - 4 = -7$

☹ Devo 3 e devo 4, então devo 7.

e) $(-5) - (-9) = -5 + 9 = 4$

🙂 Devo 5 e tenho 9, então tenho 4.

f) $-20 - (-15) = -20 + 15 = -5$

☹ Devo 20 e tenho 15, então devo 5.

46. Elimine os parênteses e calcule.

a) $7 - (-6) - (-8)$
b) $-8 + (-6) - (+3)$
c) $5 - 6 - (+7) + 1$
d) $-28 + 7 + (+12) + (-1) - 6$
e) $-21 - 7 - 6 - (-15) - 2 - (-10)$
f) $10 - (-8) + (-9) - (-12) - 6 + 5$

Parênteses "guardam" tudo o que se encontra dentro deles num bloco, como se fosse um só número. Por isso, o sinal que vem antes deles afeta todas as parcelas no seu interior. Veja:

Ⓐ $+ (+3 - 6 + 4)$
$+(+3) + (-6) + (+4) = 3 - 6 + 4$

Ⓑ $- (5 - 8 + 6)$
$-(+5) - (-8) - (+6) = -5 + 8 - 6$

47. Resolva por dois métodos diferentes cada uma das expressões.

a) $30 - (6 - 1)$
b) $15 + (-3 + 7)$
c) $-6 - (-3 + 2)$
d) $18 - (-5 - 2 - 3)$
e) $4 + (3 - 5) + (-2 - 6)$
f) $20 - (-6 + 8) - (-1 + 3)$
g) $35 + (-3) - (-4 + 7 + 2)$
h) $8 + (3 - 10) - (3 + 5 - 20)$

48. Calcule o valor das expressões.

a) $1,65 + (-3,5) - (-2)$
b) $-1,5 - (+0,4) - (-0,32)$
c) $-0,6 - (+2) - (0,3 - 1,8)$
d) $-1,75 - (0,6 + 1,2 + 1,05)$

49. Calcule o valor das expressões.

a) $\dfrac{3}{5} - 1 - \dfrac{2}{5}$

b) $4 - \dfrac{1}{10} + \dfrac{2}{5}$

c) $\dfrac{1}{2} - \left(-\dfrac{3}{5}\right) + \dfrac{7}{10}$

d) $-2 - \left(-\dfrac{1}{2}\right) - \dfrac{1}{8}$

e) $\dfrac{5}{12} + \left(-\dfrac{1}{4}\right) - \left(+\dfrac{1}{6}\right)$

8. Multiplicação com números negativos

Sabemos multiplicar números positivos. Por exemplo: $4 \cdot 3 = 3 + 3 + 3 + 3 = 12$

Conservando essa ideia, temos: $4 \cdot (-3) = (-3) + (-3) + (-3) + (-3) = -12$

E quanto seria $(-3) \cdot 4$? Ora, $-3 = -(+3)$. Então, $(-3) \cdot 4 = -(+3) \cdot 4 = -[(+3) \cdot 4] = -12$.
Também chegamos a este resultado observando padrões:

$$-1 \curvearrowright 3 \cdot 4 = 12 \curvearrowleft -4$$
$$-1 \curvearrowright 2 \cdot 4 = 8 \curvearrowleft -4$$
$$-1 \curvearrowright 1 \cdot 4 = 4 \curvearrowleft -4$$
$$-1 \curvearrowright 0 \cdot 4 = 0$$

Para que o padrão se mantenha, devemos ter:
$$(-1) \cdot 4 = -4$$
$$(-2) \cdot 4 = -8$$
$$(-3) \cdot 4 = -12$$

O que observamos nos leva a pensar que:
- o produto de dois números positivos é um número positivo;
- o produto de dois números de sinais diferentes é um número negativo.

e assim por diante!

Vamos analisar agora, como fica o produto de dois números negativos. Observe o padrão na sequência abaixo:

$$-1 \curvearrowright 4 \cdot (-3) = -12 \curvearrowleft +3$$
$$-1 \curvearrowright 3 \cdot (-3) = -9 \curvearrowleft +3$$
$$-1 \curvearrowright 2 \cdot (-3) = -6 \curvearrowleft +3$$
$$-1 \curvearrowright 1 \cdot (-3) = -3 \curvearrowleft +3$$
$$-1 \curvearrowright 0 \cdot (-3) = 0 \curvearrowleft +3$$
$$-1 \curvearrowright (-1) \cdot (-3) = 3 \curvearrowleft +3$$
$$-1 \curvearrowright (-2) \cdot (-3) = 6 \curvearrowleft +3$$
$$-1 \curvearrowright (-3) \cdot (-3) = 9 \curvearrowleft +3$$
$$(-4) \cdot (-3) = 12$$

Para manter esse padrão, o produto de dois números negativos deve ser um número positivo. Monte tabelas como essa para outros números para confirmar.

Pensei diferente!
Como $(-4) = -(+4)$ fiz:
$(-4) \cdot (-3) =$
$= -(+4) \cdot (-3) =$
$= -[(+4) \cdot (-3)] =$
$= -[-12] = 12$

e assim por diante.

Nas situações acima usamos números inteiros. No entanto, as conclusões que enunciaremos valem para o produto de qualquer tipo de número.

- O produto de dois números de mesmo sinal é um número positivo.
- O produto de dois números de sinais diferentes é um número negativo.

Num quadro:

Sinal do fator	Sinal do fator	Sinal do produto
+	+	+
−	−	+
+	−	−
−	+	−

NÚMEROS NEGATIVOS 73

Efetuando multiplicações

Vamos calcular alguns produtos?

- $(+6) \cdot (-4) = 6 \cdot (-4) = -24$, pois $(+) \cdot (-) = (-)$
- $(-3) \cdot (+7) = (-3) \cdot 7 = -21$, pois $(-) \cdot (+) = (-)$
- $(+0{,}8) \cdot (-2) = 0{,}8 \cdot (-2) = -1{,}6$, pois $(+) \cdot (-) = (-)$
- $\left(-\dfrac{2}{5}\right) \cdot \left(-\dfrac{4}{3}\right) = \dfrac{8}{15}$ .... Multiplicamos numerador por numerador, denominador por denominador e verificamos o sinal do produto: $(-) \cdot (-) = (+)$.
- $\left(+\dfrac{1}{6}\right) \cdot \left(+\dfrac{3}{7}\right) = \dfrac{1}{\cancel{6}_2} \cdot \dfrac{\cancel{3}^1}{7} = \dfrac{1}{14}$ .... Aplicamos o cancelamento e multiplicamos as frações. O produto é positivo, pois $(+) \cdot (+) = (+)$.

E se a multiplicação tiver mais do que dois fatores?
Usaremos a associação:

- $2 \cdot (-4) \cdot (-5) =$

$= -8 \cdot (-5) = 40$

> Poderíamos escolher outra associação:
> $2 \cdot (-4) \cdot (-5) =$
> $= 2 \cdot 20 = 40$

- $(-0{,}5) \cdot (-1{,}2) \cdot (+4) \cdot (-1{,}8) =$

$= (-2) \cdot (-1{,}2) \cdot (-1{,}8) =$

$= 2{,}4 \cdot (-1{,}8) =$

$= -4{,}32$

- $\left(-\dfrac{2}{3}\right) \cdot \left(+\dfrac{3}{5}\right) \cdot \left(-\dfrac{1}{4}\right) = \dfrac{1}{10}$

REFLETINDO

Veja as ideias de Ana ao lado:
Agora responda:

1. Você acha interessante a interpretação dada por ela para a multiplicação de dois números negativos? Explique sua resposta para os colegas.

2. Num produto de 20 fatores, 13 são negativos e os demais são positivos. O produto é positivo ou negativo?

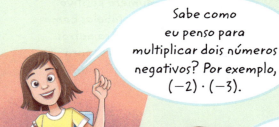

Sabe como eu penso para multiplicar dois números negativos? Por exemplo, $(-2) \cdot (-3)$.

$(-2) \cdot (-3)$ significa retirar 2 dívidas de 3

Retirar 2 dívidas de 3 é o mesmo que ganhar 6. Então, $(-2) \cdot (-3) = 6$.

Ilustrações: Reinaldo Rosa

EXERCÍCIOS

50. Copie e complete a seguinte tabela de multiplicação:

			+3			
	−4		+2			+6
			+1			
−3	−2	−1	0	+1	+2	+3
			−1			
	+4		−2			
			−3			−9

Responda.

a) Qual é o dobro de −1?
b) Qual é o triplo de −2?
c) O que acontece quando um número é multiplicado por −1?
d) Qual é o sinal do produto quando os dois fatores têm sinais iguais?
e) Qual é o sinal do produto quando os dois fatores têm sinais diferentes?

51. Calcule mentalmente.

a) $(+6) \cdot (+8)$
b) $(-6) \cdot (-8)$
c) $(+6) \cdot (-8)$
d) $(-6) \cdot (+8)$
e) $(-9) \cdot (-2)$
f) $(-5) \cdot (+7)$
g) $(+4) \cdot (-3)$
h) $(-7) \cdot (+7)$

52. Qual é o produto?

a) $-3 \cdot 5$
b) $-3 \cdot (-2,6) \cdot (-1)$
c) $7 \cdot (-1) \cdot (-5)$
d) $(-1,3) \cdot (-0,4)$
e) $9 \cdot (-4)$
f) $-0,2 \cdot 5$
g) $(+8) \cdot (-3) \cdot 4$
h) $(-3) \cdot (-5 - 7)$

53. Continue calculando o produto.

a) $7 \cdot (-1) \cdot (+1,5)$
b) $(+7,2) \cdot (-0,2) \cdot (-2)$
c) $(+3) \cdot (-1) \cdot (+2) \cdot (+5)$
d) $(-1) \cdot (-5 + 7 - 0,2)$

54. Numa multiplicação de três números inteiros cujo resultado é positivo, quais podem ser os sinais dos fatores?

55. Calcule mentalmente.

a) $5 \cdot (-3 - 1)$
b) $7 \cdot (2 - 5)$
c) $(-8 + 1) \cdot (-3)$
d) $(-2 - 3 - 1) \cdot (-4)$

56. Indique a operação usando símbolos e calcule:

a) o dobro de −7;
b) o triplo de −1,8;
c) o quádruplo de $+\frac{5}{3}$.

57. Escreva uma sequência de cinco termos, sabendo que o primeiro termo é −2 e cada termo é o dobro do anterior.

58. O saldo bancário de Roberta era de R$ 290,00. Depois disso, ela emitiu três cheques, cada um de R$ 108,17. Qual é o novo saldo bancário de Roberta?

59. Descubra dois números cuja soma é −6 e cujo produto é −16.

60. Calcule.

a) $(-0,5) \cdot \frac{1}{2}$
b) $2 \cdot \left(-\frac{1}{9}\right)$
c) $\left(-\frac{2}{5}\right) \cdot \left(-\frac{3}{7}\right)$
d) $\left(+\frac{3}{7}\right) \cdot \left(-\frac{1}{2}\right)$
e) $\left(-\frac{1}{3}\right) \cdot 2 \cdot (-3)$
f) $(-2) \cdot \left(-\frac{1}{3} + \frac{5}{3}\right)$

9. Divisão envolvendo números negativos

A divisão é a operação inversa da multiplicação.

- 12 : 3 = 4 porque 4 · 3 = 12
- 1,4 : 0,7 = 2 porque 2 · 0,7 = 1,4

e assim por diante.

Usando essa ideia, vamos efetuar divisões envolvendo números negativos:

- 30 : (−5) = −6 porque (−6) · (−5) = 30
- (−16) : (+8) = −2 porque (−2) · 8 = −16
- (−4,5) : (−1,5) = 3 porque 3 · (−1,5) = −4,5

> Faça mentalmente:
> - 18 : (−3)
> - (−36) : (−4)

Resumindo:

> - o quociente entre dois números de mesmo sinal é um número positivo;
> - o quociente entre dois números de sinais diferentes é um número negativo.

Mais exemplos:

- 5,4 : (−3,6) = −1,5
- $\left(-\dfrac{3}{8}\right) : \left(-\dfrac{3}{5}\right) = \left(-\dfrac{3}{8}\right) \cdot \left(-\dfrac{5}{3}\right) = \dfrac{5}{8}$

> Multiplicamos $\left(-\dfrac{3}{8}\right)$ pela inversa de $\left(-\dfrac{3}{5}\right)$ que é $\left(-\dfrac{5}{3}\right)$.

As temperaturas mais baixas já registradas no Brasil

A menor temperatura já registrada em território nacional, oficialmente, foi em Santa Catarina na cidade de Caçador: −14 °C. Porém, há registros não oficiais de que, próximo a São Joaquim (SC), a temperatura teria chegado a −18 °C.

A alguns quilômetros de São Joaquim, nas proximidades da cidade de Urubici, no planalto sul catarinense, está localizado o ponto mais alto de Santa Catarina: o Morro da Igreja, que é provavelmente o ponto mais frio do país. Geralmente, entre o pico e as cidades de São Joaquim e Urubici existe uma diferença de 4 °C. Então não se pode descartar a possibilidade de, no pico, a temperatura ter chegado a valores próximos de −20 °C. Veja na tabela ao lado os valores e os meses de registro de algumas temperaturas em dez municípios da região Sul do Brasil.

Bom Jesus (RS)	−5 °C	jul/2009
Caxias do Sul (RS)	0 °C	set/2006
Chapecó (RS)	1 °C	set/2011
Curitiba (PR)	15 °C	dez/2014
Florianópolis (SC)	14 °C	maio/2012
Londrina (PR)	3 °C	jun/2009
Maringá (PR)	3 °C	ago/2013
Pelotas (RS)	0 °C	jul/2007
Porto Alegre (RS)	6 °C	jun/2011
São Joaquim (SC)	−5 °C	jul/2013

Fonte: Instituto Nacional de Meteorologia (INMET).

> Calcule em seu caderno a média das temperaturas mínimas já registradas nestas cidades.

EXERCÍCIOS

61. Calcule mentalmente.

a) $(-6) : (-2)$
b) $(+8) : (-4)$
c) $(-10) : (+2)$
d) $(+12) : (+4)$
e) $(+40) : (-5)$
f) $(-12) : (-3)$
g) $(-64) : (+8)$
h) $(-24) : (-2)$

62. Qual é o sinal do quociente?

a) O dividendo e o divisor têm sinais iguais.
b) O dividendo e o divisor têm sinais contrários.

63. Escreva o que se pede:

a) a metade de 60;
b) a metade de -100;
c) a terça parte de -60;
d) a quarta parte de -100.

64. Qual é o quociente?

a) $39 : 13$
b) $36 : (+12)$
c) $45 : (-15)$
d) $-120 : 3$
e) $-48 : (-48)$
f) $160 : (-20)$

65. Qual número foi apagado da lousa?

$8 \times \square = -96$

66. Copie e complete de modo a obter afirmações verdadeiras.

a) $\dfrac{\square}{-3} = 7$
b) $\dfrac{-50}{\square} = -5$
c) $\dfrac{\square}{-12} = 0$
d) $\dfrac{-18}{\square} = 1$

67. Calcule.

a) $(-3,5) : (-0,7)$
b) $(+155) : (-0,25)$
c) $-38,6 : 2$
d) $1,24 : (-0,004)$

68.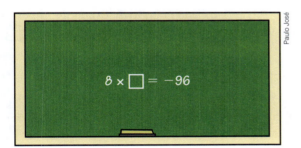

Dividiu-se -48 por um número inteiro. O resto da divisão é 0 e o quociente é -6. Qual é o divisor?

69. Calcule mentalmente.

a) $50 : (7 - 12)$
b) $(20 - 14) : (-2)$
c) $(35 - 15) : 4$
d) $(7 - 3 - 10) : (5 - 6)$

70. Dois números dizem-se inversos se o seu produto for igual a 1.

$$3 \cdot \dfrac{1}{3} = 1$$

Qual é o inverso de cada um dos números seguintes?

a) -5
b) $-\dfrac{8}{3}$
c) $\dfrac{5}{7}$
d) $0,01$

71. Calcule.

a) $\left(+\dfrac{1}{3}\right) : \left(-\dfrac{2}{5}\right)$
b) $\left(-\dfrac{4}{7}\right) : \left(-\dfrac{1}{2}\right)$
c) $-6 : \left(+\dfrac{7}{3}\right)$
d) $\left(-\dfrac{5}{2}\right) : 3$

72. Calcule.

a) $\dfrac{30}{-2-4}$
b) $\dfrac{27}{5-14}$
c) $\dfrac{6 \cdot (-3)}{-2}$
d) $\dfrac{32 : (-8)}{-2}$

10. Potenciação com base negativa

A potenciação é uma multiplicação de fatores iguais:

$$\text{potência} \leftarrow 2^5 = 2 \cdot 2 \cdot 2 \cdot 2 \cdot 2 = 32$$

(expoente; base; valor da potência)

Quando a base é um número positivo, a potência é um número positivo.

- $3^4 = 3 \cdot 3 \cdot 3 \cdot 3 = 81$
- $(0,9)^2 = 0,9 \cdot 0,9 = 0,81$
- $\left(\dfrac{1}{2}\right)^3 = \dfrac{1}{2} \cdot \dfrac{1}{2} \cdot \dfrac{1}{2} = \dfrac{1}{8}$

Quando a base é um número negativo, a potência pode ser um número positivo ou um número negativo. Observe:

- $(-2)^1 = -2$
- $(-2)^2 = (-2) \cdot (-2) = 4$
- $(-2)^3 = (-2) \cdot (-2) \cdot (-2) = -8$
- $(-2)^4 = (-2) \cdot (-2) \cdot (-2) \cdot (-2) = 16$
- $(-2)^5 = (-2) \cdot (-2) \cdot (-2) \cdot (-2) \cdot (-2) = -32$
- $(-2)^6 = (-2) \cdot (-2) \cdot (-2) \cdot (-2) \cdot (-2) \cdot (-2) = 64$

REFLETINDO

Você percebeu um padrão?

Confira se ele se verifica para outra base negativa, como −3, por exemplo.

Você descobriu uma relação entre o expoente e o sinal de uma potência de base negativa?

Copie e complete cada sentença, em seu caderno, usando uma das palavras: "positivo" ou "negativo".

a) Base negativa, expoente par: o resultado é um número ▨▨▨▨.

b) Base negativa, expoente ímpar: o resultado é um número ▨▨▨▨.

Atenção para algumas observações importantes apresentadas ao lado.

- Se a é um número inteiro diferente de zero, definimos que $a^0 = 1$. Portanto, $(-3)^0 = 1$; $(-5,8)^0 = 1$; $7^0 = 1$ etc.

- Colocamos as bases negativas entre parênteses:
$$(-7)^2 = 49$$
A base é −7.

Se não colocamos os parênteses, o sinal negativo será do resultado da potenciação:
$$-7^2 = -49$$
Então, cuidado: $(-7)^2 \neq -7^2$.

EXERCÍCIOS

73. Represente cada compra por uma potência.

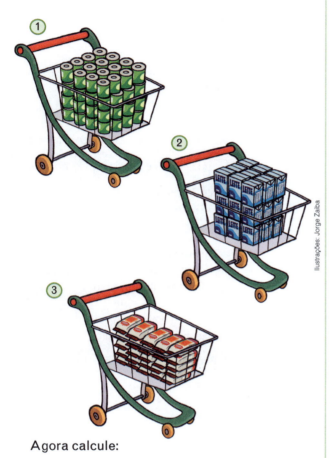

Agora calcule:

a) Quantas latas de ervilha há no carrinho 1?

b) Quantas caixas de leite há no carrinho 2?

c) Quantos pacotes de arroz há no carrinho 3?

74. Qual é o valor da potência?

a) $(+8)^2$
b) $(-8)^2$
c) $(-6)^3$
d) $(+6)^3$
e) 0^4
f) $(-10)^4$
g) $(-2)^5$
h) $(+2)^5$
i) $(-25)^2$
j) $(-11)^3$
k) $(-10)^5$
l) $(-100)^2$

75. Responda.

a) A base é um número positivo. Qual é o sinal do resultado da potenciação?

b) A base é um número negativo. Qual é o sinal do resultado da potenciação?

76. Analise o quadro e faça o que se pede:

$(-2)^6 = 64$
$(-2)^5 = -32$
$(-2)^4 = 16$
$(-2)^3 = -8$
$(-2)^2 = 4$
▨ = ▨
▨ = ▨

Quais serão as duas próximas igualdades na sequência?

77. Quais números abaixo são negativos?

a) 3^{29}
b) $(-1)^{46}$
c) $(-1)^{101}$
d) $(-12)^4$
e) $(-12)^5$
f) $(+12)^7$
g) $(-3)^{20}$
h) $(-3)^{16}$
i) -3^{16}

78. Calcule e responda.

a) $(-3)^4$
b) -3^4

Por que os resultados são diferentes?

79. Responda.

a) Sabendo que $2^{10} = 1\,024$, qual será o valor de $(-2)^{10}$?

b) Quanto é -2 elevado a 11?

80. Qual é a base? (Muita atenção!)

a) $(▨)^7 = -1$
b) $(▨)^6 = -1$
c) $(▨)^2 = -25$
d) $(▨)^3 = -1\,000$

81. Calcule.

a) $(-0,3)^2$
b) $(+1,5)^2$
c) $(-0,2)^3$
d) $(-5,1)^2$
e) $(-0,1)^5$
f) $(8 - 8,5)^3$

82. Num restaurante há 3 garçons com 3 bandejas cada um e cada bandeja tem 3 pratos. Expresse com uma potência o número de pratos e calcule o seu valor.

83. Escreva as potências a seguir e depois calcule o seu resultado.

a) Quatro quintos ao quadrado.

b) Cinco sextos ao cubo.

c) Dois terços à quinta.

d) O quadrado do número negativo dois sétimos.

e) O cubo do número negativo um meio.

11. Raiz quadrada

Sabemos que $\sqrt{49} = 7$ porque $7^2 = 49$.
Vimos que $(-7)^2$ também é igual a 49.
No entanto, considera-se que o símbolo $\sqrt{49}$ representa a raiz quadrada positiva de 49.
Portanto, $\sqrt{49} = 7$.

Se quisermos indicar a raiz quadrada negativa de 49, escrevemos $-\sqrt{49} = -7$.
Dentro dessa regra:

- $\sqrt{100} = 10$
- $\sqrt{0,25} = \dfrac{1}{2}$
- $\sqrt{\dfrac{4}{9}} = \dfrac{2}{3}$
- $-\sqrt{0,36} = -0,6$

Você tem uma calculadora com a tecla $\boxed{\sqrt{}}$? Digite 49 e a tecla $\boxed{\sqrt{}}$: no visor aparece 7, embora $(-7)^2$ também seja 49.

Para calcular $\sqrt{-16}$ precisaríamos descobrir o número que elevado ao quadrado resulta em -16:
$4^2 = 16$
$(-4)^2 = 16$
Não existe esse número!
Portanto, não existe $\sqrt{-16}$.

E as raízes quadradas de números negativos: $\sqrt{-16}$, por exemplo?

Será que isso só vale para $\sqrt{-16}$?

Todo número elevado ao quadrado (expoente 2) é positivo, pois 2 é um número par.
Portanto, não existem raízes quadradas de números negativos.

INTERAGINDO

Juntamente com um colega responda no caderno:

1. Qual é o sucessor de -100? E o antecessor?
2. É correto afirmar que se x é positivo, então $|-x| = x$?
3. Qual é o sinal do produto de dois números simétricos?
4. Se $x^2 = x$ podemos afirmar que $x = 1$?
5. Explique por que $-5^2 \neq (-5)^2$.
6. Digite na calculadora -25 . O que aparece no visor? Explique por que isso ocorre.
7. Qual dos números a seguir é maior que -3?

   - $(-2)^3$
   - $-\dfrac{9}{2}$
   - $-\sqrt{7}$
   - $-\sqrt{10}$

EXERCÍCIOS

84. Por que a raiz quadrada de 400 é 20?

85. Qual é a raiz quadrada?
    a) $\sqrt{0}$
    b) $\sqrt{1}$
    c) $\sqrt{81}$
    d) $\sqrt{121}$
    e) $\sqrt{169}$
    f) $\sqrt{900}$

86. Considere a sequência dos números inteiros.

    Existe: $\sqrt{-25}$? Por quê?

87. Copie e complete as expressões.
    a) Se $(0,9)^2 = 0,81$, então $\sqrt{0,81}$ = ▨ .
    b) Se $(3,2)^2$ = ▨ , então $\sqrt{▨}$ = ▨ .

88. Qual é a medida do lado do quadrado verde?

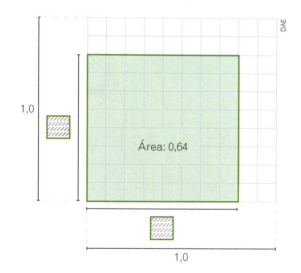

89. Qual é o número positivo que multiplicado por si próprio resulta 841?

90. Veja o exemplo e calcule:

    $$\sqrt{1,69} = \sqrt{\frac{169}{100}} = \frac{13}{10} = 1,3$$

    a) $\sqrt{0,64}$
    b) $\sqrt{0,09}$
    c) $\sqrt{1,44}$
    d) $\sqrt{2,25}$

91. Qual é maior: $\sqrt{50}$ ou 7,1?

92. Você sabe que $\sqrt{16} = 4$ e $\sqrt{25} = 5$. Quanto você acha que é o valor de $\sqrt{18}$? Explique seu raciocínio.

93. O lado de um quadrado mede entre 2 e 3 cm. Se a área é de 5,29 cm², quanto mede o lado?

94. Copie e complete as expressões.
    a) Se $\left(\frac{2}{3}\right)^2 = \frac{4}{9}$, então $\sqrt{\frac{4}{9}}$ = ▨
    b) Se $\left(\frac{5}{4}\right)^2$ = ▨ , então $\sqrt{▨}$ = ▨

95. Qual é a medida do lado do quadrado rosa?

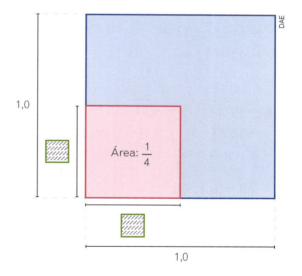

96. Qual é a raiz quadrada?
    a) $\sqrt{\frac{25}{36}}$
    b) $\sqrt{\frac{100}{81}}$
    c) $\sqrt{\frac{147}{3}}$
    d) $-\sqrt{\frac{36}{64}}$
    e) $\sqrt{\frac{2}{50}}$
    f) $\sqrt{2\frac{1}{4}}$

12. Expressões numéricas

Para resolver uma expressão numérica, precisamos obedecer à ordem estabelecida para as operações. Vamos recordar?

> 1. potenciações e raízes quadradas
> 2. multiplicações e divisões
> 3. adições e subtrações

Se a expressão tem parênteses, colchetes, chaves, fazemos:

> 1. parênteses
> 2. colchetes
> 3. chaves

Se não houvesse uma ordem estabelecida, cada um resolveria a expressão na ordem que quisesse, obtendo resultados diferentes! Seria uma confusão...

Essas regras continuam valendo para expressões que envolvem números negativos. Veja exemplos:

- $6 - 45 : (-9) + 3 \cdot (-4) =$
  $= 6 + 5 - 12 =$
  $= 11 - 12 =$
  $= -1$

- $(-4)^2 : (-2) + \sqrt{81} \cdot (5 - 6) =$
  $= 16 : (-2) + 9 \cdot (-1) =$
  $= -8 - 9 = -17$

- $\dfrac{7,8 - (6,2 : 3,1)}{\sqrt{0,04}} =$
  $= \dfrac{7,8 - 2}{0,2} = \dfrac{5,8}{0,2} = 29$

- $[24 : (7 - 15) - 13] \cdot (1 - 5) =$
  $= [24 : (-8) - 13] \cdot (-4) =$
  $= [-3 - 13] \cdot (-4) =$
  $= (-16) \cdot (-4) = 64$

- $\dfrac{3}{5} \cdot \left(\dfrac{1}{2} - \dfrac{1}{3} \right) - \sqrt{\dfrac{1}{100}} : \dfrac{1}{10} =$
  $= \dfrac{3}{5} \cdot \left(\dfrac{3}{6} - \dfrac{2}{6} \right) - \dfrac{1}{10} : \dfrac{1}{10} =$
  $= \dfrac{\cancel{3}^{1}}{5} \cdot \dfrac{1}{\cancel{6}_{2}} - \dfrac{1}{10} : \dfrac{1}{10} =$
  $= \dfrac{1}{10} - 1 =$
  $= \dfrac{1}{10} - \dfrac{10}{10} =$
  $= -\dfrac{9}{10}$

> Quem vai à lousa resolver a expressão abaixo? Os colegas podem ajudar!
> $$\dfrac{(-2)^3 \cdot \sqrt{0,81}}{(-0,4)^2}$$

82

EXERCÍCIOS

97. Calcule mentalmente e anote os resultados.

a) $-6 + 10 - 4$
b) $15 - 7 - 13 + 1$
c) $-3 + 4 - 6 - 4 + 3$
d) $2,3 - 4,5 - 0,3 + 0,5$

98. Lúcio participou cinco vezes de um jogo no computador. Aconteceu o seguinte:

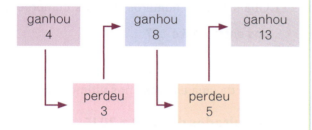

a) Qual foi a pontuação final?
b) Escreva uma expressão que traduza essa situação.

99. Qual é o resultado?

a) O dobro de -5 adicionado a -3.
b) O triplo de -10 dividido por -5.
c) O quadrado de -6 adicionado ao cubo de -1.

100. Calcule o valor das expressões.

a) $(-16) : (+4) + 17$
b) $3 \cdot (-9) + 14$
c) $-30 + 6 \cdot (-1)$
d) $(8 + 5) : (2 - 15)$
e) $(+2) \cdot (-6) + (-5) \cdot (-3)$
f) $(+1)^5 - (-1)^5 + (-2)^2 - (-2)^2$

101. Calcule o valor das expressões.

a) $(-3) \cdot (-8) + (-2) \cdot (-6)$
b) $(-2) \cdot (-7) + \sqrt{9} - 6$
c) $40 : (-1)^5 + (-2)^3 - 12$
d) $(+4) \cdot (-5) - (+2) \cdot (-7)$
e) $\sqrt{64} - 4 \cdot (-5) - (-3)^2 + (-3)$
f) $2^3 - [(-16) : (+2) - (-1)^9]$

102. Qual é o resultado?

a) A metade de -140 dividida por 7.
b) O dobro do quociente de -72 por 9.
c) A quarta parte do quadrado de -6.

103. Dê o valor de:

a) $\dfrac{7,5 - 4,5}{2 - 0,5}$
b) $\dfrac{-3 \cdot (-1 + 2)}{9 - 10}$
c) $\dfrac{12 - 2 \cdot (-6)}{3 \cdot (-8)}$
d) $\dfrac{\sqrt{9} - (-2) + 1}{(-2)^2 + (-3)}$

104. Calcule:

a) o dobro do número negativo trinta e cinco centésimos;
b) a soma de dois terços com o número negativo três quintos;
c) a diferença entre o quadrado de três e o dobro de um décimo.

105. Calcule o valor das expressões.

a) $\dfrac{1}{4} - \dfrac{3}{4} - \dfrac{3}{2} - \dfrac{1}{2}$
b) $\dfrac{3}{4} : \dfrac{2}{3} : \dfrac{9}{12}$
c) $\dfrac{1}{2} + (-0,3) + \dfrac{1}{6}$
d) $0,2 + \dfrac{3}{4} - \dfrac{5}{2} - 0,5$

106. Calcule o valor das expressões.

a) $\left(-\dfrac{2}{3}\right)^2 + \left(-\dfrac{2}{3}\right) + \left(-\dfrac{2}{3}\right)^0$
b) $\left(2 - \dfrac{1}{4}\right) - \left(3 - \dfrac{1}{2}\right)$
c) $\left(\dfrac{3}{4} - \dfrac{5}{6}\right) : \left(\dfrac{1}{2} + \dfrac{1}{4}\right)$
d) $\left(-1 + \dfrac{1}{2}\right) \cdot \left(-2 - \dfrac{3}{4}\right)$

REVISANDO

107. Indique o número inteiro que você utilizaria para expressar cada uma das seguintes situações:
a) ganhar 9 figurinhas;
b) perder 15 pontos;
c) emagrecer 3 kg;
d) subir 6 degraus;
e) atrasar 20 minutos.

108. Trace uma reta numérica para representar os seguintes números:

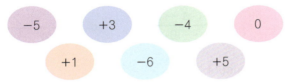

Indique qual dos números representados se encontra:
a) mais próximo da origem;
b) mais afastado da origem;
c) mais próximo de −4;
d) mais afastado de +3;
e) à mesma distância da origem que o número +5.

109. (Obmep) Sueli resolveu dar uma volta em torno de uma praça quadrada. Ela partiu do vértice P, no sentido indicado pela flecha, e caiu ao atingir $\frac{3}{5}$ do percurso total. Qual ponto indica o lugar em que Sueli caiu?

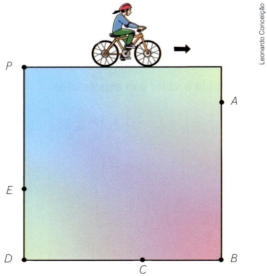

110. Escreva em ordem crescente.

| $\frac{1}{2}$ | 4 | $-\frac{3}{2}$ |
| 0 | −10 | 3,9 |

111. Quais são os números inteiros compreendidos entre −1,5 e $\frac{7}{2}$?

112. O gráfico a seguir mostra o resultado financeiro de uma empresa nos últimos anos.

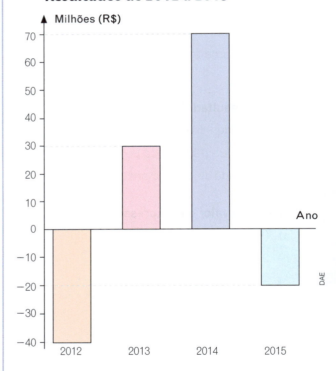

a) Em quais anos a empresa teve saldo positivo?
b) Em quais anos a empresa teve saldo negativo?
c) O que significa saldo negativo?
d) Em que ano a empresa apresentou o melhor resultado?
e) Qual é o menor saldo: −40 milhões ou −20 milhões?
f) Qual foi o lucro médio nesses quatro anos?

113. O intervalo da reta numérica compreendido entre −72 e −18 foi dividido em 9 partes iguais, como mostrado na figura abaixo.

Qual é o número inteiro que corresponde ao ponto A assinalado nesta reta numérica?

114. Qual é o número que devemos adicionar a:
a) −10 para obter +4?
b) −15 para obter −3?
c) +7 para obter −8?
d) −6 para obter −12?

115. Calcule o valor das expressões.
a) $14 - (10 + 1) - (-3) + 4$
b) $-(3 - 5) - (-4 + 8) - (-1)$
c) $-30 + (-5 - 1) - (-1 - 7)$
d) $(-10) \cdot (-2) - (-18)$
e) $-15 + 10 : (2 - 7)$
f) $40 : (-1)^5 + (-2)^3 - 12$

116. O saldo médio bancário é dado pelo quociente entre a soma dos saldos diários e o número de dias. Durante os cinco primeiros dias do mês de junho, o senhor Cláudio teve os seguintes saldos bancários:
- primeiro dia: +R$ 150,00
- segundo dia: +R$ 250,00
- terceiro dia: −R$ 800,00
- quarto dia: −R$ 100,00
- quinto dia: −R$ 100,00

Qual é o saldo médio do senhor Cláudio nesses cinco dias?

117. Nas faces de um dado estão indicados os seguintes números:

| −3 | −2 | −1 | 0 | +1 | +2 |

O dado é lançado duas vezes seguidas.
a) Qual é a maior soma possível de pontos que se pode obter? E a menor?
b) Descubra todas as maneiras de a soma ser zero.

118. Qual é o valor de x na sequência?

0	−1	+2	+3	−5	−8
0	+2	−4	−6	+10	x

119. Qual é o menor número inteiro que multiplicado pelo seu consecutivo tem produto 156?
a) 12
b) 13
c) −12
d) −13

120. (Cesgranrio-RJ) A tabela abaixo apresenta os fusos horários de algumas cidades do mundo, em relação a Brasília, em fevereiro de 2010.

Cidade	Hora em relação a Brasília
Amsterdã	+4
Bogotá	−2
Cidade do México	−3
Dubai	+7
Johannesburgo	+5
Lisboa	+3
Madri	+4
Moscou	+6
Nova York	−2

Quando forem 16 horas em Dubai, que horas serão em Nova York?
a) 5
b) 7
c) 9
d) 14

121. Evandro tem uma garrafa com 2,5 litros de suco. Se os seus copos tiverem um quarto de litro de capacidade, quantos copos Evandro poderá encher?

DESAFIOS

122. O produto de dois números inteiros é −345. Um deles é 15. Qual é o outro número?

123. Coloque convenientemente os números de modo a obter os resultados.

| −5 | −3 | −2 | 2 | 3 | 4 |

a) ▨ + ▨ = 0

b) ▨ + ▨ = −3

c) ▨ · ▨ = −15

d) ▨ · ▨ = 10

e) ▨ · ▨ = −6

f) ▨ · ▨ · ▨ = 24

124. Calcule:

a) o dobro de −5 mais 1;

b) o triplo de −10 menos 5;

c) o dobro de −20 menos o triplo de −5;

d) o simétrico de −6 menos o dobro do simétrico de 4.

125. Calcule o valor das expressões.

a) $\left(-\dfrac{2}{3}\right)^3 + 1$

b) $2 \cdot \sqrt{25} - \sqrt{\dfrac{9}{4}}$

c) $\dfrac{3}{5} + \left(-\dfrac{1}{2}\right) + \left(-\dfrac{1}{10}\right)$

d) $5 - \dfrac{1}{2} + \left(+\dfrac{1}{2}\right)^2$

e) $\left(-1 + \dfrac{1}{2}\right) - \left(-\dfrac{1}{6} + \dfrac{2}{3}\right)$

f) $\left(\dfrac{1}{2} - \dfrac{3}{4}\right) : \left(1 - \dfrac{2}{5}\right)$

g) $\left[\left(-\dfrac{1}{2}\right)^3 + 2 \cdot (-1)^4\right] : \dfrac{1}{2}$

h) $-\dfrac{3}{5} \cdot \left[-6 + 2 : \left(-1 + \dfrac{1}{2}\right)\right]$

126. (UFRJ) Num torneio de xadrez foi combinado que cada vitória valeria 3 pontos, empate 1 ponto e derrota −1 ponto. Perto do final do torneio João estava com 53 pontos. Caso João obtenha, até o final do torneio, 3 vitórias, 1 empate e 2 derrotas, qual o número de pontos com que ele terminará o torneio?

127. Dê o valor de:

a) $\dfrac{6 \cdot (-3)}{-2}$

b) $\dfrac{-1,5}{0,4 - 0,1}$

c) $\dfrac{4 - \sqrt{100}}{-2}$

d) $\dfrac{3 \cdot (-10) - 20}{2 \cdot (-5)}$

128. Qual é o dobro de 2^{30}?

129. Qual é o número que dividido por $\dfrac{3}{5}$ resulta $-\dfrac{25}{3}$?

130. Considere os seguintes números:

| −6 | −8 | 2 |
| 0 |
| 5 | −4 | 7 |

Qual é o menor produto possível que pode se obter multiplicando três números distintos?

131. (PUC-SP) Calcule:

$$1 + \dfrac{\dfrac{1}{5} + \dfrac{1}{3}}{\dfrac{3}{5} - \dfrac{1}{15}}$$

AUTOAVALIAÇÃO

NO CADERNO

Anote no caderno o número do exercício e a letra correspondente à resposta correta.

132. O segmento da reta numérica a seguir foi dividido em seis partes iguais.

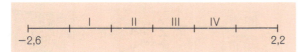

O número −0,3 está, então, localizado em:

a) I   b) II   c) III   d) IV

133. (Saresp) Joana e seu irmão estão representando uma corrida em uma estrada assinalada em quilômetros, como na figura abaixo:

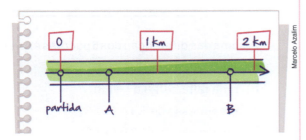

Joana marcou as posições de 2 corredores com os pontos A e B. Esses pontos A e B representam que os corredores já percorreram, respectivamente, em km:

a) 0,5 e $1\frac{3}{4}$
b) 0,25 e $\frac{10}{4}$
c) $\frac{1}{4}$ e 2,75
d) $\frac{1}{2}$ e 2,38

134. (SEE-RJ) As variações de temperatura, no Rio de Janeiro, são pequenas. Domingo a mínima foi 17 °C e a máxima 25 °C. Em certas regiões a variação é muito grande: no deserto do Saara a temperatura pode alcançar 51 °C durante o dia e à noite chegar a −4 °C. Nesse caso, a queda de temperatura seria de:

a) 47 graus
b) 49 graus
c) 53 graus
d) 55 graus

135. O número $-\frac{3}{6}$ está compreendido entre:

a) 0 e 1   c) −1 e 0
b) 3 e 6   d) −6 e −3

136. Escolha uma alternativa para indicar, entre as igualdades apresentadas, a(s) verdadeira(s):

Ⓐ $\sqrt{0,16} = 0,4$ Ⓑ $0,2 : 0,1 = 0,2$

Ⓒ $\frac{4}{7} > \frac{3}{5}$

a) somente A.   c) somente C.
b) somente B.   d) as duas primeiras.

137. Qual expressão tem como valor −10?

a) 80 + 20 − 60 − 10
b) 30 − 10 − 10 + 20
c) 10 − 10 + 10 − 20
d) −10 − 30 + 20 + 50

138. O dobro de −8 e o quadrado de −8 são, respectivamente:

a) 16, 16   c) −16, 64
b) 16, −64   d) −16, −64

139. Durante uma experiência, a temperatura foi medida três vezes. A segunda leitura foi 10 graus menor do que a primeira, e a terceira foi 15 graus menor do que a segunda. Se a primeira leitura foi 5 graus, qual foi a última?

a) 0 grau
b) 10 graus
c) −10 graus
d) −20 graus

140. (Vunesp) Em um prédio, cada andar tem um lance de escadas com 12 degraus. Ernesto mora no 7º andar e deixa seu veículo no 2º subsolo. Ontem faltou energia elétrica e ele precisou subir pelas escadas. O total de degraus que ele precisou subir foi:

a) 84
b) 96
c) 102
d) 108

141. Os resultados de $(-3)^2$, -3^2, $(-2)^3$ e -2^3 são, pela ordem:

a) 9, 9, 8 e -8
b) 9, -9, -8 e -8
c) 9, 9, -8 e 8
d) -9, -9, -8 e -8

142. Dado que $m = 2$ e $n = -3$, quanto é $m \cdot n^2$?

a) -18
b) -36
c) 18
d) 36

143. (PUC-MG) O valor da expressão

$$\left[\left(\frac{5}{6} - \frac{1}{3}\right) - \frac{1}{5}\right] : \sqrt{\frac{9}{4}}$$

é:

a) 0,2
b) 0,3
c) 0,4
d) 0,5

144. O quociente do número -600 pelo produto dos números -8 e -25 é um número inteiro x. Então x vale:

a) 3
b) -3
c) 30
d) -30

145. Um submarino está 40 m abaixo do nível do mar (nível zero). Se descer mais o triplo da profundidade a que se encontra, a sua posição será:

a) 120 m
b) 160 m
c) -120 m
d) -160 m

146. Um fiscal do Instituto Nacional de Pesos e Medidas esteve num supermercado e pesou 6 pacotes de arroz. Cada pacote deveria ter 5 kg, mas uns tinham mais e outros menos do que 5 kg. O fiscal anotou a diferença em cada pacote:

A soma das diferenças dos 6 pacotes expressa:

a) uma falta de 1,3 g ($-1,3$).
b) uma falta de 1,8 g ($-1,8$).
c) um excesso de 1,3 g ($+1,3$).
d) um excesso de 1,8 g ($+1,8$).

147. (UECE) A temperatura máxima de quinta-feira foi 4 °C mais elevada do que a máxima de domingo. A temperatura máxima de quarta-feira foi 6 °C mais baixa do que a máxima de domingo. Se a temperatura máxima de quinta-feira foi de 22 °C, qual foi a temperatura máxima de quarta-feira?

a) 12 °C
b) 16 °C
c) 22 °C
d) 24 °C

148. (PUC-SP) O valor da expressão

$$\left[\frac{(-10) + 5 - (-4)}{\sqrt{9} + (-2)}\right]^2$$

é:

a) 1
b) 2
c) -1
d) -2

UNIDADE 4

Proporcionalidade

1. O que é grandeza?

Grandeza é tudo o que pode ser medido ou contado: comprimento, área, temperatura, massa, tempo, velocidade, quantias em dinheiro...

Velocímetro.

Hidrômetro.

Trena, fita métrica e metro articulado.

Termômetro.

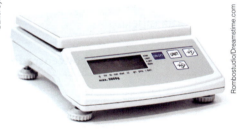
Balança.

REFLETINDO

Cite mais exemplos de grandezas.

Muitas grandezas relacionam-se de forma especial. Observando a variação de uma delas, podemos prever a variação da outra.

A Matemática estuda a relação entre grandezas, produzindo um conhecimento que podemos usar para resolver problemas de nosso dia a dia.

Ficou interessado? Então vamos em frente!

Razão

Pense num lindo dia de verão... Que tal preparar um refresco?

Praia do Francês, AL.

As instruções do rótulo de uma garrafa com suco concentrado dizem: "Misture 1 parte de suco concentrado com 5 partes de água. Adoce a gosto".

As instruções do rótulo **comparam** a quantidade de suco concentrado com a quantidade de água necessária para o preparo: 1 para 5. Dizemos que 1 para 5 é a **razão** entre a quantidade de suco e a quantidade de água.

A razão pode ser representada por um quociente. Observe:

$$1 \text{ para } 5 \longrightarrow 1 : 5 \text{ ou } \frac{1}{5}$$

Veja a tabela:

Copos de suco concentrado	Copos de água
1	5
2	10
3	15
4	20

Para fazer qualquer quantidade de refresco, basta aumentar ou diminuir as quantidades de suco concentrado e de água de forma proporcional. O que isso significa?

As quantidades de suco concentrado e de água mudam, mas a razão entre elas deve ser sempre 1 : 5 (1 para 5).

$$\frac{\text{suco concentrado}}{\text{água}} = \frac{1}{5} = \frac{2}{10} = \frac{3}{15} = \frac{4}{20} = \ldots$$

Fácil! Para um copo de suco concentrado, coloco cinco copos de água. Para dois copos de suco concentrado, coloco dez copos de água, e assim por diante.

EXERCÍCIOS

1. Num tanque de combustível há 5 litros de álcool e 30 litros de gasolina.

Determine as razões das medidas:

a) do álcool para a gasolina;
b) da gasolina para a mistura;
c) do álcool para a mistura.

2. Escreva a razão na forma simplificada.

a) 8 meses para 1 ano
b) 1 dia para 16 horas
c) 350 gramas para 1 quilo
d) 5 anos para 30 meses
e) 45 minutos para 2 horas
f) 1 minuto para 420 segundos
g) 40 centímetros para 8 metros
h) 2 centímetros para 16 milímetros

3. Uma loja anuncia que está vendendo:

Se anunciasse:

o preço seria o mesmo, apesar da variação dos números que aparecem na frase?

4. A largura do gol de um campo de futebol é 7,32 metros e a altura é 244 centímetros. Qual é a razão entre a altura e a largura?

5. Qual das figuras tem maior superfície amarela?

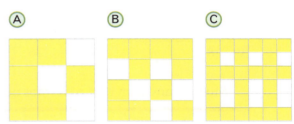

6. No rótulo de um produto de limpeza aparecem as seguintes instruções:

Modo de usar
① Na lavagem de roupas Misture 1 copo (200 mL) para cada 20 L de água.
② Para remoção de manchas mais difíceis Misture 1 copo (200 mL) para cada 5 L de água.
③ Para limpeza geral (pias, sanitários etc.) Misture 1 copo (200 mL) para cada 10 L de água.
④ Uso em ralos Misture 1 copo (200 mL) para cada litro de água.

Em qual situação o produto estará mais diluído?

PROPORCIONALIDADE 91

Proporções

Uma igualdade entre razões é uma **proporção**.
No exemplo que vimos, do refresco, formamos proporções. Veja uma delas:

- $\dfrac{1}{5} = \dfrac{2}{10}$ (Lemos: 1 está para 5, assim como 2 está para 10.)

Veja mais alguns exemplos de proporções:

- $\dfrac{1}{2} = \dfrac{3}{6}$ (Lemos: 1 está para 2, assim como 3 está para 6.)

- $\dfrac{4}{5} = \dfrac{8}{10}$

- $\dfrac{3}{7} = \dfrac{12}{28}$

As razões $\dfrac{1}{4}$ e $\dfrac{5}{8}$ não são iguais, portanto não formam uma proporção.

As proporções apresentam uma propriedade importante. Acompanhe:

- $\dfrac{4}{5} \times \dfrac{8}{10} \longrightarrow \underbrace{4 \cdot 10}_{40} = \underbrace{5 \cdot 8}_{40}$

- $\dfrac{2}{3} \times \dfrac{12}{18} \longrightarrow \underbrace{2 \cdot 18}_{36} = \underbrace{3 \cdot 12}_{36}$

> **Multiplicando em cruz os termos de uma proporção, obtemos o mesmo resultado.**

Essa propriedade é útil na resolução de problemas. Veja um exemplo:

Sílvia pinta belos quadros. Para obter determinado tom de marrom, mistura tinta branca e tinta marrom na razão de 1 para 4. Se ela utilizar 5 potes de tinta marrom, quantos potes de tinta branca serão necessários?

Representaremos por x a quantidade de potes de tinta branca. Como a razão de 1 para 4 precisa ser mantida para obter o mesmo tom, temos:

$$\dfrac{\text{tinta branca}}{\text{tinta marrom}} = \dfrac{1}{4} = \dfrac{x}{5}$$

Multiplicando os termos em cruz, obtemos $4 \cdot x = 5$.

Usando a operação inversa:

$x = \dfrac{5}{4}$

$x = 1{,}25$ $(5 : 4 = 1{,}25)$

Como $0{,}25 = \dfrac{1}{4}$, Sílvia deve misturar $1\dfrac{1}{4}$ pote de tinta branca aos 5 potes de tinta marrom.

EXERCÍCIOS

7. Complete as igualdades de modo a obter proporções.

a) $\dfrac{1}{3} = \dfrac{}{15}$

b) $\dfrac{}{4} = \dfrac{6}{8}$

c) $\dfrac{5}{2} = \dfrac{15}{}$

d) $\dfrac{6}{154} = \dfrac{30}{}$

e) $\dfrac{3}{} = \dfrac{1,5}{4}$

f) $\dfrac{7,5}{1,5} = \dfrac{}{6}$

8. Num jardim há cravos e rosas na razão de 8 para 11. Há 88 rosas. Descubra qual é o número de cravos existentes no jardim.

9. Margarete utilizou a seguinte receita para fazer um bolo:

Que quantidade de açúcar será necessária se Margarete fizer o bolo com 140 gramas de farinha?

10. Observe as figuras:

Quanto custam:

a) 5 chocolates?
b) 2 latas de óleo?
c) 1 kg de batata?
d) 7 kg de batata?

11. Numa lanchonete, a cada 27 pastéis de carne vendidos, vendem-se 9 de palmito. Em certo dia, foram vendidos 30 pastéis de carne. Quantos pastéis de palmito foram vendidos nesse dia?

12. Num 7º ano, a razão do número de meninos para o número de meninas é $\dfrac{7}{6}$. Quantos são os meninos, se nessa classe há 18 meninas?

13. A sombra de uma árvore mede 9 m. À mesma hora, um vergalhão de 4 m projeta uma sombra de 3 m. Qual é a altura dessa árvore?

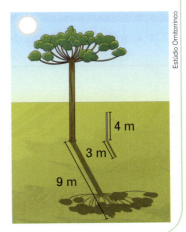

PROPORCIONALIDADE 93

2. Escalas, plantas e mapas

O que é escala?

Para construir uma casa, primeiro é feito um projeto. Uma das partes do projeto é a planta baixa da casa. Veja o exemplo abaixo: é a planta de uma casa térrea.

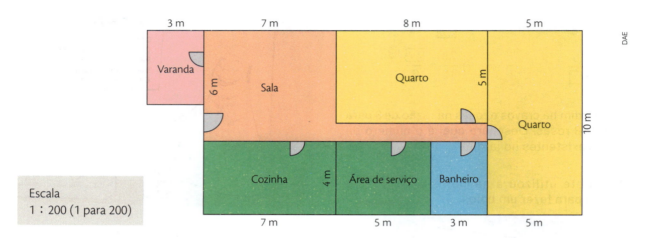

Escala
1 : 200 (1 para 200)

A planta baixa mostra a disposição dos ambientes e suas medidas. É como se olhássemos a casa de cima, sem o telhado.

Para caber no papel, as medidas reais dos ambientes foram todas divididas, nesse caso, por 200. Assim, o desenho fica **proporcional** ao que se terá na construção real. A **escala**, que acompanha a planta, indica esta divisão.

> A escala é a razão entre as medidas do desenho e as medidas reais.

$$\text{Escala} = \frac{\text{medida do comprimento no desenho}}{\text{medida do comprimento real}} = \frac{1}{200} \text{ (na planta do exemplo)}$$

Isso significa que cada 1 cm do desenho representa 200 cm na realidade.
Então nessa escala:

- um comprimento de 4 cm no desenho corresponde a 4 · 200 = 800 cm ou 8 m na realidade;
- um comprimento de 12 m será representado por 6 cm, pois:
  12 m = 1 200 cm ⟶ 1 200 cm : 200 = 6 cm.

Faça no caderno o que se pede.

1. Na planta da casa térrea que vemos no início da página, uma das dimensões da varanda não foi colocada. Use sua régua e a escala para determiná-la.

2. Renato coleciona miniaturas de automóveis. Uma delas está na escala 1 : 18.
   a) Interprete essa escala.
   b) Essa miniatura tem comprimento de 25 cm. Qual é a medida do comprimento real desse automóvel em metros?

Descobrindo a escala

Nosso diretor mandou fazer uma maquete da escola e aproveitou para verificar se sabíamos lidar com escalas. Acompanhe:

O prédio principal tem 24 m de altura. Na maquete, sua altura é de 20 cm. Qual foi a escala usada?

Veja como Daniela fez o cálculo da escala:

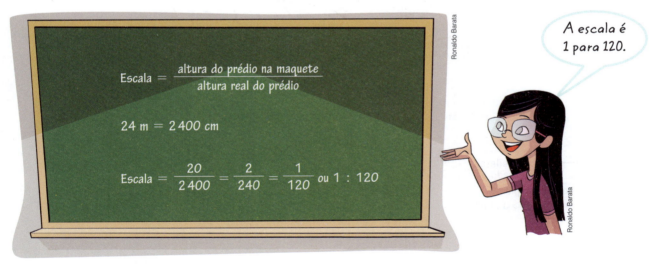

$$\text{Escala} = \frac{\text{altura do prédio na maquete}}{\text{altura real do prédio}}$$

$$24\ m = 2\,400\ cm$$

$$\text{Escala} = \frac{20}{2\,400} = \frac{2}{240} = \frac{1}{120}\ \text{ou}\ 1:120$$

A escala é 1 para 120.

REFLETINDO

Se a escala utilizada fosse 1 : 200 em vez de 1 : 120, a maquete ficaria maior ou menor? Explique!

Quem vai à lousa resolver as questões abaixo?

1. Essa escola tem um pátio retangular com 36 m de comprimento e 18 m de largura. Quais são as dimensões do pátio nessa maquete?

2. Responda, usando cálculo mental, quais seriam as dimensões do pátio se a escala utilizada na maquete fosse 1 : 200.

PROPORCIONALIDADE

Mapas

Mapas são representações da superfície da Terra por meio de desenhos. Há mapas de países, regiões, cidades, bairros etc. Como a Terra é redonda e o mapa é plano, a representação não é perfeita, mas se aproxima muito da situação real.

Os mapas utilizam linhas, cores, símbolos e, para que se tenha uma reprodução fiel em tamanho reduzido, uma escala.

Vemos abaixo um mapa do estado do Rio Grande do Sul.

Fonte: *Atlas geográfico escolar*. 6 ed. Rio de Janeiro: IBGE, 2012, p. 177.

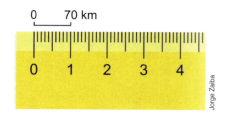

Observe que a escala está representada de modo diferente do que vimos na planta baixa.

Usando a régua, percebemos que 1 cm corresponde a 70 km.

Consequentemente, 2 cm correspondem a 140 km, 3 cm a 210 km, e assim por diante.

Observe que há uma estrada praticamente retilínea perto das cidades de Bagé e Aceguá. Medindo com régua, o comprimento dessa estrada no mapa é de aproximadamente 0,9 cm.

$$1 \text{ cm} \longrightarrow 70 \text{ km}$$
$$0,9 \text{ cm} \longrightarrow 0,9 \cdot 70 = 63 \text{ km}$$

Esta é a distância rodoviária aproximada representada no mapa.

Atenção!

Você sabia que o trabalho com escalas é importantíssimo para as profissões de arquiteto, engenheiro, projetista, agrimensor, geógrafo...?

EXERCÍCIOS

14. Temos abaixo a planta do terreno de seu Paulo.

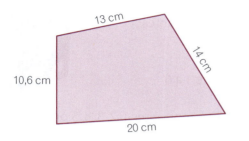

Se cada centímetro representado nessa planta corresponde a 1,5 m, quantos metros de cerca seu Paulo terá de construir para cercar completamente seu terreno?

15. Num mapa, duas cidades distam 4 cm e a distância real entre elas é de 128 km. Se duas outras cidades distam entre si 2,5 cm no mapa, qual é a distância real em quilômetros entre elas?

16. Esta planta foi feita na escala 1 : 50.

a) Quais são as dimensões reais da sala?
b) Quais são as dimensões reais do banheiro?
c) Quais são as dimensões reais do dormitório?

17. Fabrício é estagiário de engenharia e a empresa onde trabalha acaba de ganhar uma concorrência para asfaltar uma avenida da cidade. No desenho, essa avenida a ser asfaltada mede 12 cm e sabe-se que cada 3 cm desse desenho correspondem a 350 metros reais. Qual é, em metros, o comprimento da avenida a ser asfaltada?

18. (Unicamp-SP) Na planta de um edifício que está sendo construído, cuja escala é de 1 : 50, as dimensões de uma sala retangular são 10 cm e 8 cm. Calcule a área real da sala projetada.

19. Um ônibus de 12 m de comprimento foi desenhado. No desenho, seu comprimento é de 40 cm. Qual é a escala do desenho?

20. Solange tem um tapete na sala com 5 m de comprimento e 3 m de largura. Descubra a escala utilizada por Solange para desenhar o tapete.

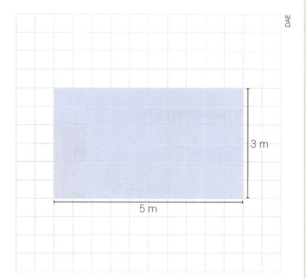

21. Em um mapa turístico do Brasil, de escala 1 : 2500000, a distância entre a cidade de São Paulo, SP, e a cidade de Salvador, BA, é 78 cm. Qual é a distância real em quilômetros segundo essa escala?

PROPORCIONALIDADE

3. Aplicações das razões

Você já percebeu que as razões estão presentes em inúmeras situações. Nesta seção vamos estudar mais alguns exemplos.

No final do capítulo, na **Seção Livre**, você verá outras razões importantes.

1. Qual é a chance?

Adriana vai lançar um dado comum, com faces numeradas de 1 a 6.
Qual é a chance de ela obter um 5 em seu lançamento?
No lançamento do dado, temos seis resultados possíveis: podemos obter 1, 2, 3, 4, 5 ou 6.
Somente um deles interessa à Adriana: o 5.
Então, ela tem *uma chance em seis* de obter o número 5 em seu lançamento.
Expressamos a chance (ou probabilidade) por meio de uma **razão**: 1 para 6 ou $\frac{1}{6}$.

Esta é uma aplicação importante das razões. A probabilidade de um fato ocorrer pode ser calculada fazendo:

$$\text{Probabilidade} = \frac{\text{número de possibilidades favoráveis}}{\text{número total de possibilidades}}$$

REFLETINDO

Com base nas informações, pense e anote no caderno qual a probabilidade de Adriana obter:
- um número par;
- um número maior que 2;
- um número primo;
- o número 7;
- um número natural.

2. No supermercado...

Podemos usar as razões para descobrir qual das embalagens é mais vantajosa para o consumidor.

Comparamos as quantidades: $\frac{900}{400} = 2{,}25$

Dica

Com a calculadora determinamos rapidamente esses quocientes!

Comparamos os preços: $\frac{4{,}95}{3{,}30} = 1{,}5$

A embalagem maior tem mais do que o dobro da quantidade de cereal da menor e seu preço é uma vez e meia o preço da menor. Nesse caso, compensa levar a embalagem maior.

3. Razões e a divisão de lucros

Rui e Carlos adoram surfe. Além de praticar esse esporte, eles fabricam pranchas para vender. Para abrir sua pequena empresa e comprar o material necessário, Rui entrou com um capital de R$ 2.400,00 e Carlos com R$ 1.600,00. Portanto, a empresa começou com um capital de R$ 4.000,00 (2 400 + 1 600 = 4 000). Os amigos combinaram que os lucros com a venda das pranchas seriam divididos **proporcionalmente** ao capital investido. Neste mês, o lucro foi de R$ 800,00. Quanto receberá cada um dos sócios?

Vamos comparar o capital da empresa e o investimento de cada um por meio de razões:

$$\frac{\text{capital da empresa}}{\text{investimento de Rui}} = \frac{4\,000}{2\,400} = \frac{40}{24} = \frac{5}{3}$$

$$\frac{\text{capital da empresa}}{\text{investimento de Carlos}} = \frac{4\,000}{1600} = \frac{40}{16} = \frac{5}{2}$$

Isso significa que, para cada R$ 5,00 da empresa, R$ 3,00 são de Rui e R$ 2,00 são de Carlos.

A empresa lucrou R$ 800,00, que devem ser divididos de acordo com estas razões:

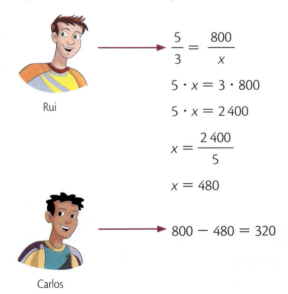

Rui

$$\frac{5}{3} = \frac{800}{x}$$

$5 \cdot x = 3 \cdot 800$

$5 \cdot x = 2\,400$

$x = \frac{2\,400}{5}$

$x = 480$

$800 - 480 = 320$

Carlos

REFLETINDO

Que propriedade das proporções utilizamos para determinar o valor de x?

Rui receberá R$ 480,00 e Carlos R$ 320,00.
Divisão justa, graças às razões e proporções!

Observe as razões entre os capitais investidos e os lucros obtidos pelos sócios:

$\frac{2\,400}{1600} = \frac{3}{2}$ e $\frac{480}{320} = \frac{3}{2}$ (São iguais!)

PROPORCIONALIDADE 99

4. Controlando o consumo de combustível

Numa viagem de 180 km, o automóvel do senhor Siqueira consumiu 20 L de gasolina.
Nas próximas férias, ele fará uma viagem de 378 km com sua família. Quantos litros de gasolina o automóvel deverá consumir?
Há proporcionalidade nessa situação, pois, para o dobro da distância, o consumo deve dobrar, para o triplo da distância o consumo deve triplicar, e assim por diante.
Veja esses números numa tabela:

Distância (km)	Consumo de gasolina (L)
180	20
378	x

$$\frac{180}{378} = \frac{20}{x}$$
$$180 \cdot x = 378 \cdot 20$$
$$180 \cdot x = 7\,560$$
$$x = \frac{7\,560}{180}$$
$$x = 42$$

Rodovia em São José da Barra, MG.

Logo, serão consumidos 42 L de gasolina na viagem.

Repare que a razão entre a distância percorrida e o consumo de combustível é constante:

$$\frac{180\,km}{20\,L} = \frac{9\,km}{1\,L} \quad \text{ou} \quad 9\,km/L \qquad \frac{378\,km}{42\,L} = \frac{9\,km}{1\,L} \quad \text{ou} \quad 9\,km/L$$

Essa razão (9 km/L) indica que esse automóvel percorre 9 km com 1 L de gasolina. Quanto maior essa razão, mais econômico é o carro. Em tempos de combustíveis caros, é importante controlar o consumo!

Meu carro faz 10,3 km/L de gasolina. Com seu tanque de 60 L cheio, será que posso percorrer 500 km sem precisar abastecer?

Esclareça a dúvida do rapaz. Use arredondamento e cálculo mental.

EXERCÍCIOS

22. Qual é a probabilidade de sair coroa no lançamento de uma moeda ao ar?

23. A roleta da figura está dividida em partes iguais.

Quando girado, qual é a probabilidade de o ponteiro parar sobre o amarelo?

24. Nesta urna há bolas numeradas de 1 a 10.

Ângela vai retirar, sem olhar, uma bola; ela vai anotar o número e devolver a bola para a urna. Calcule a probabilidade de sair uma com:

a) o número 7;
b) um número par;
c) um número menor que 4;
d) um número maior que 10;
e) um número múltiplo de 3.

25. João precisa pagar uma dívida de R$ 30,00, outra de R$ 40,00 e uma terceira de R$ 50,00. Como só tem R$ 90,00, resolve pagar quantias proporcionais a cada débito. Quanto receberá o maior credor?

26. Um automóvel gasta 8 L para percorrer 100 km. Responda.

a) Quantos litros de gasolina são necessários para percorrer 250 km?
b) Quantos quilômetros poderemos percorrer gastando 28 L de gasolina?
c) O que representa a fração $\frac{100}{8}$?

27. Dona Eliane foi a dois supermercados comprar certo refrigerante em embalagem de 2 litros (garrafa) e observou os seguintes anúncios:

Você acha vantajosa a oferta de cada supermercado para comprar a embalagem com 6 garrafas? Por quê?

4. Grandezas diretamente proporcionais

Que tal um bolo para a hora do café?

Bolo de laranja
Ingredientes
- 3 xícaras de farinha de trigo
- 2 xícaras de açúcar
- 4 ovos
- 1 xícara de suco de laranja
- 1 colher de sopa de fermento em pó

Preparo
Bata as claras em neve e reserve. Bata os demais ingredientes até obter uma massa leve e fofa. Acrescente as claras em neve e leve ao forno em forma untada, por aproximadamente 30 minutos.

Se quisermos aumentar ou diminuir a receita, devemos usar quantidades de ingredientes proporcionais às da receita original para que o bolo dê certo. Dizemos que qualquer ingrediente é **diretamente proporcional** a cada um dos outros. Se um dobra, o outro deve dobrar. Se um cai pela metade, o outro deve cair pela metade e assim por diante.

	Farinha de trigo (xícara)	Açúcar (xícara)	Ovo (unidade)	Suco de laranja (xícara)	Fermento (colher de sopa)
Receita original	3	2	4	1	1
Dobrando a receita	6	4	8	2	2

Dobrando a quantidade de um dos ingredientes, todas as outras quantidades também devem dobrar. As grandezas são, duas a duas, diretamente proporcionais.

E se você tivesse 7 ovos na geladeira e quisesse usá-los no bolo? Como adaptar a receita de 4 para 7 ovos?

Basta usar a proporcionalidade e a propriedade das proporções. Acompanhe.

Farinha de trigo (xícara)	Ovo (unidade)
3	4
x	7

Há **proporcionalidade direta** entre a quantidade de farinha e a de ovos. Então:

$$\frac{3}{x} = \frac{4}{7}$$ — Multiplicamos os termos em cruz.

$$4 \cdot x = 21$$ — Descobrimos o valor de x usando a operação inversa.

$$x = \frac{21}{4} = 21 : 4 = 5,25$$

Como $0,25 = \frac{1}{4}$, são necessárias $5\frac{1}{4}$ xícaras de farinha de trigo para 7 ovos.

Açúcar	Ovo
(xícara)	(unidade)
2	4
x	7

Observe a proporção entre o açúcar e os ovos.

$$\frac{2}{x} = \frac{4}{7}$$

$$4 \cdot x = 14$$

$$x = \frac{14}{4} = 3,5.$$

Portanto, são necessários $3\frac{1}{2}$ xícaras de açúcar para 7 ovos.

Suco de laranja	Ovo
(xícara)	(unidade)
1	4
x	7

$$\frac{1}{x} = \frac{4}{7}$$

$$4 \cdot x = 7$$

$$x = \frac{7}{4} = 1,75.$$

Como $0,75 = \frac{3}{4}$, devemos usar $1\frac{3}{4}$ de xícara de suco de laranja para 7 ovos.

Fermento	Ovo
(colher de sopa)	(unidade)
1	4
x	7

Observe que a proporção entre o fermento e os ovos é a mesma que entre o suco e os ovos.

Então, deve-se usar $1\frac{3}{4}$ de colher de sopa de fermento.

Veja na tabela abaixo como fica a receita completa, adaptada de 4 para 7 ovos.

	Farinha de trigo	Açúcar	Ovo	Suco de laranja	Fermento
	(xícara)	(xícara)	(unidade)	(xícara)	(colher de sopa)
Receita original para 4 ovos	3	2	4	1	1
Receita para 7 ovos	5,25 ou $5\frac{1}{4}$	3,5 ou $3\frac{1}{2}$	7	1,75 ou $1\frac{3}{4}$	1,75 ou $1\frac{3}{4}$

PROPORCIONALIDADE

Usando regras de três

Júnior resolveu um problema que envolve grandezas diretamente proporcionais. Acompanhe.

Uma impressora imprime 48 páginas em 3 minutos. Quantas páginas imprimirá em 5 minutos?

Número de páginas	Minutos
48	3
x	5

Descubro quantas páginas a impressora imprime em 1 minuto fazendo 48 : 3 = 16. Em 5 minutos ela imprimirá 5 · 16 = 80 páginas.

A resolução de Júnior está correta. Ele encontrou o valor para uma unidade básica (no caso, 1 minuto) e a partir daí ficou mais fácil descobrir outros valores.

Apresentaremos a seguir outra forma de resolver o problema usando a propriedade das proporções. Veja.

Há proporcionalidade direta entre as grandezas. Então:

$$\frac{48}{x} = \frac{3}{5}$$

Multiplicamos os termos da proporção em cruz.

$$3 \cdot x = 48 \cdot 5$$

$$3 \cdot x = 240$$

$$x = \frac{240}{3} = 80$$

Descobrimos o valor de x usando a operação inversa.

Se dobrarmos o número de páginas impressas, dobraremos o tempo para imprimi-las.

Esse procedimento é chamado de **regra de três** e é bastante útil na resolução de problemas.

Por que esse nome? Observe a tabela com as grandezas apresentada acima: conhecemos três delas e queremos determinar a quarta. Já usamos esse procedimento nas páginas anteriores para adaptar a receita do bolo de 4 para 7 ovos, por exemplo. Agora você sabe que esse procedimento recebe um nome especial.

Perceba que os dois processos de resolução envolveram as mesmas operações:

Resolução de Júnior:
Dividimos 48 por 3 e multiplicamos o resultado por 5.

Resolução por regra de três:
Multiplicamos 48 por 5 e dividimos o resultado por 3.

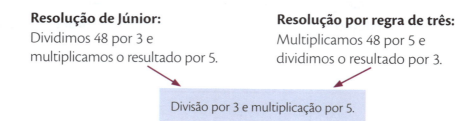

Divisão por 3 e multiplicação por 5.

Examinando os dados de cada problema, você decidirá qual procedimento usar.

EXERCÍCIOS

28. Veja o quadro:

Peso do tomate (kg)	Preço (R$)
1	4,20
1,5	6,30
2	8,40
2,5	10,50
3	12,60

Há proporcionalidade direta entre o preço e o peso do tomate?

29. Veja o anúncio de uma banca de revistas:

Copie e complete a tabela, conforme o anúncio.

Livros (dados)	1	3	4		9		15
Revistas (recebidas)	4	12		32		48	

30. Para responder às perguntas, consulte a tabela a seguir:

Tempo (em horas)	Distância (em quilômetros)
0,5	50
1	100
1,5	150
2	200
2,5	
3	
3,5	
4	

a) Qual é o tempo gasto para o automóvel percorrer 150 km?

b) Em 1 hora, quantos quilômetros o automóvel percorre?

c) Copie e complete a tabela acima até 4 horas, de meia em meia hora.

d) Qual é o tempo gasto pelo automóvel para percorrer 350 km?

e) Quando o tempo aumenta, a distância percorrida aumenta ou diminui?

f) Quando o tempo diminui, a distância percorrida aumenta ou diminui?

g) Qual número obtemos dividindo a distância percorrida pelo tempo gasto em percorrê-la? Qual é o seu significado?

31. Uma fotocopiadora tira 10 cópias em 12 segundos.

a) Quantas cópias ela tira em 5 minutos? E num quarto de hora?

b) Quanto tempo ela demora para tirar 110 cópias?

c) Outra fotocopiadora tira 48 cópias por minuto. Qual delas é mais rápida?

PROPORCIONALIDADE **105**

5. Grandezas inversamente proporcionais

O professor de Matemática do 7º ano comprou 24 bombons para presentear os alunos que não tiverem faltas no mês.
Observe:

- se 4 alunos não tiverem faltas, cada um receberá 6 bombons;
- se 8 alunos não tiverem faltas, cada um receberá 3 bombons.

Se a quantidade de alunos dobra, a quantidade de bombons que cada um recebe cai pela metade.

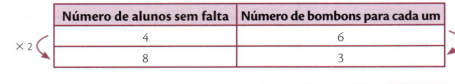

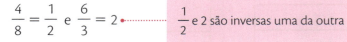

$\dfrac{1}{2}$ e 2 são inversas uma da outra

Nessa situação as razões não são iguais — são **inversas**. Essas duas grandezas são **inversamente proporcionais**: se uma dobra, a outra cai pela metade; se uma triplica, a outra se reduz à terça parte, e assim por diante.
Vamos ver outros exemplos?

1. Um trem leva 2,5 horas para ir da cidade A até a cidade B viajando a 30 km/h. Estuda-se a compra de um novo trem que viaja a 90 km/h. Em quanto tempo ele fará o mesmo percurso?

Triplicando a velocidade, o tempo de viagem deve cair pela terça parte.

Velocidade e tempo de viagem são **grandezas inversamente proporcionais**.

Portanto, se multiplicamos a velocidade por 3, devemos dividir o tempo por 3.

Mas como dividir 2,5 h por 3?

2,5 h são 2 horas e 30 minutos, que correspondem a 150 minutos
150 : 3 = 50 minutos

Logo, o novo trem fará o percurso entre as cidades A e B em 50 minutos.

2. Flávio tinha 12 periquitos. Um pacote grande de ração era suficiente para alimentá-los por 30 dias. Ontem ele ganhou mais 3 periquitos, e agora tem 15. O mesmo pacote de ração vai alimentá-los por quantos dias?

O número de periquitos e o tempo em dias que dura o pacote de ração são grandezas inversamente proporcionais, pois:
- dobrando o número de periquitos, o pacote de ração deve durar a metade do tempo;
- triplicando o número de periquitos, o pacote de ração deve durar a terça parte do tempo, e assim por diante.

As razões são **inversas**. Portanto, para escrever a proporção e usar a regra de três, devemos inverter uma delas:

Número de periquitos	Tempo em dias
12	30
15	x

$$\frac{12}{15} = \frac{x}{30}$$
$$15 \cdot x = 12 \cdot 30$$
$$15 \cdot x = 360$$
$$x = \frac{360}{15}$$
$$x = 24$$

Agora, com 15 periquitos, o pacote grande de ração só será suficiente para 24 dias.

A tabela abaixo mostra como se relacionam duas grandezas X e Y.

X	Y
0,5	4
1	2
2	1

Responda no caderno.

1. X e Y são grandezas direta ou inversamente proporcionais? Justifique sua resposta.

2. Qual deverá ser o valor de Y quando $X = 5$?

3. Qual deverá ser o valor de X quando $Y = 0,25$?

PROPORCIONALIDADE 107

Fique esperto!

Existem muitas situações em que não há proporcionalidade!

1. A tabela abaixo mostra a variação da idade e da altura de João.

Idade (anos)	Altura (m)
10	1,30
15	1,65
20	1,80
25	1,80
30	1,80

Essas grandezas não são direta nem inversamente proporcionais, pois não variam na mesma razão, nem na razão inversa.

2. Nos primeiros 5 minutos de um jogo de basquete, Renato fez 8 pontos. Quantos pontos ele fará em 10 minutos de jogo?
Aqui também não há proporcionalidade, portanto não é possível prever quantos pontos ele fará!

Observe a imagem ao lado e use o cálculo mental para descobrir se há proporcionalidade entre o número de refrigerantes e o preço pago por eles.

1. Discuta com os colegas outros exemplos e situações em que as grandezas envolvidas:
   a) são diretamente proporcionais;
   b) são inversamente proporcionais;
   c) não são proporcionais.
   Registrem no caderno.

2. O rótulo de certo suco concentrado diz: Misture 2 copos de suco concentrado com 5 copos de água. Respondam se o suco preparado ficará mais forte ou mais fraco se misturarmos:
   a) 3 copos de suco concentrado e 5 copos de água.
   b) 2 copos de suco concentrado e 6 copos de água.

3. Se invertermos os termos de uma razão, obtemos uma razão diferente?

4. Escrevam uma proporção usando os números 16, 24, 3 e 2.

5. A idade de uma pessoa e sua altura em metros são grandezas diretamente proporcionais? Por quê?

6. Considerem o lançamento de dois dados comuns. Os números das faces superiores serão tomados. Escolham o fato com maior probabilidade de ocorrer:
   a) A soma dos pontos é 7.
   b) A soma dos pontos é menor que 3.
   c) A soma dos pontos é 5.
   d) A soma dos pontos é 13.

7. A medida do lado de um quadrado e seu perímetro são grandezas diretamente proporcionais?

EXERCÍCIOS

32. Veja o tempo gasto para ler um livro de 360 páginas e responda, observando a tabela.

Páginas lidas por dia	Número de dias
5	72
10	36
15	24
20	18
25	
30	

a) Lendo 5 páginas por dia, quantos dias serão necessários para ler o livro todo?

b) Lendo 15 páginas por dia, quantos dias demoraremos para ler o livro todo?

c) Para ler o livro todo em 18 dias, quantas páginas devem ser lidas por dia?

d) Copie e complete a tabela acima até 30 páginas por dia.

e) Quando o número de páginas lidas por dia aumenta, o número de dias aumenta ou diminui?

f) Quando o número de páginas lidas por dia diminui, o número de dias aumenta ou diminui?

g) Que número obtemos sempre ao multiplicar o número de páginas lidas por dia pelo número de dias?

33. Um saquinho com 24 balas será repartido entre crianças. Com essa informação, calcule os valores de *a*, *b* e *c*.

Número de crianças	Quantidade de balas
2	12
a	8
4	b
c	4

Essas grandezas são direta ou inversamente proporcionais?

34. Copie e complete as frases com as palavras "maior" ou "menor".

a) Quanto maior o número de erros numa prova, ▓▓▓▓▓ será a nota.

b) Quanto maior o número de pães adquiridos, ▓▓▓▓▓ será o valor a ser pago.

35. Para pintar um prédio, 5 pintores levam 40 dias. Em quanto tempo 10 pintores fazem o mesmo serviço? Calcule e anote o valor que corresponde à letra A na tabela.

Número de pintores	Tempo (em dias)
5	40
10	A

36. Uma torneira despeja 16 litros de água por minuto e enche uma caixa em 5 horas. Quanto tempo uma torneira que despeja 20 litros de água por minuto levará para encher a mesma caixa?

37. Um aterro é feito em 6 dias por 8 máquinas iguais. Se o número dessas máquinas for elevado para 12, em quantos dias será feito o mesmo aterro?

38. Veja o anúncio de uma camisaria:

a) Há uma relação de proporcionalidade direta entre o número de camisas e o preço a pagar?

b) Faça agora outro anúncio em que haja uma relação de proporcionalidade direta entre o número de camisas e o preço a pagar.

SEÇÃO LIVRE

Os conhecimentos matemáticos são utilizados em outras ciências e em inúmeras atividades humanas. Veja a seguir exemplos de aplicação das razões na Geografia e na Física.

Razões e Geografia

No Brasil há lugares pouco povoados e outros com grande concentração de pessoas.

No estado de São Paulo, por exemplo, temos uma população de aproximadamente 40 milhões de pessoas, para uma área também aproximada de 250 000 km². (IBGE, 2010)

Vamos usar uma razão para comparar a população com a área do estado:

$$\frac{\text{número de habitantes}}{\text{área em km}^2} = \frac{40\,000\,000}{250\,000} = 160 \text{ hab./km}^2$$

(Lemos: 160 habitantes por quilômetro quadrado.)

Isso significa que, se fosse possível distribuir igualmente a população do estado de São Paulo em quadrados de 1 km de lado, haveria 160 pessoas em cada quadrado.

Essa **razão** recebe o nome de **densidade demográfica** e é uma das ferramentas da Geografia para estudar como a população está distribuída.

Vamos aplicar esse novo conceito?

O estado de Roraima tem área aproximada de 240 000 km². Em 2010, sua população estimada era de 425 000 habitantes.

Vista aérea da periferia de Boa Vista, RR.

Calcule em seu caderno a densidade demográfica de Roraima. A densidade demográfica de São Paulo é aproximadamente quantas vezes maior que a de Roraima?

Razões e Física

Um automóvel percorreu 320 km em 4 horas de viagem. Dizemos que a **velocidade média** do automóvel nesse percurso foi de 80 km/h. (Lemos: 80 quilômetros por hora.)

A velocidade média é a razão entre a distância e o tempo gasto no percurso.

$$V_m = \frac{\text{distância}}{\text{tempo}} = \frac{320 \text{ km}}{4 \text{ h}} = 80 \text{ km/h}$$

O conceito de velocidade é importante no estudo dos movimentos feito pela Física.

Nosso planeta, por exemplo, viaja a uma velocidade média aproximada de 107 000 km/h em sua órbita ao redor do Sol.

A velocidade média do ônibus espacial americano *Discovery* em órbita era de aproximadamente 30 000 km/h.

Já um carro de Fórmula 1 tem velocidade média em torno de 200 km/h durante um grande prêmio.

Calcule, em seu caderno, a distância percorrida:

- pelo ônibus espacial Discovery em 1 dia;
- por um carro de fórmula 1 em 15 minutos;
- pela Terra em sua órbita em 1 segundo.

REVISANDO

39. Veja os ingredientes de duas receitas de pão de queijo.

Receita A
1 ovo
100 mL de leite
50 mL de óleo
1 copo de polvilho
3 copos de queijo ralado

Receita B
2 ovos
200 mL de leite
100 mL de óleo
2 copos de polvilho
4 copos de queijo ralado

Com qual das duas receitas o sabor do queijo vai ficar mais forte?

Utilize a calculadora no próximo exercício.

40. (UFRN) Um café é preparado e, logo depois, é servido em quatro xícaras, nas quais é colocado o mesmo tipo de açúcar. A primeira xícara recebe 50 mL de café e 2 g de açúcar; a segunda, 70 mL de café e 3 g de açúcar; a terceira, 90 mL de café e 4 g de açúcar; a quarta, 120 mL de café e 5 g de açúcar. Qual café se apresentará *mais* doce?

41. Para fazer doce de morango, dona Helena misturou morangos e açúcar na razão de 5 para 2.

a) Explique com suas palavras o significado da expressão anterior.

b) Na fabricação do doce, dona Helena utilizou 10 xícaras de açúcar. Indique o número de xícaras de morango necessárias para fazer o doce.

42. Complete mentalmente o quadro e relacione cada letra com o resultado correspondente a ela.

Quantidade de cadeiras	3	6	9	18	60
Preço (em reais)	102	A	B	C	D

43. Responda:

a) $\dfrac{3}{8} = \dfrac{\text{Quem sou eu?}}{32}$

b) $\dfrac{\text{Quem sou eu?}}{12} = \dfrac{6}{8}$

44. Três latas de castanha custam R$ 28,00. Quantas dessas latas você pode comprar com R$ 980,00?

45. Uma fábrica produz 3 camisetas lisas para cada 5 camisetas listradas.

a) Qual é a razão entre o número de camisetas lisas e o número de camisetas fabricadas?

b) Qual é a razão entre o número de camisetas listradas e o número de camisetas fabricadas?

c) Produzindo 2 400 camisetas no total, qual é o número de camisetas listradas fabricadas?

46. Mateus tem um saquinho com 8 bolinhas azuis, 5 bolinhas vermelhas e 1 bolinha preta.

Ao retirar uma bolinha do saquinho, indique:

a) um acontecimento impossível;

b) um acontecimento pouco provável;

c) um acontecimento mais provável.

47. Quatro meninos estavam brincando de adivinhar a soma dos pontos obtidos ao lançarem dois dados perfeitos.

Antes do primeiro lançamento, os palpites foram os seguintes:

Nome	Palpite
Davi	6
Luís	7
José	8
Márcio	12

Qual é o menino com maior chance de acertar a soma obtida?

48. A idade do Gabriel está para a idade do avô assim como 2 está para 9. Gabriel tem 14 anos. Que idade tem o avô?

49. Guilherme tem 8 passarinhos. Todos os dias ele dá a cada par dos seus passarinhos 3 folhas de alface. Quantas folhas de alface ele deve dar, por dia, aos seus oito passarinhos?

50. Uma fotografia tem 3 cm de largura e 4 cm de comprimento. Queremos ampliá-la de modo que o seu comprimento tenha 32 cm. Qual será a medida da largura?

51. (UERJ) O tampo de uma mesa retangular foi medido por Paulo, que utilizou palitos de fósforo e palmos de sua própria mão. A maior dimensão do tampo é igual ao comprimento de 60 palitos de fósforo. Medida em palmos, essa maior dimensão é equivalente a 12 palmos. A menor dimensão do tampo da mesa é igual ao comprimento de 5 palmos. Determine o número de palitos de fósforo correspondente à medida da menor dimensão do tampo da mesa.

52. Um ciclista percorreu 123 km em 5 horas. Qual é a velocidade média desse ciclista?

53. Alex gastou 2 minutos para dar uma volta num circuito à velocidade média de 210 km/h. Quanto tempo ele gastaria para percorrer o circuito à velocidade média de 140 km/h?

54. (Cotuca-Unicamp-SP) Para fazer 1 200 panetones, tia Filó utiliza, entre outros produtos, 132 kg de farinha de trigo, 48 kg de açúcar e 32 kg de frutas cristalizadas. Ela recebeu um pedido de 750 panetones e vai fazê-los seguindo a mesma receita. Qual será a quantidade de farinha, de açúcar e de frutas cristalizadas utilizada?

55. Com 3 colheres de pó de café e 0,5 litro de água são feitos 8 cafezinhos. Com essas informações, calcule os valores de *a*, *b*, *c* e *d* da tabela.

Cafezinhos	Pó de café (colher)	Água (L)
8	3	0,5
a	4,5	b
c	d	1,5

56. Precisamos misturar 2 copos de suco concentrado com 5 copos de água para fazer refresco de caju para 6 pessoas. Se quisermos preparar esse refresco para 30 pessoas, o que vamos precisar misturar?

57. Um triângulo equilátero tem 25 cm de lado. Faça o seu desenho na escala 1 : 10.

58. Observe a figura do copo:

Qual é a altura real do copo?

59. No papel quadriculado abaixo foi representada a planta de uma praça. A escala do desenho é de 1 cm para cada 10 m do real. Qual é o comprimento maior da praça?

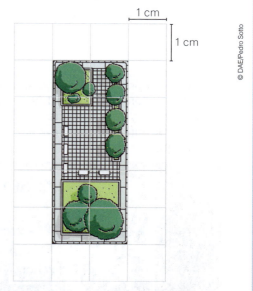

60. Um mapa tem escala 1 : 50 000. A distância entre duas cidades nesse mapa é de 36 cm. Qual é a distância real em km?

DESAFIOS NO CADERNO

61. Uma casa com 4 pessoas gasta 600 litros de água por dia. Outra casa com 9 pessoas gasta 1 350 litros de água por dia. Estas são grandezas diretamente proporcionais?

62. Sete litros de leite dão 1,5 quilo de manteiga. Quantos litros de leite serão necessários para se obterem 9 quilos de manteiga?

63. Em 50 minutos de exercícios físicos perco 1 600 calorias. Quantas calorias perderei em 2 horas mantendo o mesmo ritmo?

64. Em 6 dias, 3 pedreiros terminam certa obra.

a) Em quantos dias 2 pedreiros fariam o mesmo serviço?

b) Trata-se de uma proporcionalidade direta?

65. Vanessa, dirigindo seu carro a uma velocidade de 80 km/h, demora 27 minutos para ir de um local para outro. Para percorrer essa mesma distância em 36 minutos, qual deve ser a velocidade de seu carro?

66. Qual é a moça mais alta?

Ⓐ Escala = 1 : 28   Ⓑ Escala = 1 : 25

67. Um elevador sobe 6 andares em 21 segundos.

a) Quanto tempo leva para subir 11 andares?

b) Quantos andares sobe em 31,5 segundos?

Utilize calculadora no exercício seguinte.

68. O automóvel do senhor Quintino consome 9,8 litros de gasolina a cada 100 km rodados. Neste momento, o tanque do carro tem 30 litros de gasolina. Quantos quilômetros, aproximadamente, o carro poderá percorrer com essa quantidade de gasolina?

69. Suponha que um micro-ônibus possa transportar 10 adultos ou 30 crianças. Se 8 adultos embarcarem nesse ônibus, quantas crianças ainda poderão embarcar?

70. (OBM) Para fazer 12 bolinhos, preciso *exatamente* de 100 g de açúcar, 50 g de manteiga, meio litro de leite e 400 g de farinha. Qual é a maior quantidade desses bolinhos que serei capaz de fazer com 500 g de açúcar, 300 g de manteiga, 4 litros de leite e 5 kg de farinha?

a) 48
b) 60
c) 42
d) 72

AUTOAVALIAÇÃO

NO CADERNO

Anote no caderno o número do exercício e a letra correspondente à resposta correta.

71. (UFRJ) Leia a notícia abaixo.

> Uma morte a cada 8 horas no trânsito do Rio.
>
> Fonte: Jornal O Globo, edição de 27/1/2002.

De acordo com essa notícia, o número de mortes no trânsito do Rio, em uma semana, equivale a:

a) 18
b) 19
c) 20
d) 21

72. João resolveu 15 testes e acertou 7. Luís resolveu 21 testes e acertou 11. Mauro resolveu 18 testes e acertou 9. Podemos afirmar que:

a) João obteve melhor resultado.
b) Luís obteve melhor resultado.
c) Mauro obteve melhor resultado.
d) os resultados foram equivalentes.

73. Um construtor utilizará, para fazer uma massa de areia com cimento, a seguinte proporção: para cada 3 latas de areia mistura-se 1 lata de cimento, além de água, para fazer o preparado. Como na obra já existem 60 latas de areia para serem totalmente utilizadas, então será necessário comprar o equivalente a:

a) 15 latas de cimento.
b) 20 latas de cimento.
c) 25 latas de cimento.
d) 30 latas de cimento.

74. Um quilograma de laranjas tem entre 6 e 8 laranjas. Qual é o maior peso que podem ter 4 dúzias de laranjas?

a) 4 kg
b) 6 kg
c) 7 kg
d) 8 kg

75. (UFBA) Sessenta das 520 galinhas de um aviário não foram vacinadas; morreram 92 galinhas vacinadas. Para as galinhas vacinadas, a razão entre o número de mortas e de vivas é:

a) $\frac{4}{5}$
b) $\frac{5}{4}$
c) $\frac{1}{4}$
d) $\frac{4}{1}$

76. (SEE-SP) A densidade de um corpo é o quociente entre a sua massa e o seu volume, e um corpo pode boiar na água se tem densidade menor que 1 g/cm³. Sejam três corpos:

> I) com massa 160 g e volume 200 cm³;
>
> II) com massa 3 g e volume 0,8 cm³;
>
> III) com massa 250 g e volume 1 000 cm³.

Desses corpos, podem flutuar na água:

a) somente I.
b) I e III.
c) somente III.
d) I, II e III.

77. (SEE-SP) Para preparar tintas, um pintor costuma dissolver cada 4 latas de tinta concentrada em 6 latas de água. Para que a tinta preparada tenha a mesma concentração, esse pintor precisará misturar 12 latas de água com:

a) 15 latas de tinta concentrada.
b) 12 latas de tinta concentrada.
c) 10 latas de tinta concentrada.
d) 8 latas de tinta concentrada.

78. (UFPR) Com a velocidade média de 70 km/h, o tempo gasto em uma viagem da cidade **A** para a cidade **B** é de 2 h 30 min. Pedro gastou 3 h 30 min para fazer esse percurso. Pode-se afirmar que a velocidade média da viagem de Pedro foi:

a) 36 km/h
b) 45 km/h
c) 50 km/h
d) 85 km/h

79. Um litro de água do mar contém 25 g de sal. Então, para obtermos 50 kg de sal, o número necessário de litros de água do mar será:

a) 200
b) 500
c) 2 000
d) 5 000

80. Um avião percorre 2 700 km em quatro horas. Em uma hora e 20 minutos de voo percorrerá:

a) 675 km
b) 695 km
c) 810 km
d) 900 km

81. Se 4 máquinas fazem um serviço em 6 dias, então 3 dessas máquinas farão o mesmo serviço em:

a) 7 dias
b) 8 dias
c) 9 dias
d) 4,5 dias

82. Para determinar a altura de um edifício, seu zelador usou um artifício. Mediu a sombra do prédio, que deu 6 metros, e mediu sua própria sombra, que deu 0,60 metro. Como sua altura é de 1,80 metro, ele obteve para a altura do prédio o valor:

a) 24 m
b) 36 m
c) 42 m
d) 18 m

116

UNIDADE 5

Razões e porcentagens

1. Porcentagens: representação e cálculo

No estágio de civilização em que vivemos, sabemos que não há como deixar de produzir lixo.

Cada pessoa produz cerca de 300 kg de lixo por ano; geramos toneladas e toneladas de detritos. Esse lixo não desaparece quando jogado na lixeira. Por isso a reciclagem é importante.

Nos últimos anos, o Brasil tem investido na reciclagem de materiais. O gráfico ao lado traz informações sobre este assunto. Observe que os dados estão em porcentagens.

Vemos, por exemplo, que, em 2009, 98% das latas de alumínio foram recicladas em nosso país.

Isso significa que 98 em cada 100 latas de alumínio foram recicladas. As porcentagens são razões, comparações com 100. Por isso a representação por meio de porcentagens facilita a interpretação e a comparação de dados.

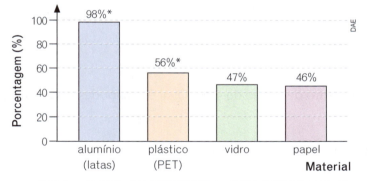

Reciclagem no Brasil em 2009

Fonte: <www.ecodebate.com.br/2013/07/19/residuos-solidos-apenas-3-do-lixo-produzido-no-pais-e-reciclado> (*dados aproximados). Acesso em: fev. 2015.

O todo é indicado por 100%.

- $100\% = \dfrac{100}{100}$ (cem em cem)
- $20\% = \dfrac{20}{100}$ (vinte em cem)
- $46\% = \dfrac{46}{100}$ (quarenta e seis em cem)

etc.

50% é a metade de 100%. O gráfico mostra que, em 2009, menos da metade do papel destinado ao lixo foi reciclado. Você separa papel para a reciclagem?

Encontramos porcentagens nessa e em inúmeras outras situações do cotidiano, do trabalho, das ciências... Você já sabe várias coisas sobre esse assunto. Nesta unidade aprenderá ainda mais!

RAZÕES E PORCENTAGENS 117

Retomando o cálculo de porcentagens

1. O 7º ano A teve um bom desempenho na prova bimestral de Matemática: 4 em cada 5 alunos obtiveram nota acima de 7. A professora Sílvia aproveitou os bons resultados para propor um problema:

Determinem a porcentagem de alunos com nota maior que 7.

A turma do 7º ano A mais uma vez se saiu bem, usando proporções para mostrar que:

$$4 \text{ em } 5 = \frac{4}{5} \underset{\times 2}{\overset{\times 2}{=}} \frac{8}{10} \underset{\times 10}{\overset{\times 10}{=}} \frac{80}{100} = 80\%$$

Essa classe tem 35 alunos. Vamos relembrar como calculamos porcentagens determinando quantos deles obtiveram nota acima de 7. Registraremos os cálculos de duas formas:

100% → 35 ÷10 ↘ 10% → 3,5 ↙ ÷10 ×8 ↘ 80% → 28 alunos ↙ ×8	$80\% = \dfrac{80}{100} = 0{,}80$ 80% de 35 = 0,80 · 35 = 28 alunos

Qual delas você prefere?

2. Jair, que ganhava R$ 1.200,00, teve um aumento de salário de 4,5%. Qual é o valor desse aumento em reais?

Como $4{,}5\% = \dfrac{4{,}5}{100} = 0{,}045$, temos que 4,5% de 1 200 = 0,045 · 1 200 = 54.

Jair teve um aumento de R$ 54,00 em seu salário.

Vamos conferir na calculadora? Usando uma calculadora que tenha a tecla % *digite: 1 200* × *4* . *5* % .
O resultado é 54.

Também podemos pensar assim:

100% → 1 200
÷100 ↘ 1% → 12 ↙ ÷100
×4,5 ↘ 4,5% → 54 ↙ ×4,5

118

EXERCÍCIOS

1. Qual porcentagem das figuras está pintada?

   a)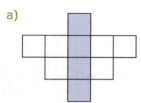

   b)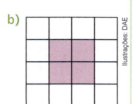

   c)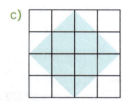

2. Copie e complete o quadro.

Fração	$\frac{13}{100}$	$\frac{4}{100}$		$\frac{7}{100}$		$\frac{12}{25}$
Decimal	0,13		0,35			
Porcentagem	13%			80%	150%	

3. Associe cada uma das frases abaixo com a letra que indica a porcentagem correspondente a ela.

   a) 7 em cada 10 alunos estudam Matemática todos os dias.

   b) 3 em cada 8 torcedores paulistas são corintianos.

   c) 32 em cada 50 pessoas entrevistadas assistem a novelas.

   d) 17 em cada 20 alunos têm máquina de calcular.

Ⓐ 60%	Ⓑ 42%	Ⓒ 85%	Ⓓ 40%	Ⓔ 70%	Ⓕ 65%
Ⓖ 80%	Ⓗ 38%	Ⓘ 64%	Ⓙ 85,5%	Ⓚ 37,5%	Ⓛ 50%

4. Carolina acertou 30% das questões de uma prova e Juliana acertou $\frac{1}{3}$. Qual delas acertou mais questões?

5. Utilize a calculadora para obter os resultados.

   a) 0,5% de R$ 120.000,00

   b) 3,5% de R$ 34.800,00

   c) 16,4% de R$ 28.000,00

   d) 0,25% de R$ 70.000,00

6. Calcule mentalmente.

   a) 10% de R$ 300,00

   b) 90% de R$ 300,00

   c) 100% de R$ 300,00

   d) 110% de R$ 300,00

   e) 150% de R$ 300,00

   f) 200% de R$ 300,00

7. Uma família tem rendimento mensal de R$ 1.400,00 e gasta:

   a) 25% em alimentos;

   b) 14% em aluguel;

   c) 12,8% em transporte;

   d) 7,2% em saúde;

   e) 4,5% em roupas;

   f) 6,5% em outros itens.

   Quanto essa família gasta em cada um dos itens?

8. Um relógio pode ser comprado em 4 prestações de R$ 150,00 ou à vista com 10% de desconto. Quanto será pago, em reais, se a compra for feita à vista?

RAZÕES E PORCENTAGENS 119

2. Calculando o percentual

1. Numa loja de esportes, distintivos de clubes de futebol, que custavam R$ 25,00, passaram a custar R$ 27,00. Qual foi a porcentagem de aumento?

   Como 27 − 25 = 2, temos um aumento de R$ 2,00 em R$ 25,00.

   As proporções resolvem o problema: 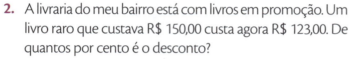 $\dfrac{2}{25} = \dfrac{8}{100} = 8\%$.

   Ou, lembrando que $\dfrac{2}{25} = 2 : 25$, efetuamos a divisão:

   $2 : 25 = 0,08 = \dfrac{8}{100} = 8\%$

   A resposta, é claro, é a mesma: o aumento foi de 8%.

2. A livraria do meu bairro está com livros em promoção. Um livro raro que custava R$ 150,00 custa agora R$ 123,00. De quantos por cento é o desconto?

   Temos um desconto de R$ 27,00 em R$ 150,00, pois 150 − 123 = 27.

   Usando proporções: $\dfrac{27}{150} = \dfrac{9}{50} = \dfrac{18}{100} = 18\%$

   Ou, lembrando que $\dfrac{27}{150} = 27 : 150$, efetuamos a divisão:

   ```
   27  |150
   270  0,18
   1200
      0
   ```

   Encontramos 0,18, ou seja, o desconto no preço do livro é de 18%.

3. Na cantina da escola da Paula, um bombom, que custava R$ 1,35, passou a custar R$ 1,55. Veja como ela descobriu que o aumento do preço foi de aproximadamente 15%:

   1,55 − 1,35 = 0,20

   $\dfrac{0,20}{1,35} = 0,20 : 1,35 = 0,148148...$

   Paula arredondou esse quociente para duas casas decimais:
   0,148148... ≅ 0,15 = 15%

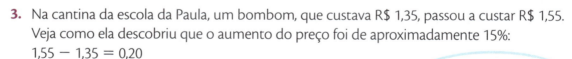

Nesse caso é melhor fazer a divisão, principalmente se usarmos a calculadora!

CONECTANDO SABERES

Tente lembrar-se de algum preço que tenha mudado recentemente: na cantina, na papelaria, no jornaleiro etc.

Faça como Paula: calcule o percentual desse aumento.

Use a calculadora e arredonde o resultado se necessário.

EXERCÍCIOS

9. Numa escola há 600 alunos e cada um pratica apenas uma modalidade esportiva.

Copie e complete o quadro, sabendo que:
- metade joga futebol;
- um quarto pratica vôlei;
- um quinto pratica basquete;
- o restante pratica atletismo.

Esporte	Número de praticantes	Porcentagem
futebol		
vôlei		
basquete		
atletismo		

10. Para fazer um molho foram usados os seguintes ingredientes:

Pimenta	3 g
Sal	45 g
Cebola	90 g
Alho	27 g
Azeite	135 g
Total	300 g

Qual é o percentual de cada ingrediente?

11. Para encher um balde são necessários 40 litros de água.

Responda.

a) Quando esse balde tem 20 litros de água, quantos por cento de sua capacidade está ocupada?

b) Quando ele tem 10 litros de água, quantos por cento de sua capacidade está ocupada?

c) E quando tem 15 litros de água, quantos por cento de sua capacidade está ocupada?

12. Um remédio que custa R$ 6,00 vai ter um aumento de R$ 0,90.

a) Quanto passará a custar o remédio?

b) Qual foi o percentual de aumento?

13. Compareceram a um exame 240 candidatos, sendo aprovados 156. Qual é a porcentagem de candidatos reprovados?

14. Numa lanchonete, o preço de um sanduíche subiu de R$ 3,00 para R$ 3,54. Qual foi a porcentagem de aumento?

3. Da parte para o todo

Observe o mapa a seguir e leia o texto que está ao lado dele:

A destruição da Mata Atlântica tem sido motivo de preocupação para os ambientalistas e para todos os que se preocupam com a natureza.

No mapa, vemos que, a maior parte da área original dessa floresta foi devastada.

Estima-se que hoje restam apenas 7% dessa área, o que corresponde a aproximadamente 91 000 km².

Em 2006 foi sancionada a Lei da Mata Atlântica, que tem por objetivo preservar e recuperar esse ecossistema.

Fonte: Ibama; SOS Mata Atlântica.

Gisele Girardi e Jussara Vaz Rosa. *Atlas geográfico do estudante*. São Paulo: FTD, 2011. p. 26.

• Qual era a área original da Mata Atlântica?

O texto não apresenta essa informação. Sabemos somente que 7% dessa área correspondem a 91 000 km². Mas, com base nesse dado, podemos calcular a área total original da mata, ou seja, 100% dela. Acompanhe:

$$\div 7 \begin{pmatrix} 7\% \to 91\,000 \text{ km}^2 \\ 1\% \to 13\,000 \text{ km}^2 \\ 100\% \to 1\,300\,000 \text{ km}^2 \end{pmatrix} \div 7$$
$$\times 100 \qquad\qquad\qquad\qquad\qquad \times 100$$

Primeiro encontramos 1% da área. Depois, multiplicamos essa área por 100.
Descobrimos que a Mata Atlântica tinha originalmente uma área de 1 300 000 km².

CONECTANDO SABERES

A Mata Atlântica está entre as florestas mais ricas do mundo em diversidade de espécies vegetais e também em endemismo, isto é, muitas das árvores e plantas da Mata Atlântica só são encontradas lá. São cerca de 8 000 espécies endêmicas, o que corresponde a 40% do total das espécies já catalogadas neste bioma.

Fonte de pesquisa: <www.sosma.org.br>. Acesso em: fev. 2015.

Use os dados do texto acima para descobrir quantas espécies vegetais há na Mata Atlântica.

122

EXERCÍCIOS

15. Responda.
    a) Se 10% de um número é 7, qual será esse número?
    b) Se 4% de um número é 23, quanto será 40% desse número?

16. Sabendo que 106 alunos de uma escola correspondem a 20% do total, quantos alunos tem essa escola?

17. Segundo o Departamento Nacional de Infraestrutura de Transporte, de todos os acidentes rodoviários que ocorrem por ano no Brasil, 27% envolvem caminhões. Se, anualmente, são registrados 48 600 acidentes rodoviários envolvendo caminhões, quantos acidentes ocorrem anualmente nas estradas nacionais?

18. Em maio, Carlos pagou 25% de uma dívida; em junho, pagou 40% da mesma dívida e ainda ficou devendo R$ 280,00. Qual era o valor total da dívida de Carlos?

19. Uma bicicleta sofreu um aumento de 15%, passando assim a custar R$ 460,00. Qual era o preço dessa bicicleta antes do aumento?

20. Uma quadra de esportes retangular de 20 m de comprimento por 15 m de largura ocupará 75% da área do terreno onde será construída.

    Qual é, em m², a área desse terreno?

21. Veja o comparecimento a um cinema durante um fim de semana. Copie e complete a tabela.

	Número de comparecimentos	Lotação
5ª-feira		42%
6ª-feira	150	
Sábado		75%
Domingo	270	90%

Qual é a lotação do cinema?

RAZÕES E PORCENTAGENS 123

4. Cálculo direto de descontos e acréscimos

Descontos

Você já sabe calcular o desconto e descobrir o preço à vista desta TV:

$$100\% \rightarrow 920$$
$$1\% \rightarrow 920 : 100 = 9,20$$
$$15\% \rightarrow 15 \cdot 9,20 = 138 \text{ (valor do desconto: R\$ 138,00)}$$

Você também poderia fazer:
15% de R$ 920,00 = 0,15 · 920 = 138 (valor do desconto: R$ 138,00)
Então, se o pagamento for à vista o preço será de:

$$R\$\ 920,00 - R\$\ 138,00 = R\$\ 782,00$$

Mas há uma forma de calcular diretamente o preço da TV já com o desconto.

O preço da TV corresponde a 100%. Quem comprar à vista terá 15% de desconto, ou seja, pagará 100% − 15% = 85% do preço da TV.

$$85\% \text{ de } R\$\ 920,00 = 0,85 \cdot R\$\ 920,00 = R\$\ 782,00$$

Encontramos R$ 782,00, que é o preço à vista da TV!
Outro exemplo:

> Para obter o preço de uma mercadoria com desconto de 8%, basta multiplicar o preço original por 0,92, que corresponde a 92%, pois 100% − 8% = 92%.

Responda calculando mentalmente:

Multipliquei o preço de uma TV por 0,87 para saber quanto pagaria com desconto. Qual foi o percentual de desconto dado?

124

Acréscimos

Alexandre paga R$ 1.200,00 pelo aluguel de sua casa. Lendo o contrato, ele verificou que a partir do próximo mês o aluguel será reajustado em 13%.

Alexandre pode calcular diretamente o valor do novo aluguel.

Acompanhe:

100% correspondem ao valor atual do aluguel.
Somando a porcentagem de aumento temos: 100% + 13% = 113%
O valor do novo aluguel corresponderá a 113% do valor atual do aluguel.

113% de R$ 1.200,00 = 1,13 · 1 200 = 1 356
Assim, o novo aluguel será de R$ 1.356,00.

Lembre-se:
$113\% = \dfrac{113}{100} = 1,13$

Para calcular o novo preço de uma mercadoria que teve 8% de aumento, basta multiplicar o preço original por 1,08. Veja na lousa.

$100\% + 8\% = 108\% = \dfrac{108}{100} = 1,08$

Em dupla, criem um problema que envolva o cálculo de descontos ou acréscimos. Depois troquem o caderno com outra dupla. Cada dupla resolverá o problema criado pela outra.

Resolvam no caderno.

1. O que é maior: a quarta parte de uma quantidade ou 25% dela?

2. Júlio teve aumento de 100% em seu salário, portanto o salário:
   a) caiu pela metade.   b) dobrou.   c) ficou igual.

3. Dizer 11 em 20 é o mesmo que dizer:
   a) 11%.   b) 55%.   c) 44%.

   Expliquem como chegaram à resposta.

4. Para calcular o valor reajustado do aluguel de sua casa, João multiplicou o valor antigo por 1,04. Qual é o percentual de aumento?

5. Se uma mercadoria tiver seu preço baixado em 10% e depois aumentado em 10%, o preço volta ao valor inicial?

6. Uma mercadoria com 100% de desconto em seu preço custaria quanto? Vocês veem sentido em dar um desconto de 100%? Haveria realmente uma venda?

EXERCÍCIOS

22. Calcule mentalmente.

a) 50% de R$ 620,00

b) 25% de R$ 480,00

c) 10% de R$ 2.300,00

d) 30% de R$ 800,00

23. Copie e complete o quadro.

	100%	10%	1%	0,1%	0,01%
6 000					
25 000					

24. Um liquidificador que custa R$ 69,00 vai sofrer um acréscimo de 12% nesse valor. Qual será o novo preço?

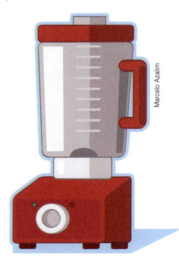

25. Um computador custa R$ 2.500,00. Se o preço aumentar 10% ao ano, quanto custará no fim de 2 anos? Será que custará 20% a mais?

26. Uma vendedora de uma loja ganha um salário fixo mensal de R$ 750,00, acrescido de 3% do valor das vendas efetuadas durante o mês. Qual é seu salário quando vende no mês R$ 16.000,00?

27. Comprei uma geladeira por R$ 1.200,00, a serem pagos do modo indicado:

a) Qual é o valor da entrada?

b) Qual é o valor de cada prestação?

28. A loja A vende um rádio de R$ 45,00 com um desconto de 20%. A loja B vende um rádio de igual preço, mas com dois descontos, um de 10% seguido de outro, também de 10%.

Em qual das lojas se compra mais barato? Por quê?

Discuta os próximos exercícios com os colegas.

29. Se o preço de um artigo baixar 10% e depois aumentar 10%, volta ou não ao preço inicial? Justifique com um exemplo.

30. Se reduzirmos o preço de um artigo em 20% e depois o aumentarmos em 25%, volta ou não ao preço inicial? Justifique com um exemplo.

SEÇÃO LIVRE

Porcentagens na construção de telhados

Marcelo contratou um carpinteiro para construir a estrutura do telhado de sua casa.
O carpinteiro lhe disse que, para o tipo de telha escolhida, o "caimento" do telhado deve ser de 35%.

Essa eu não sabia! Usamos porcentagens na construção de telhados?

Você também ficou surpreso? O "caimento" de que o carpinteiro falou é a declividade do telhado, necessária para que a chuva escoe corretamente. Essa declividade é dada na forma de porcentagem.

Um caimento de 35% significa que para cada metro na horizontal, o telhado deve "subir" 35% de metro na vertical.

1 m = 100 cm
35% de 1 m = 35% de 100 cm = 35 cm } Para 1 m horizontal, o telhado "sobe" 35 cm na vertical.

Suponha que o telhado da casa de Marcelo precise ter 4 m em cada segmento horizontal, como vemos no esquema abaixo:

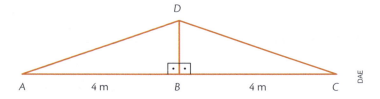

Com o cálculo a seguir o carpinteiro descobre qual deve ser a medida *DB* (altura do telhado) para obter a declividade necessária.

1 m → 35 cm
4 m → 4 · 35 = 140 cm ou 1,40 m

Você é o carpinteiro!

No telhado representado na imagem, *AC* = 6,5 m e o caimento necessário é de 20%. Calcule no caderno qual deve ser a medida de *O* até *C*.

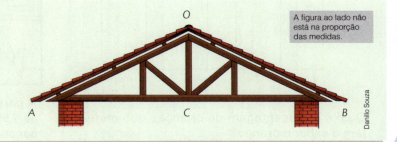

A figura ao lado não está na proporção das medidas.

REVISANDO

31. Muitos dos estudantes que usam mochilas transportam diariamente peso a mais para sua idade. Para evitar lesões na coluna vertebral, o peso de uma mochila e do material contido dentro dela não devem ultrapassar 10% do peso do estudante que a transporta.

Fonte: reportagem do jornal *Folha de S.Paulo*, 26 jan. 2006.

Sabendo que Raquel pesa 54 kg, qual é, em kg, o peso máximo que sua mochila com material pode ter, de modo a evitar lesões em sua coluna vertebral?

32. O volume da água aumenta 8,5% quando congela. Que volume de gelo se obtém ao congelar 2 litros de água?

33. O gráfico abaixo foi obtido por meio de pesquisa, realizada em uma creche, que avalia o sabor de sorvete preferido pelas crianças.

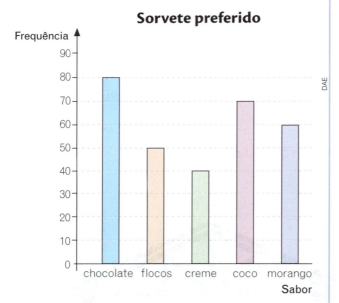

Qual é a porcentagem de crianças que preferem o sabor morango?

34. Em uma liquidação, um terno de R$ 275,00 foi comprado por R$ 220,00.

a) De quantos reais foi o desconto?
b) De quantos por cento foi o desconto?

35. Vitor aproveitou uma liquidação para comprar um tênis com 30% de desconto. Se Vitor pagou R$ 119,00 pelo tênis, qual foi, em reais, o desconto recebido?

36. (CPII-RJ) Observe a charge e responda:

A partir da próxima semana, já com o aumento de 7,5%, o médico passará a cobrar R$ 129,00 por consulta. Qual é o valor atual da consulta?

DESAFIOS NO CADERNO

37. Vendendo picolés a R$ 1,50 cada, o dono de uma sorveteria arrecadou R$ 180,00 num sábado. No dia seguinte, resolveu oferecer 20% de desconto no preço do picolé e, assim, vendeu 60 picolés a mais que no dia anterior. Qual é o valor, em reais, arrecadado no domingo com a venda de picolés?

38. Para a venda de um computador, o cartaz anuncia:

Quantos por cento pagará a mais quem comprar a prazo?

39. (Cesgranrio-RJ) Num grupo de 400 pessoas, 30% são homens e 65% das mulheres têm mais de 20 anos. Quantas mulheres ainda não comemoraram seu 20º aniversário?

40. Rodrigo estava observando o anúncio de uma liquidação em um jornal, mas, com os borrões da impressão, não conseguiu ver totalmente os dados apresentados.

Vamos ajudar Rodrigo a "descobrir" todos os números dos anúncios.

a) Qual é o preço da calça durante a liquidação?
b) Qual é o preço do paletó antes da liquidação?
c) Qual é a porcentagem de desconto na camisa?

41. Um comerciante pretendia obter R$ 100,00 com a venda de 500 laranjas. Ao receber as laranjas de seu fornecedor, constatou que 20% estavam impróprias ao consumo. Para conseguir a quantia prevista inicialmente, por quanto teve de vender cada laranja restante?

42. Discuta com os colegas.

É possível ou não dizer que:

a) a produção de uma fábrica diminuiu 100%? Comente.
b) o preço de uma camisa baixou 200%? Comente.

AUTOAVALIAÇÃO

NO CADERNO

Anote no caderno o número do exercício e a letra correspondente à resposta correta.

43. (FGV-SP) Trinta por cento da quarta parte de 6 400 é igual a:

a) 480
b) 640
c) 160
d) 240

44. (Saresp) Num painel de 20 m² de área, 30% são ocupados por ilustrações e metade das ilustrações é azul. Assim, a área ocupada pelas ilustrações azuis é igual a:

a) 2 m²
b) 3 m²
c) 6 m²
d) 16 m²

45. (Ceeteps-SP) A maior rede de comunicação do mundo é a internet. Numa região onde o número de usuários dessa rede é de 2 milhões de pessoas, 15% a utilizam para fins educacionais. O número de pessoas que utilizam a internet para outros fins é de:

a) 1 300 000
b) 1 500 000
c) 1 700 000
d) 1 900 000

46. (Cesgranrio-RJ) Numa turma, 80% dos alunos foram aprovados, 15% reprovados e os 6 alunos restantes desistiram do curso. Na turma havia:

a) 65 alunos
b) 80 alunos
c) 95 alunos
d) 120 alunos

47. De janeiro para abril de 2014, o preço de um produto aumentou 30%. De abril para julho, o preço aumentou 20%. Assim, considerando o período de janeiro até julho, temos um aumento total de:

a) 50%
b) 52%
c) 54%
d) 56%

48. Todo dia 10, Eliana vai ao supermercado fazer a compra básica do mês. Em maio, ela gastou R$ 112,00. No mês de junho, comprou as mesmas coisas, mas gastou R$ 117,60. O aumento percentual do preço total dos produtos que Eliana comprou foi de:

a) 0,5%
b) 3,5%
c) 5%
d) 6,5%

49. (UFPA) Ao comprar um computador à vista, obtive um desconto de R$ 275,00, que corresponde a 10% do preço tabelado. O valor pago pelo computador foi de:

a) R$ 2.750,00
b) R$ 3.025,00
c) R$ 2.475,00
d) R$ 2.575,00

50. (UFSM-RS) Um automóvel com motor desregulado consome 40 L de combustível para percorrer 360 km de uma rodovia. Após a regulagem do motor, o consumo de combustível baixou em 25%. O número de litros de combustível necessário para que o automóvel, agora regulado, percorra 480 km da mesma rodovia é:

a) 36
b) 40
c) 35,5
d) 42,6

51. (UERJ) Um lojista oferece 5% de desconto ao cliente que pagar suas compras à vista. Para calcular o valor do desconto, o vendedor usa sua máquina calculadora do seguinte modo:

preço total

Outro modo de calcular o valor com desconto seria multiplicar o preço total por:

a) 0,05
b) 0,95
c) 0,5
d) 1,05

UNIDADE 6
Construindo e interpretando gráficos

1. Porcentagens e gráficos

A professora Inês atribui estes conceitos a seus alunos:

A ótimo

B bom

C regular

D insatisfatório

Veja na tabela abaixo o número de alunos que obteve cada conceito no 7º ano A.

Conceito	Frequência
A	8
B	18
C	10
D	4
Total: 40 alunos	

Número de alunos que obteve cada conceito.

Para analisar o desempenho da turma, a professora calculou a porcentagem de alunos da classe com cada conceito.

Conceito A: 8 em 40 alunos

$$\frac{8}{40} = \frac{2}{10} = \frac{20}{100} = 20\%$$

Conceito B: 18 em 40 alunos

$$\frac{18}{40} = \frac{9}{20} = \frac{45}{100} = 45\%$$

Conceito C: 10 em 40 alunos

$$\frac{10}{40} = \frac{1}{4} = \frac{25}{100} = 25\%$$

Conceito D: 4 em 40 alunos

$$\frac{4}{40} = \frac{1}{10} = \frac{10}{100} = 10\%$$

As porcentagens obtidas foram organizadas em uma tabela.

Conceito	Frequência
A	20%
B	45%
C	25%
D	10%
Total: 100%	

No 7º ano B, que tem 32 alunos, 4 deles obtiveram conceito A:
$4 \text{ em } 32 = \frac{4}{32} = \frac{1}{8} = 1 : 8 = 0{,}125 = 12{,}5\%$
São comuns as porcentagens não inteiras!

Construída a tabela de porcentagens, a professora fez um gráfico de barras para visualizar os resultados.

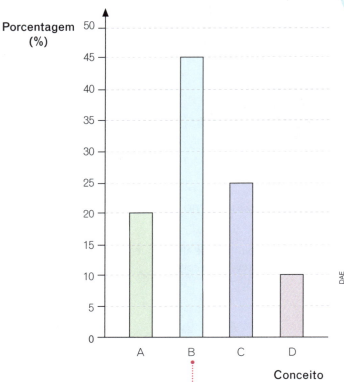

Somente 10% dos alunos tiveram aproveitamento insatisfatório. Vou acompanhá-los mais atentamente. É animador saber que 65% da classe obteve conceito A ou B!

A maior parte dos alunos obteve conceito B.

 REFLETINDO

A tabela e o gráfico apresentam os mesmos dados. Em qual deles fica mais fácil comparar o desempenho dos alunos? Explique.

Procure em jornais e revistas um gráfico de barras que envolva porcentagens.
No caderno, cole o gráfico e responda às questões:

1. Qual é o assunto tratado no gráfico?

2. Que informações ele traz?

Mostre seu trabalho aos colegas.

132

EXERCÍCIOS

1. A tabela apresenta as opiniões de 60 alunos sobre um filme visto na escola.

Péssimo	3	
Ruim	6	
Regular	18	
Bom	21	
Ótimo	12	
Total	60	100%

Calcule as porcentagens relativas às diversas opiniões e represente-as num gráfico de barras.

2. O gráfico mostra os conceitos que alguns alunos obtiveram em uma prova:

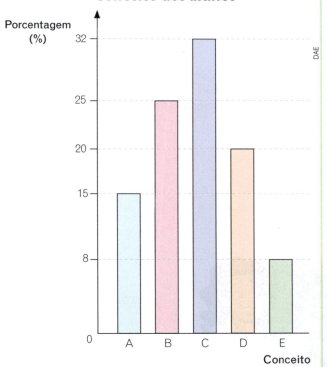

a) Qual percentual de alunos obteve o conceito D?
b) Qual foi o conceito mais obtido pelos alunos?
c) Fizeram essa prova 140 alunos. Quantos alunos tiraram B?

3. Uma pesquisa eleitoral estudou a intenção de voto nos candidatos A, B e C, obtendo os resultados apresentados no gráfico:

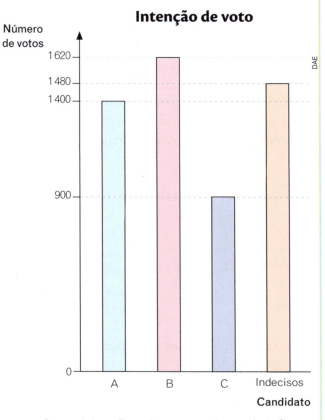

a) O candidato B pode se considerar eleito?
b) O candidato A ainda tem chance de vencer as eleições?
c) Qual é o número de pessoas consultadas?
d) Que percentual da intenção de votos tem o candidato B?
e) Se o candidato C obtiver 70% dos votos dos indecisos e o restante dos indecisos optar pelo candidato A, o candidato C assumirá a liderança?

2. Construindo um gráfico de setores

O consumo de produtos industrializados que vêm em latas, sacos plásticos e similares, associado ao aumento da população, tornou o lixo uma das grandes preocupações mundiais.

Por conta disso, a coleta e disposição final do lixo no Brasil sofreu mudanças expressivas nos últimos anos. Em 2008, apenas dois municípios do território nacional não tinham coleta de lixo e o destino desse lixo coletado pode ser observado no gráfico ao lado.

Este é um gráfico de setores. Sua forma permite comparar facilmente o todo com as suas partes. Mesmo se as porcentagens não fossem dadas, você saberia pela observação do gráfico que a maior parte do lixo vai para os aterros, e que apenas uma pequena parte é separada para reciclagem.

Destino do lixo coletado

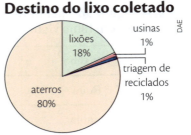

Fonte: *Pesquisa Nacional do Saneamento Básico*, IBGE, 2008.

Curiosidade

Há dois tipos de usinas que recebem o lixo:
- usinas de compostagem, que transformam o lixo orgânico em adubo;
- usinas de incineração, nas quais o lixo é queimado em fornos (principalmente o lixo hospitalar).

Vamos ver como se constrói o gráfico de setores.

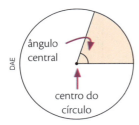

A região pintada no círculo ao lado é um setor circular. No gráfico que vamos fazer, precisamos dividir o círculo em 4 setores circulares. Cada setor terá um ângulo central proporcional à participação do setor no todo.

100% (círculo todo) corresponde a um ângulo central de 360°
100% → 360°
Então:
1% → 360 : 100 = 3,6° ≅ 4°

> O transferidor não marca décimos de grau, por isso arredondamos as medidas.

O ângulo central correspondente ao setor das usinas é de 4°.

Se 1% corresponde a 3,6°,
- 18% → 18 · 3,6 = 64,8° ≅ 64°
- 80% → 80 · 3,6 = 288°

Veja como Aninha pensou:

REFLETINDO

Por que arredondamos:
a) 3,6° para 4° e não para 3°?
b) 64,8° para 64 e não para 65?

- O ângulo central correspondente ao setor dos aterros é de 288°.
- O ângulo central correspondente ao setor dos lixões é de 64°.
- O ângulo central correspondente ao setor do lixo destinado à triagem de reciclados é de 4°.

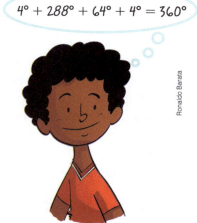

4° + 288° + 64° + 4° = 360°

Agora, vamos construir o gráfico:
1. Traçamos um círculo com compasso, marcando seu centro, e traçamos um raio.
2. Usando o centro do círculo como vértice e o raio como um de seus lados, traçamos com auxílio do transferidor um dos ângulos, por exemplo o de 64°.
3. Traçamos os outros ângulos (de medida 4°).
4. O ângulo que sobra no círculo corresponde ao setor dos lixões (288°).

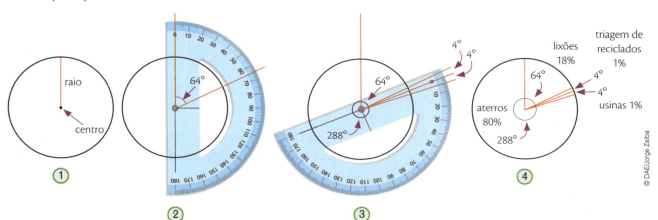

Boa parte do lixo pode ser reciclado: papel, vidro, embalagens PET (uma resina plástica), latas de alumínio etc. Com a reciclagem é possível diminuir a quantidade de lixo produzido. Além disso, o material reciclável vale dinheiro!

CONECTANDO SABERES

Em nosso país, cada pessoa gera aproximadamente 1 kg de lixo por dia, entre restos de alimentos, papéis, embalagens plásticas etc. Como o Brasil tem aproximadamente 200 milhões de habitantes, estima-se que geramos cerca de 200 milhões de quilos de lixo por dia. Vimos no texto que apenas 1% desse lixo é destinado à triagem de reciclados.

Responda no caderno: Essa porcentagem corresponde a quantos quilogramas de lixo? Em seu bairro há pontos de coleta de material reciclável?

CONSTRUINDO E INTERPRETANDO GRÁFICOS **135**

Vamos reciclar o lixo

A natureza leva 4 000 anos para decompor completamente o vidro. Em contrapartida, 1 kg de vidro reciclado produz 1 kg de vidro novo.

As embalagens PET são as grandes "vilãs" do lixo. Embora sejam totalmente recicláveis, quando jogadas no ambiente muitas vezes vão parar em bueiros, córregos e rios, agravando o problema das enchentes. Além disso, ocupam espaço precioso nos aterros sanitários.

Dados revelam que as embalagens PET correspondem, em média, a 5% do lixo produzido nos grandes centros. Na capital paulista, isso corresponde a 714 toneladas por dia.

No ano de 2007, 46% dessas embalagens foram recicladas no Brasil. Com a implantação de coleta seletiva em várias cidades, essa porcentagem subiu para 56% em 2009.

Converse com o professor e os colegas sobre os problemas causados pelo lixo atualmente. Responda no caderno:

1. Sua cidade tem coleta seletiva de lixo?
2. Há locais de recolhimento de embalagens PET para reciclagem? (Procure saber! Não devemos jogá-las no lixo!)
3. Aproveite os dados do texto para calcular quantas toneladas de lixo são produzidas diariamente na capital do estado de São Paulo.

Que produtos são feitos com PET reciclado?

Hoje é comum utilizar o PET em embalagens de suco, refrigerante, água mineral, cosméticos, medicamentos, entre outros. A reciclagem dessas embalagens produz vários artigos, como fibras de poliéster, cordas e garrafas recicladas.

As fibras de poliéster, por exemplo, quando associadas à viscose resultam na malha utilizada para confeccionar peças de vestuário, como moletons e camisetas. A composição usual é de 67% de poliéster e 33% de viscose. Representamos esses dados no gráfico de setores abaixo.

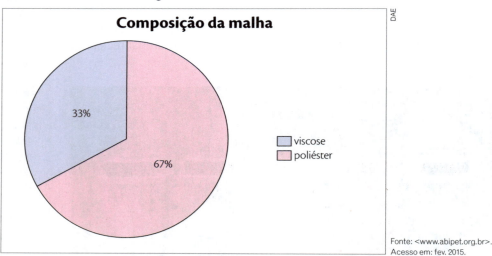

Fonte: <www.abipet.org.br>. Acesso em: fev. 2015.

Tarefa especial

Observe, durante 1 dia, tudo o que você jogar no lixo.

Faça uma estimativa: do lixo que você produziu, qual porcentagem é composta de material reciclável?

Compare e discuta sua resposta com os colegas.

EXERCÍCIOS

4. Em uma votação sobre qual é o esporte favorito em uma classe, o resultado está indicado na tabela abaixo.

Esporte	Número de votos
futebol	20
vôlei	10
basquete	6
tênis	4

Represente o resultado dessa pesquisa por meio de um gráfico de setores.

5. O gráfico mostra como é a cor dos olhos dos 25 alunos de uma turma do 7º ano.

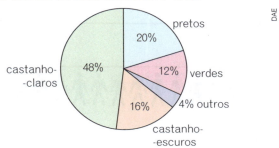

a) Quantos alunos têm olhos verdes?
b) Quantos alunos têm olhos castanho-escuros?
c) Quantos alunos têm olhos castanho-claros?

6. Certo dia, uma loja vendeu 120 CDs. O gráfico abaixo mostra como foi a venda por gênero de música.

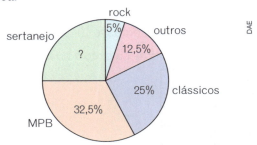

a) Qual é o gênero musical mais vendido? Quantos CDs?
b) Qual é o gênero musical menos vendido? Quantos CDs?
c) Quais gêneros musicais tiveram vendas iguais?
d) Qual gênero musical vendeu 15 CDs?

7. O gráfico mostra um dia na vida de Lúcio.

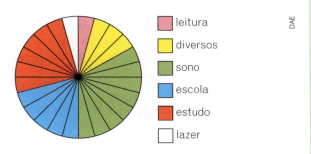

a) Quantas horas Lúcio dedicou a cada uma das atividades?
b) Copie e complete o quadro:

Número de horas	Ângulo central (em graus)
1	15°
2	
3	
5	
8	
9	
12	
14	

8. Na construção de um prédio residencial, estão participando 20 paulistas, 10 baianos, 10 cearenses, 5 mineiros e 5 gaúchos. Construa um gráfico de setores que indique de forma correta essa distribuição dos trabalhadores.

CONSTRUINDO E INTERPRETANDO GRÁFICOS

3. Pictogramas

A tabela ao lado apresenta a população do Brasil em 1900, 1950, 2000 e 2010.

Podemos construir um gráfico de barras para ilustrar essa tabela. No entanto, há um tipo de gráfico cujo efeito visual é mais eficiente, dando destaque ao crescimento da população. É o **pictograma**, em que desenhos ou símbolos representam números.

Ano	População
1900	17 500 000
1950	52 500 000
2000	170 000 000
2010	190 000 000

Fonte: Dados preliminares do Censo IBGE 2010. (Valores arredondados.)

Podemos usar uma figura 🚶 para representar 5 milhões de habitantes.

Para representar 2,5 milhões de habitantes usaremos a metade da figura 🚶.

O pictograma ficaria assim:

Ano	População
1900	🚶🚶🚶🚶
1950	🚶🚶🚶🚶🚶🚶🚶🚶🚶🚶🚶
2000	🚶 (34 figuras)
2010	🚶 (38 figuras)

🚶 = 5 000 000 habitantes

---

1. Esboce no caderno como ficaria o pictograma se o símbolo 🚶 representasse 10 000 000 habitantes.

2. Veja como Gabriel registrou os gols marcados pelos atacantes do time da escola no ano.

Gols marcados no ano	
Davi	||||| ||||| ||||| ||
Gabriel	||||| |||||	
Zico	||||| ||||| ||||| |||||
Osmar	||||| ||||| |||||
Cláudio	||||| ||||| ||||

Observe que no registro de Gabriel, ||||| representa 5 gols marcados.

Desenhe um pictograma no caderno para representar os mesmos dados, mas usando um símbolo diferente:  = 4 gols

138

EXERCÍCIOS

9. Os colegas de classe de Mário andaram recolhendo latinhas vazias para uma campanha beneficente. Observe na tabela o número de latinhas que eles recolheram até o mês de abril:

Cada  representa 100 latinhas.

a) Quantas latinhas recolheram no mês de março?
b) Em que mês recolheram menos latinhas?
c) Quantas latinhas precisam recolher no mês de maio para totalizar 3 000 latinhas entre janeiro e maio?

10. Em uma escola, foi realizada uma pesquisa para saber qual é a estação do ano preferida pelos alunos. Observe o resultado dessa pesquisa no pictograma:

Cada representa 30 crianças.

a) Quantos alunos preferem o verão?
b) Qual é a estação favorita dos alunos?
c) Qual é o número total de alunos pesquisados?

11. O pictograma indica o número aproximado de revistas vendidas durante o mês.

a) A revista de Animais vendeu 20 000 exemplares. Que valor representa cada ?
b) Qual foi a quantidade vendida de cada revista?

12. O pictograma indica o consumo de leite numa escola.

Legenda

6 litros

Qual é o número de litros gastos na primeira semana? E na segunda?

CONSTRUINDO E INTERPRETANDO GRÁFICOS 139

4. Médias

1. Luiz é do time de basquete do 7º ano C. Nas 5 partidas que disputou pelo campeonato interclasses ele fez: 18, 12, 20, 11 e 19 pontos.
   O professor de Educação Física usou uma média para avaliar o desempenho dele.

   $$\text{Média de pontos por partida} = \frac{18 + 12 + 20 + 11 + 19}{5} = \frac{80}{5} = 16$$

   Somamos os pontos das 5 partidas e dividimos por 5.

   Parabéns, Luiz! Dezesseis pontos por partida é uma excelente média!

   Mas em nenhuma das partidas eu fiz 16 pontos!

   Uma média de 16 pontos por partida quer dizer que *se* os pontos fossem *divididos igualmente* entre as 5 partidas, Luiz teria feito 16 em cada uma.
   A média calculada nessa situação é uma **média aritmética**.
   Desde o 6º ano você tem resolvido questões envolvendo médias ou valores médios.
   Em muitas situações usamos **média ponderada**. Acompanhe.

2. Num curso de inglês, o aluno faz duas avaliações: uma oral e outra escrita. A prova escrita é considerada mais importante, por isso, na hora de calcular a média do aluno, ela tem *peso* 2.
   Vamos ver o que isso significa?
   Consideremos o exemplo de um aluno que obteve 8 na prova oral e 5 na prova escrita.

   $$\text{Média} = \frac{8 + 5 + 5}{3} = \frac{8 + 2 \cdot 5}{3} = \frac{18}{3} = 6$$

   A nota da prova escrita, que tem peso 2, deve ser multiplicada por 2.

   Apesar de serem duas notas, dividimos por 3 porque a prova escrita *vale por duas*. Logo, a média do aluno é 6.

   > Responda no caderno:
   > 1. Qual seria a média desse mesmo aluno se a escola atribuísse peso 2 somente à prova oral?
   > 2. Se a avaliação oral tivesse peso 2 e a escrita peso 3, por quanto teríamos de dividir a soma das notas?

EXERCÍCIOS

13. Calcule mentalmente a média aritmética dos números.

   a) 801   803   805   807

   b) 205   209   208   214

14. Comprei duas bolas. Qual é o preço médio dessas duas bolas?

15. Um carro rodou 16 209 quilômetros num ano, 9 643 em outro ano e 18 476 no ano seguinte. Em média, quantos quilômetros ele rodou por ano?

16. Veja os resultados de uma rodada de um torneio de futebol.

   5 × 2   3 × 1   0 × 0   3 × 2   1 × 1

   Responda.
   a) Quantas partidas foram realizadas?
   b) Quantos gols foram marcados?
   c) Qual foi a média de gols por partida?

17. A média de sete números é 90. Seis desses números são:

   74   101   68   97   86   120

   Qual é o número que falta?

18. O peso médio de 5 melancias é 4,6 kg. Quatro delas têm peso médio de 4,2 kg. Qual é o peso da quinta melancia?

19. A tabela mostra a distribuição das idades dos jogadores de um time de futebol.

Número de jogadores	Idade (em anos)
2	18
4	22
2	24
3	27

Qual é a média das idades dos jogadores?

20. O dono de uma quitanda comprou batatas de três produtores. Pagou a um deles R$ 15,00 por 10 kg; a outro, R$ 27,00 por 20 kg e ao terceiro, R$ 36,00 por 30 kg.

a) Quantos quilogramas de batatas ele comprou?
b) Que quantia gastou nessa compra?
c) Quanto pagou, em média, pelo quilo de batata?

21. (Fesp-RJ) A escola tem 350 alunos e a cantina vendeu 4 025 hambúrgueres em setembro. Qual foi o consumo médio por aluno, nesse mês?

a) 9   b) 9,5   c) 10,5   d) 11,5

22. (Vunesp) Em uma determinada cidade canadense, às 8 horas da manhã as temperaturas registradas ao longo de uma semana foram:

2ª-feira	−4 °C
3ª-feira	−5 °C
4ª-feira	−1 °C
5ª-feira	0 °C
6ª-feira	2 °C
Sábado	1 °C
Domingo	0 °C

A temperatura média, nessa semana às 8 horas da manhã, foi de:

a) 0 °C   b) 1 °C   c) −1 °C   d) −2 °C

23. (UERJ) Seis caixas-d'água cilíndricas iguais estão assentadas no mesmo piso plano e ligadas por registros (R) situados nas suas bases, como sugere a figura a seguir:

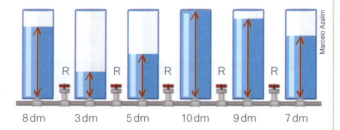

Após a abertura de todos os registros, as caixas ficaram com os níveis de água no mesmo plano. A altura desses níveis, em dm, equivale a:

a) 6,0   b) 6,5   c) 7,0   d) 7,5

24. (UFPR) Um trajeto pode ser feito de automóvel, em uma hora e quarenta e cinco minutos, à velocidade média de 80 quilômetros por hora. Em quanto tempo se faz o mesmo trajeto à velocidade média de 70 quilômetros por hora?

a) 2 horas
b) 1 hora e 55 minutos
c) 2 horas e 10 minutos
d) 2 horas e 15 minutos

25. (Refap) Uma prova foi aplicada em uma turma de 20 alunos. A nota mais alta foi 9,3 e a nota mais baixa, 4,7. A média aritmética das 20 notas é 7,0.

Retirando-se a nota mais alta e a nota mais baixa, a média aritmética das 18 notas restantes:
a) diminui mais do que 1 ponto.
b) diminui menos do que 1 ponto.
c) aumenta mais do que 1 ponto.
d) aumenta menos do que 1 ponto.
e) permanece inalterada.

> O enunciado abaixo refere-se às questões de números 26 e 27.

(Prominp) Vinte alunos foram submetidos a uma prova de 5 questões. O gráfico mostra, para cada uma das questões, a porcentagem dos alunos que acertaram tal questão.

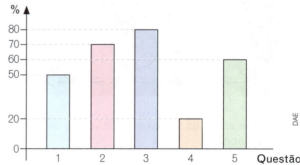

26. Quantas questões foram acertadas por mais de 60% dos alunos?

a) 1   b) 2   c) 3   d) 4

27. Se cada uma das questões valia 1 ponto, qual a média de pontos da turma?

a) 2,7   b) 2,8   c) 2,9   d) 3,0

SEÇÃO LIVRE

(CPII) Em 2 de outubro de 2009, todo o povo brasileiro comemorou quando assistiu ao vivo, pela televisão, direto da cidade de Copenhague, na Dinamarca, o anúncio da eleição da cidade do Rio de Janeiro como sede das Olimpíadas de 2016.

O gráfico abaixo mostra o número de medalhas obtidas pelo Brasil nas Olimpíadas, desde Moscou, em 1980, até Londres, em 2012.

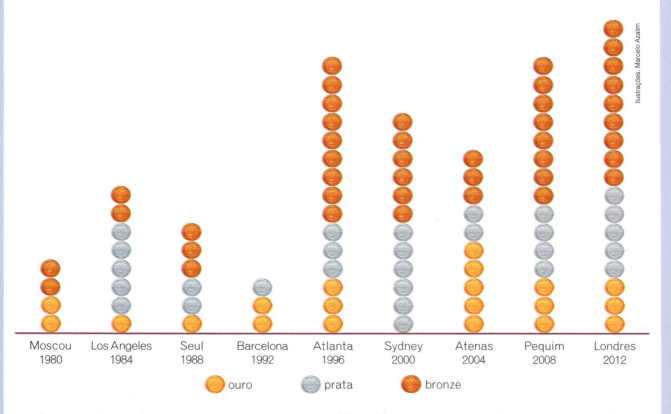

Observando as informações contidas no texto e gráfico acima, responda no caderno às perguntas abaixo:

a) Copie e complete o quadro com a quantidade de medalhas obtidas pelo Brasil de 1996 até 2012:

Ano da Olimpíada	Quantidade de medalhas
1996	
2000	
2004	
2008	
2012	

b) Qual é a quantidade média de medalhas conquistadas pelo Brasil nas últimas cinco Olimpíadas?

c) A próxima Olimpíada será a do Rio de Janeiro. Quantas medalhas de ouro o Brasil deverá obter nessa Olimpíada para ficar com a média de 4 medalhas de ouro no período de 1996 a 2016?

CONSTRUINDO E INTERPRETANDO GRÁFICOS

5. Moda e mediana

As médias têm grande importância na análise de dados. No entanto, há outros valores que complementam e auxiliam esta análise. Estudaremos aqui os conceitos de **moda** e de **mediana** e suas aplicações.

Moda

A tabela e o gráfico a seguir mostram a distribuição de salários num escritório com 15 funcionários.

Salário (R$)	Frequência
1.000,00	7
1.500,00	4
2.000,00	3
5.000,00	1
Total de funcionários = 15	

Aqui, a frequência indica o número de funcionários que recebe cada valor de salário.

O salário médio do escritório é calculado por uma média ponderada:

$$M = \frac{1000 \cdot 7 + 1500 \cdot 4 + 2000 \cdot 3 + 5000 \cdot 1}{15} =$$

$$= \frac{7000 + 6000 + 6000 + 5000}{15} = \frac{24000}{15} = 1600$$

O salário médio é de R$ 1.600,00.

Observe que a maioria dos funcionários (11 num total de 15) ganha abaixo dessa média! A média foi "puxada para cima" pelo salário mais alto, de R$ 5.000,00. No entanto, é fácil observar, tanto na tabela como no gráfico, que o salário com maior frequência é o de R$ 1.000,00. Diremos que **R$ 1.000,00** é a **moda** dessa distribuição de frequências, pois é o valor que o maior número de funcionários recebe (7 funcionários). Nesta situação, a moda nos deu uma medida mais próxima da realidade dos dados.

> **Moda** é o valor que ocorre com maior frequência num conjunto de valores.

REFLETINDO

Os médicos doutor Alfredo e doutor Carlos marcaram em uma tabela o número de consultas feitas por eles na semana. Observe com atenção o conjunto de dados de cada um e responda no caderno:

	2ª-feira	3ª-feira	4ª-feira	5ª-feira	6ª-feira
Alfredo	6	8	6	8	5
Carlos	5	7	8	6	9

a) Há somente um valor predominante para os dados do doutor Alfredo?
b) Os dados do doutor Carlos apresentam moda?
c) Discuta com os colegas: um conjunto de valores pode:
  ◆ ter mais do que uma moda? ◆ não ter moda?

EXERCÍCIOS

28. Observe a figura.

a) Qual é a moda?
b) Qual é a média das alturas das quatro pessoas?

29. As notas de um aluno no 3º bimestre foram:

| 8 | 6 | 4 | 10 | 5 | 6 |

a) Qual é a moda?
b) No 4º bimestre se as notas forem acrescidas, de 1 ponto, responda, sem calcular as médias aritméticas, qual a relação entre as médias obtidas no 3º e 4º bimestres?

30. Foi feita uma pesquisa com os 20 alunos de uma turma de 7º ano, sobre o número de irmãos.

A tabela refere-se aos resultados dessa pesquisa.

Número de irmãos	0	1	2	3	5
Frequência	3	9		2	1

a) Quantos alunos têm 2 irmãos?
b) Quantos alunos têm menos de 3 irmãos?
c) Qual é a porcentagem de alunos que só tem 1 irmão?
d) Quantos alunos têm pelo menos 2 irmãos?
e) No número de irmãos, qual é a moda?

31. (SEE-RJ) As notas dos alunos de uma determinada escola estão apresentadas no gráfico a seguir:

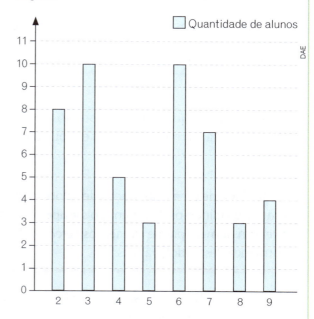

O eixo vertical mostra a quantidade de alunos e o eixo horizontal mostra as notas desses alunos.

a) Qual a moda das notas?
b) Qual a média aritmética das notas desses alunos?

32. Para realizar um trabalho sobre "meio ambiente", cinco estudantes gastaram os seguintes tempos:

| 1 h 40 min | 1 h 10 min |

| $\frac{9}{4}$ h | 0,5 h | $\frac{7}{6}$ h |

a) Qual foi a moda?
b) Qual foi, em média, o tempo gasto no trabalho?

33. Copie e complete o quadro de valores de modo que a média aritmética seja igual à moda.

9	5	7	3	7	12
7	4	10		2	7

Mediana

Vamos retomar a tabela do escritório.

Salário (R$)	1.000,00	1.500,00	2.000,00	5.000,00	Total de funcionários = 15
Frequência	7	4	3	1	

Escreveremos os valores dos 15 salários em ordem crescente:

1000, 1000, 1000, 1000, 1000, 1000, 1000, 1500, 1500, 1500, 1500, 2000, 2000, 2000, 5000

7 valores | valor central | 7 valores

Há um valor que ocupa a posição central dessa distribuição ordenada de dados: 1 500. Metade dos dados está acima deste valor e a outra metade, abaixo. O valor 1 500 é a mediana deste conjunto de dados.

> **Mediana** de uma distribuição de valores colocados em ordem crescente é o valor que ocupa a posição central, dividindo os dados em dois grupos com o mesmo número de elementos. Se a distribuição tiver um número par de elementos, teremos dois valores centrais e, nesse caso, a mediana será a média aritmética destes dois valores.

Se no escritório do nosso exemplo fosse contratado um funcionário com salário de R$ 1.300,00, teríamos 16 elementos na distribuição. Observe:

1000, 1000, 1000, 1000, 1000, 1000, 1000, 1300, 1500, 1500, 1500, 1500, 2000, 2000, 2000, 5000

7 valores | valores centrais | 7 valores

A mediana seria então a média aritmética entre 1 300 e 1 500:

$$\text{Mediana} = \frac{1300 + 1500}{2} = 1400$$

> A mediana pode ser um número que não faz parte da distribuição, como aconteceu nesta situação.

1. Organizem-se para medir a altura em centímetros de cada aluno da classe. Registrem nome e altura numa tabela.
   a) Determinem a moda e a mediana do conjunto de medidas.
   b) Calculem a média das alturas.
   c) Analisem moda, mediana e média observando se os valores estão próximos, se há alturas muito distantes da média, se a moda é significativa, enfim.

2. Respondam no caderno.
   a) Qual é a moda do conjunto de letras da palavra MATEMÁTICA? Fez sentido falar em média desse conjunto?
   b) A idade média de um grupo de alunos é 12 anos. Dois alunos com idades de 9 e 15 anos saíram do grupo. A média de idade mudou?

Vocês precisarão de fita métrica ou trena para realizar esta atividade.

EXERCÍCIOS

34. Leia o diálogo entre o professor e sua filha.

Responda:
Que quantidades o garçom deve ter registrado na comanda?

- pizzas
- doces
- sucos
- cafés

35. Considere o conjunto de valores:

| 2 | 5 | 7 | 8 | 11 | 17 | 20 |

a) Qual é a moda?
b) Qual é a mediana?
c) Calcule a média aritmética.
d) Modifique só um dos valores de modo que a média suba para 11.

36. Um dado foi lançado várias vezes, sendo o número da face virada para cima registrado no quadro abaixo.

a) Quantas vezes foi lançado o dado?
b) Qual é a moda?
c) Qual é a mediana?
d) Calcule a média dos lançamentos.

37. (Liar-SP) Os salários-hora dos funcionários do setor de expedição de uma empresa estão relacionados na tabela.

Funcionário	Salário-hora (R$)
A	7,20
B	6,80
C	8,70
D	9,10
E	7,20
F	7,00
G	9,50
H	8,40

O salário-hora mediano desse setor é:

a) R$ 7,80
b) R$ 8,15
c) R$ 8,55
d) R$ 9,17

38. Determine a média, a moda e a mediana do seguinte conjunto de valores:

| 2 | −1 | 0 | −3 | 2 | 3 |

39. Considere o seguinte conjunto de valores ordenados:

| 8 | 9 | 10 | x | y | 13 | 14 | 18 |

a) Determine x e y de modo que a mediana seja 12.
b) Quais os valores possíveis de x e de y de modo que a mediana seja 11,5?

40. (Saresp) Foi feita uma pesquisa sobre a altura dos alunos de uma série de uma escola. A média foi de 1,51 m e a mediana foi de 1,53 m. Com base nesta pesquisa, podemos afirmar com certeza que, dentro desta série:

a) a maior altura é de 1,53 m.
b) a menor altura é de 1,51 m.
c) metade dos alunos mede 1,53 m ou mais.
d) metade dos alunos mede 1,51 m ou menos.

6. Estudando um orçamento familiar

Você sabe o que é um **orçamento**?

Orçamento é uma previsão de gastos. Os orçamentos são feitos para que os governos, as empresas, as famílias etc. possam planejar como irão gastar o dinheiro recebido em determinado período, como um mês ou um ano.

Vamos imaginar que uma família receba mensalmente certa quantia (de salário ou outras fontes de renda, como aluguel). De acordo com a quantia recebida, é feita uma distribuição prevendo quanto será gasto em alimentação, transporte, educação, lazer e outros setores.

SEÇÃO LIVRE

Esta atividade envolve organização de dados, cálculo de porcentagens e construção de gráficos. Organizem-se em grupos de quatro alunos. Cada quarteto elaborará o orçamento mensal de uma família fictícia com renda entre 2 e 6 salários mínimos. Criem o perfil da família levando em consideração:

- número de pessoas que compõem a família, sexo, idade, quantos trabalham e em quais profissões;
- renda da família;
- breve descrição da família criada: Moram em casa própria ou alugada? Usam transporte público? Os filhos frequentam escola pública? Têm plano de saúde? Quais são os hábitos de lazer? etc.

Definido o perfil da família, cada quarteto pesquisará quanto a família gastaria em média por mês nos setores abaixo indicados. Conversem com pessoas, pesquisem na internet, jornais, órgãos oficiais etc. Lembrem-se de adequar os gastos à renda da família.

Alimentação:
- Gastos com supermercado, feira, padaria, refeições ou lanches no trabalho/escola.

Moradia:
- Gastos com: aluguel ou prestações da casa própria, condomínio, IPTU, contas de água, luz, telefone fixo e celular, gás. Incluir, se houver TV a cabo e internet.

Transporte:
- Gastos com passagens de ônibus, trem, metrô etc. Se a família possui carro, colocar gastos com combustível, seguro e IPVA.

Saúde e Educação:
- Gastos com plano de saúde e remédios de uso comum (analgésicos, antissépticos etc.).
- Gastos com mensalidade escolar e cursos se houver.

Lazer e despesas pessoais:
- Gastos com lanchonetes, restaurantes, cinema, teatro, dvd's, passeios em geral, viagens.
- Gastos com vestuário, eventuais presentes, compra de livros, revistas, acessórios, cabeleireiro, academia, sempre de acordo com a renda familiar.

Terminada a pesquisa, organizem os dados em uma tabela com setor e gastos do setor. Calculem o percentual da renda total comprometido mensalmente em cada setor. Construam um gráfico de setores para representar e analisar os dados. Cada quarteto apresentará seu trabalho. A classe discutirá o equilíbrio e a adequação dos orçamentos bem como a importância de fazê-los na família, nas empresas, nos municípios etc.

REVISANDO

41. O quadro seguinte é um registro da atuação de um time de futebol durante os primeiros cinco meses da temporada.

	Vitória	Empate	Derrota
Janeiro	2	2	2
Fevereiro	1	1	4
Março	3	1	2
Abril	2	1	3
Maio	1	3	2

a) Quantos jogos o time realizou durante os primeiros três meses?
b) Quantos jogos o time ganhou durante os primeiros cinco meses?
c) Em que mês o time teve o pior desempenho?
d) Em que mês o time teve o melhor desempenho?

42. (Saresp) Uma pesquisa foi respondida por 200 pessoas, que indicaram o local que mais frequentam nos finais de semana. A distribuição das respostas está registrada na tabela seguinte:

	Shopping	Clube	Restaurante	Praia
Número de respostas	100	50	30	20

Qual o gráfico de setores que representa o resultado dessa pesquisa?

43. Um terreno foi dividido do seguinte modo:

- 25% para a construção da casa;
- 50% para o pomar;
- 20% para a horta;
- 5% para o jardim.

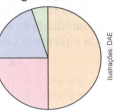

Copie e complete o gráfico, indicando o que representa cada um dos setores circulares.

44. Veja o gráfico circular ao lado, que mostra como uma empresa gasta mensalmente R$ 50.000,00 destinados à publicidade.

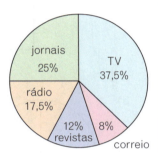

Copie e complete o quadro.

	Porcentagem	Despesa (R$)
TV	37,5%	
Jornais		
Rádio		
Revistas		
Correio		
Total	100%	50 000

45. O gráfico abaixo representa uma pesquisa de opinião sobre a preferência por sucos.

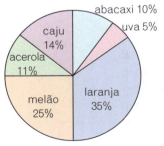

a) Qual foi o suco mais indicado?
b) Quanto mede o ângulo central do setor que representa o suco de melão?
c) Quanto mede o ângulo central do setor que representa o suco de laranja?

46. (Saresp) Em um 6º ano que tem 40 alunos de 9 a 12 anos foi elaborado um gráfico para informar a quantidade de alunos por idade. Qual é o gráfico que interpreta corretamente essa situação?

a)
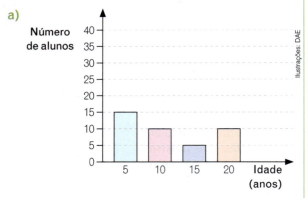

b)
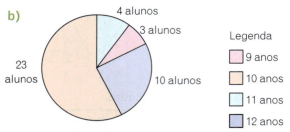

c)
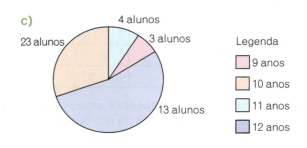

d)
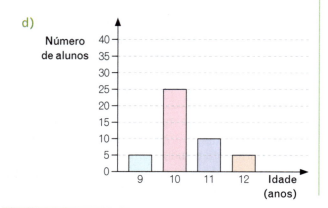

47. O pictograma mostra o número de quartos de um hotel reservados por uma agência de turismo para os seguintes meses do ano:

a) Quantos quartos foram reservados no mês de outubro?

b) Em que mês foram reservados menos quartos? Quantos?

c) Sabendo que foram reservados 65 quartos para o mês de dezembro, desenhe a coluna do pictograma correspondente a esse mês.

48. Este pictograma representa as vendas de pães em determinada semana.

Venda diária de pães	
Segunda-feira	🥖🥖🥖🥖🥖🥖
Terça-feira	🥖🥖🥖🥖
Quarta-feira	🥖🥖🥖🥖🥖🥖
Quinta-feira	🥖🥖🥖
Sexta-feira	🥖🥖🥖🥖🥖
Sábado	🥖🥖🥖🥖🥖🥖🥖
Domingo	🥖🥖🥖🥖🥖

a) Na terça-feira foram vendidos 112 pães. Que valor representa cada 🥖?

b) Em que dia se vendeu mais pão?

c) Quantos pães foram vendidos no domingo?

d) Quantos pães foram vendidos na sexta-feira?

49. O gráfico mostra a produção e as vendas de uma fábrica de cadeiras durante os quatro primeiros meses do ano.

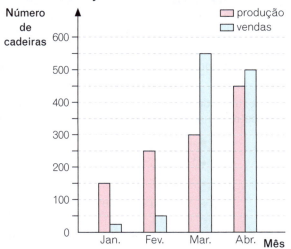

a) Em que meses as vendas foram maiores que a produção?

b) No mês de janeiro, 125 cadeiras foram colocadas no estoque. E no mês de fevereiro?

c) Será que a fábrica conseguiu entregar todas as cadeiras que vendeu no mês de março? E em abril? Justifique sua resposta.

50. Numa escola há 120 alunos. O gráfico indica o número de alunos inscritos em cada modalidade esportiva praticada na escola. Cada aluno só pratica um esporte.

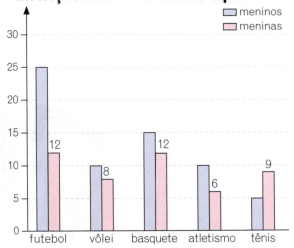

a) Qual é o esporte mais praticado na escola?

b) Quantos alunos da escola, meninos e meninas, praticam basquete?

c) Em qual modalidade esportiva o número de meninas é maior que o número de meninos?

d) Quantos alunos da escola, meninos e meninas, não praticam nenhum esporte? Explique como chegou à resposta.

51. O gráfico apresenta os salários de uma empresa e o número de funcionários que os receberam durante o mês de maio de 2011.

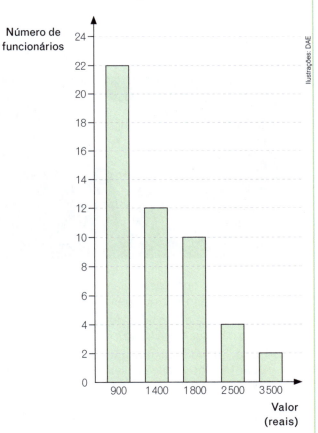

a) Qual é o número de funcionários pesquisados?

b) Em abril de 2011, o salário mínimo no Brasil era de R$ 545,00. Qual é o número de funcionários dessa empresa que recebia menos de três salários mínimos?

52. Uma embalagem mostra a seguinte tabela, que indica o número de latas de ração necessárias para alimentar um cão.

Peso do cão (kg)	Número de latas de ração por dia
10	1
15	$1 + \frac{1}{4}$
20	$1 + \frac{1}{2}$
25	$1 + \frac{3}{4}$
30	2

a) Em 2 dias, quantas latas devem ser consumidas por um cão que pesa 15 kg?

b) Em 8 dias, quantas latas devem ser oferecidas a um cão que pesa 25 kg?

c) Dona Eliana tem um cão que pesa 20 kg. Quantas latas devem ser consumidas pelo seu cão durante uma semana?

53. Carlinhos conseguiu fazer as seguintes economias em 6 meses seguidos:

(em reais)

Qual foi a média mensal de suas economias?

54. Num laticínio, o queijo estava sendo vendido assim:

9 kg	18 kg
R$ 17,50	R$ 16,00
cada quilograma	cada quilograma

Qual é o preço médio do quilograma de queijo, considerando o total de quilogramas anunciado?

55. O extrato do mês de abril de uma conta bancária mostrou que um cliente tinha os seguintes saldos:

- R$ 40,00 durante 7 dias;
- R$ 65,00 durante 4 dias;
- R$ 57,00 durante 10 dias;
- R$ 120,00 durante 9 dias.

Qual foi o saldo médio do cliente no mês de abril?

56. **Tarefa especial**

Faça com os colegas uma pequena pesquisa sobre o preço de um mesmo produto em pelo menos 6 lojas diferentes.

a) Calcule a média dos preços dos produtos.

b) Em seguida, faça uma tabela indicando as lojas que cobram um preço abaixo ou acima da média para o produto pesquisado.

Onde comprar?

DESAFIOS NO CADERNO

57. A tabela sobre o peso, em quilos, está incompleta, falta um dado. A média dos pesos é 51 quilos.

53	49	55	50	48
52	54	48	52	

Qual é o valor que falta na tabela?

58. Numa cidade europeia, a média das temperaturas máximas nos primeiros 5 dias de uma semana foi de 0 °C. Nos últimos 2 dias dessa semana as temperaturas máximas foram −3 °C e −4 °C. Qual é a média das temperaturas máximas dessa semana?

59. (Vunesp) Se a professora de matemática gastar 7,5 minutos, em média, na correção de cada prova, ela poderá corrigir todas as provas em 5 horas. Como pretende concluir a correção em apenas 4 horas, o tempo médio gasto na correção de cada prova deverá ser de, no máximo:

a) 7 minutos
b) 6 minutos
c) 5,5 minutos
d) 6,2 minutos

60. Um carro bicombustível foi abastecido com 20 litros de álcool e 10 litros de gasolina num posto onde o preço do litro de álcool é R$ 2,05 e do litro de gasolina é R$ 3,40. Qual é o preço médio da mistura do combustível utilizado?

61. (Vunesp) O gráfico mostra os resultados operacionais trimestrais de uma grande empresa, em milhões de reais, em 2010 e no primeiro trimestre de 2011.

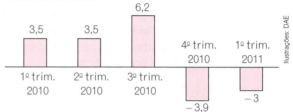

Nos cinco trimestres considerados, o resultado operacional médio trimestral dessa empresa foi, em milhões de reais, um:

a) lucro de 1,26.
b) lucro de 2,64.
c) prejuízo de 3,45.
d) prejuízo de 6,90.

62. (CPII-RJ) Foi feita uma pesquisa numa determinada escola a respeito dos meios de locomoção usados pelos alunos para percorrerem o trajeto de casa até a escola. O resultado está representado abaixo:

Meio de locomoção	Número de alunos
ônibus	72
carro	60
bicicleta	13
a pé	32
outros	3
Total de alunos entrevistados: 180	

Meios de locomoção utilizados

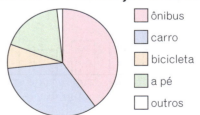

a) Qual o percentual correspondente aos alunos que vão para a escola de ônibus em relação ao total de entrevistados?

b) Qual a medida do ângulo do setor representativo dos alunos que vão para a escola a pé?

AUTOAVALIAÇÃO

Anote no caderno o número do exercício e a letra correspondente à resposta correta.

63. (Saresp) Os alunos de uma escola responderam a um questionário indicando o gênero musical que mais lhes agradava. Os resultados da pesquisa aparecem no gráfico abaixo:

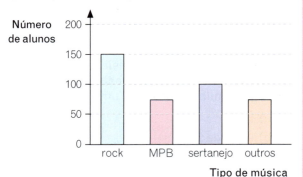

Quantos alunos, aproximadamente, responderam à pesquisa?

a) 150
b) 350
c) mais de 350
d) mais de 200 e menos de 300

64. (Enem) Uma pesquisa de opinião foi realizada para avaliar os níveis de audiência de alguns canais de televisão, entre 20h e 21h, durante determinada noite. Os resultados obtidos estão representados no gráfico de barras abaixo:

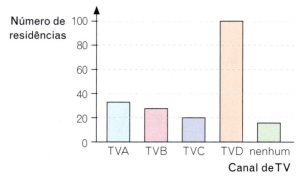

A porcentagem de entrevistados que declararam estar assistindo à TVB é aproximadamente igual a:

a) 15%
b) 20%
c) 27%
d) 30%

65. (Saresp) Em uma escola com 800 alunos, realizou-se uma pesquisa sobre o esporte preferido dos estudantes. Os resultados estão representados na figura abaixo.

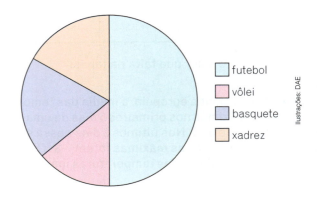

Observando a figura, é correto dizer que:

a) o futebol foi escolhido por 400 alunos.
b) o basquete foi escolhido por 210 alunos.
c) o vôlei foi escolhido por 120 alunos.
d) o xadrez foi escolhido por 90 alunos.

66. O gráfico abaixo representa o mercado da aviação, na rota São Paulo-Rio-Belo Horizonte em determinado ano.

Usuários das empresas de aviação

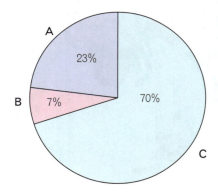

O ângulo central do setor circular que define a parte dos usuários da empresa C é de:

a) 240°
b) 252°
c) 260°
d) 308°

67. (Vunesp) Em 8/5/2000, o jornal *Folha de S. Paulo* publicou uma reportagem com o título "Atenção a hipertenso é falha no país", na qual foi exibido o gráfico abaixo. Ele descreve a distribuição porcentual dos especialistas de várias áreas médicas que responderam à pesquisa.

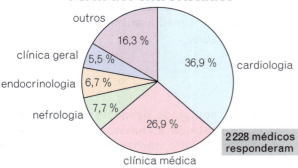

Diante dos dados publicados, pode-se concluir que o número de cardiologistas que respondeu à pesquisa foi de, aproximadamente:

a) 63   b) 432   c) 603   d) 822

68. (UERJ) Às vésperas das eleições, verificou-se que todos os dois mil eleitores pesquisados tinham pelo menos dois nomes em quem, certamente, iriam votar. Nos quatro gráficos abaixo, o número de candidatos que cada eleitor já escolheu está indicado no eixo horizontal e cada "carinha" representa 100 eleitores.

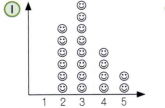
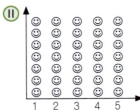
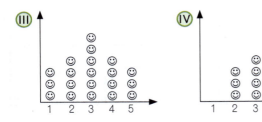

O gráfico que está de acordo com os dados da pesquisa é o de número:

a) I   b) II   c) III   d) IV

Os dados a seguir referem-se às questões de números 69, 70 e 71.

(Saresp) O gráfico abaixo apresenta dados referentes a acidentes ocorridos em uma rodovia federal num certo período de tempo.

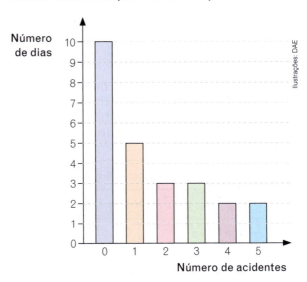

69. De acordo com o gráfico, no período observado:

a) ocorreram 43 acidentes em 23 dias.
b) ocorreram 38 acidentes em 25 dias.
c) ocorreram 16 acidentes fatais.
d) ocorreram 3 acidentes por dia.

70. A média de acidentes por dia foi, aproximadamente:

a) 0,6   c) 1,8
b) 1,5   d) 2,2

71. De acordo com o gráfico, é verdade que a média de acidentes a cada 5 dias é:

a) 6,5   c) 8
b) 7,6   d) 8,2

72. A média aritmética de cinco números é 8,5. Se a um desses números acrescentarmos 2 unidades, a média aritmética passará a ser:

a) 8,3   c) 8,7
b) 8,6   d) 8,9

73. Em uma eleição para presidente da República, três eleitores gastaram para votar, respectivamente, 1 minuto e 36 segundos, 2 minutos e 4 segundos e 1 minuto e 28 segundos. Qual foi, em média, o tempo que esses eleitores levaram para votar?

a) 1 minuto e 24 segundos.
b) 1 minuto e 34 segundos.
c) 1 minuto e 44 segundos.
d) 2 minutos e 24 segundos.

74. (Saresp) Os vendedores de uma grande loja de eletrodomésticos venderam, no segundo bimestre de 2007, uma quantidade de geladeiras especificada na tabela abaixo.

Vendedor	Número de geladeiras vendidas	
	Março	Abril
Ana Luísa	2	3
Evandro	12	4
Fernando	3	7
Helena	5	4
Pedro	6	4

Nessa loja, a venda bimestral por vendedor foi, em média, de:

a) 6 geladeiras.
b) 8 geladeiras.
c) 10 geladeiras.
d) 12 geladeiras.

75. (Uniube-MG) Comprei 5 doces a R$ 1,80 cada um, 3 doces a R$ 1,50 e 2 doces a R$ 2,50 cada. O preço médio, por doce, foi:

a) R$ 1,75
b) R$ 1,85
c) R$ 1,93
d) R$ 2,00

76. (FCC-SP) A média aritmética de um conjunto de 11 números é 45. Se o número 8 for retirado do conjunto, a média aritmética dos números restantes será:

a) 42
b) 48
c) 47,5
d) 48,7

77. (Uece) A equipe de basquete da minha escola é composta de 5 alunos, com altura média de 1,72 m. Quatro dessas alturas são 1,70 m; 1,84 m; 1,73 m; 1,68 m. Qual alternativa apresenta a diferença entre a maior e a menor altura dos alunos da equipe?

a) 7 cm
b) 16 cm
c) 19 cm
d) 20 cm

78. (Unifor-CE) Em certa eleição municipal foram obtidos os seguintes resultados:

Candidato	Porcentagem do total de votos	Número de votos
A	26%	
B	24%	
C	22%	
Nulos ou em branco		196

O número de votos obtidos pelo candidato vencedor foi:

a) 178
b) 182
c) 184
d) 188

UNIDADE 7
Sólidos geométricos

Veja nas ilustrações alguns sólidos geométricos.

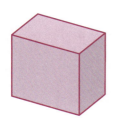     

Sólidos geométricos são figuras tridimensionais. A esfera, o cubo, a pirâmide são exemplos de sólidos geométricos.

Sólidos geométricos têm volume.

Muitos objetos e construções humanas têm a forma de sólidos geométricos. Por isso, é importante estudar as características e as propriedades dessas figuras.

1. Poliedros

Os sólidos geométricos ilustrados abaixo são poliedros.

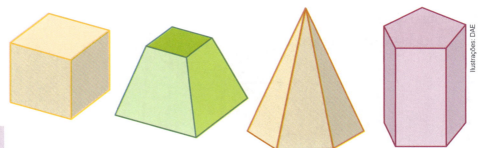

Lembrando!

Triângulos, quadriláteros, pentágonos, hexágonos etc. são polígonos.

A superfície dos poliedros é formada por polígonos. Esses polígonos são as faces do poliedro.

SÓLIDOS GEOMÉTRICOS **157**

Os poliedros recebem nomes de acordo com o número de faces que apresentam. Veja os exemplos:

4 faces ⟶ tetraedro
6 faces ⟶ hexaedro
8 faces ⟶ octaedro
12 faces ⟶ dodecaedro
20 faces ⟶ icosaedro

A palavra **poliedro** se origina da língua grega.
Poli em grego significa "muitos".
Edro em grego significa "face".

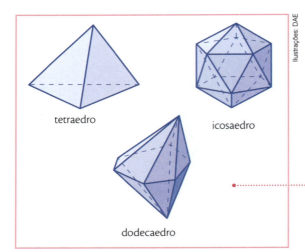

REFLETINDO

Este sólido é um cilindro. O cilindro é um poliedro? Por quê?

No exercício 4 você vai nomear poliedros!

Além das faces, identificamos nos poliedros vértices e arestas.
O poliedro abaixo tem 12 arestas e 6 vértices. Ele tem 8 faces triangulares: é um octaedro.

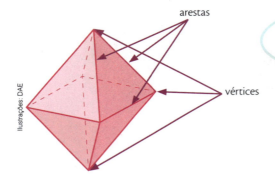

A intersecção de:
• 2 faces forma uma aresta;
• 3 ou mais arestas formam um vértice.

Arestas são segmentos de reta, e vértices são pontos!

Observe a figura e responda no caderno.
1. Qual é o nome deste poliedro?

2. Quantos vértices e quantas arestas ele apresenta?
3. Qual é a forma de suas faces?

EXERCÍCIOS

1. Veja as figuras:

  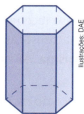

 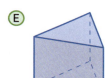

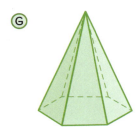 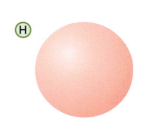

Indique os sólidos:

a) com superfície(s) formadas(s) apenas por figuras planas;

b) que têm superfícies(s) curvas(s);

c) que têm faces que são triângulos;

d) que têm faces que são retângulos.

2. Copie o texto e complete-o.

Os sólidos geométricos que são formados apenas por superfícies planas se chamam ▨▨▨ e essas superfícies planas se chamam ▨▨▨.

3. Veja os sólidos geométricos representados:

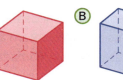 

 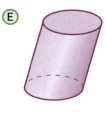 

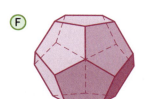 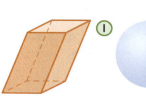

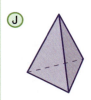 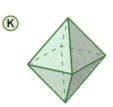 

Indique:

a) aqueles que são poliedros;

b) aqueles que não são poliedros.

4. Faça a correspondência do número com a letra.

 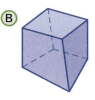

5	pentaedro
6	hexaedro
7	heptaedro
8	octaedro

SÓLIDOS GEOMÉTRICOS **159**

2. Prismas e pirâmides

Prismas

Há poliedros que apresentam propriedades especiais, por isso recebem nomes especiais.
Os **prismas** são poliedros que apresentam as seguintes características:

- têm duas faces opostas paralelas chamadas **bases do prisma**. As bases são polígonos idênticos que podem ser triângulos, quadriláteros, pentágonos etc.;
- as demais faces são paralelogramos. (Nos exemplos abaixo, são retângulos. Lembre-se: retângulos são paralelogramos que apresentam 4 ângulos retos.)

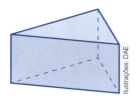

Este é um prisma de bases triangulares. Suas faces laterais são retângulos.

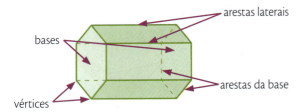

Este é um prisma de bases hexagonais. Como são poliedros, além das faces os prismas apresentam arestas e vértices.

Vocês vão perceber que os blocos retangulares e os cubos são os prismas cujas formas aparecem com maior frequência nos objetos e nas construções presentes em nosso cotidiano.
Nos blocos retangulares e nos cubos, quaisquer duas faces opostas podem ser consideradas bases.

Blocos retangulares têm 6 faces retangulares.

Os cubos são blocos retangulares com 6 faces quadradas.

Faça estas atividades com os colegas.

1. Escrevam no caderno uma lista de objetos em forma de prisma.
2. Observem e respondam: Este poliedro é um prisma? Por quê?

3. O bloco retangular e o cubo são hexaedros? Por quê?
4. Um prisma tem bases triangulares. Quantos vértices ele tem?

Pirâmides

Estes poliedros são **pirâmides**.
Pirâmides apresentam uma base, que pode ser um triângulo, um quadrilátero ou outro polígono. As faces laterais são triângulos com um vértice comum chamado **vértice da pirâmide**.

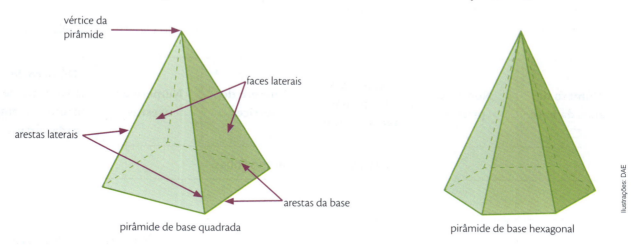

pirâmide de base quadrada

pirâmide de base hexagonal

Quando seccionamos uma pirâmide paralelamente à base como vemos na figura abaixo, obtemos uma nova pirâmide e outro sólido chamado **tronco de pirâmide**.

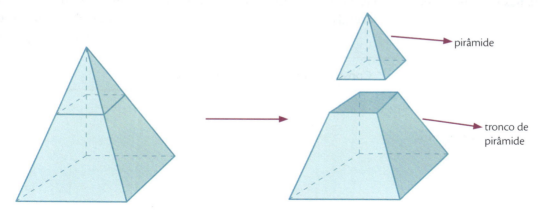

Faça estas atividades.

1. Escreva no caderno que características diferenciam prismas de pirâmides. Confira suas observações com seus colegas e com o professor.

2. Encontre algum objeto que tenha a forma de tronco de pirâmide.

3. Os poliedros podem ser prismas, pirâmides ou nenhum dos dois. Pense e responda:
   a) O tronco de pirâmide é um poliedro?
   b) O tronco de pirâmide é um prisma?
   c) Qual é a forma das faces laterais do tronco de pirâmide representado acima?

SÓLIDOS GEOMÉTRICOS **161**

Montando prismas e pirâmides

Trabalhe com um colega.

No final do livro, na seção **Moldes e malhas**, nas páginas 273 a 277, vocês encontram modelos de três prismas e duas pirâmides planificados.

Copiem, recortem e montem cada modelo em cartolina.

Depois, manuseando e observando as figuras, construam e completem no caderno as tabelas a seguir.

Número de lados da base	Nome do prisma	Número e forma das faces laterais	Número de vértices	Número de arestas	Número de arestas que se encontram em cada vértice
Construa a tabela com três linhas.					

Número de lados da base	Nome da pirâmide	Número e forma das faces laterais	Número de vértices	Número de arestas	Número de arestas que se encontram em cada vértice	Número de arestas que se encontram no vértice da pirâmide
Construa a tabela com duas linhas.						

Reúna-se com um colega e respondam no caderno.

1. Observando os dados da tabela relativa aos prismas, montada na atividade acima, que relação podemos estabelecer entre o número de lados da base e:

    a) o número de vértices do prisma?

    b) o número de arestas do prisma?

2. Observando os dados da tabela relativa às pirâmides, que relação podemos estabelecer entre o número de lados da base e:

    a) o número de vértices da pirâmide?

    b) o número de arestas da pirâmide?

3. Com base nas conclusões obtidas, responda quantos vértices e quantas arestas tem:

    a) um prisma cujas bases são polígonos de 7 lados (heptágonos);

    b) uma pirâmide cuja base é um polígono de 10 lados (decágono).

EXERCÍCIOS

5. Como você acabou de ver, as pirâmides e os prismas são classificados de acordo com os polígonos da base. Agora, escreva os nomes dos polígonos e poliedros a seguir. Veja o exemplo.

 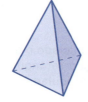 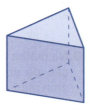

triângulo — pirâmide triangular — prisma triangular

a)

 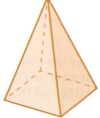 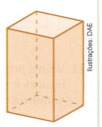

b)

  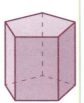

c)

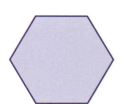  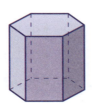

6. Dê um exemplo de um poliedro que tenha:

a) todas as faces iguais;
b) um número par de vértices;
c) um número ímpar de vértices;
d) pelo menos duas arestas com comprimentos diferentes.

7. Observe a representação de cinco poliedros. Realize as contagens necessárias para completar o quadro, escrevendo o número de vértices, faces e arestas de cada um dos sólidos geométricos.

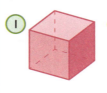 

I — II — III

 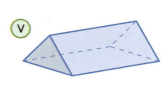

IV — V

Poliedro	Nº de faces F	Nº de vértices V	Nº de arestas A	F + V	A + 2
I	6	8	12	6 + 8 = 14	12 + 2 = 14
II					
III					
IV					
V					

Que conclusão você tira ao comparar as duas últimas colunas da tabela?

Em alguns poliedros, ocorre a seguinte situação:

número de faces + número de vértices =
= número de arestas + 2

Esta igualdade é conhecida por **Fórmula de Euler**, em homenagem ao matemático suíço Leonhard Euler, por ter sido o primeiro a divulgá-la.

Joseph Friedrich August Darbes. *Retrato de Leonhard Euler*, 1780. Óleo sobre tela, 61,3 cm × 47,3 cm.

SÓLIDOS GEOMÉTRICOS **163**

EXERCÍCIOS

8. Veja esta figura plana que depois de cortada e dobrada formará a superfície de um prisma.

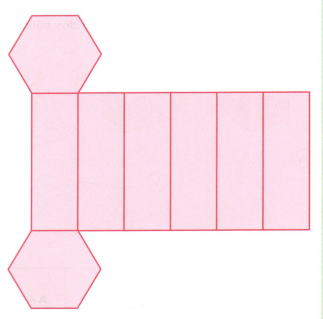

a) Qual dos quatro desenhos mostra esse prisma?

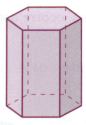 

b) Como você classifica esse prisma?
c) Quantos e quais são os polígonos que ele tem em suas faces?
d) Qual é o número de arestas? E de vértices?
e) Cada aresta da base do prisma hexagonal acima representado mede 5 cm. Enrolando um barbante com 1 metro de comprimento em volta do prisma, podemos dar três voltas completas?

9. Empilhei caixas cúbicas no canto de uma sala, mas me esqueci de contá-las. Quantas estão empilhadas?

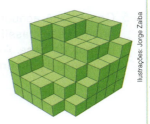

10. Na malha está iniciado o desenho da planificação de um bloco retangular. Reproduza-o em uma malha quadriculada e complete-o.

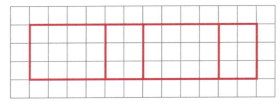

11. Veja a posição de um dado e de dois dados nas figuras e escreva em seu caderno quais são os números que estão nas faces:

a)   b)

Lembrete: as faces opostas de um dado somam sempre 7 pontos.

a) ◆ da frente: 1
   ◆ de trás: ▨
   ◆ de cima: 4
   ◆ de baixo: ▨
   ◆ do lado direito: 2
   ◆ do lado esquerdo: ▨

b) ◆ da frente: 2 6
   ◆ de trás: ▨ e ▨
   ◆ de cima: 1 3
   ◆ de baixo: ▨ e ▨
   ◆ do lado direito: 5
   ◆ do lado esquerdo: ▨ ou ▨

3. Poliedros regulares

Um polígono é regular se:

- todos os seus lados têm o mesmo comprimento;
- todos os seus ângulos têm a mesma medida.

Veja exemplos:

triângulo regular

quadrilátero regular

pentágono regular

hexágono regular

O quadrado é um polígono regular.

> Confira as medidas dos lados e dos ângulos internos de cada polígono com o auxílio de régua e de transferidor.

Temos polígonos regulares com três, quatro, cinco, seis, enfim, com qualquer número de lados. E um poliedro? Quando ele é regular?

Um poliedro é regular se:

- suas faces são todas polígonos regulares idênticos;
- todo vértice é ponto de encontro do mesmo número de arestas.

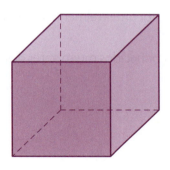

REFLETINDO

Esta pirâmide não é um poliedro regular. Você sabe explicar por quê?

O cubo é um poliedro regular porque suas 6 faces são quadrados idênticos e todo vértice é ponto de encontro de 3 arestas.

Será que, assim como os polígonos regulares, também existem infinitos poliedros regulares? Não, há somente 5 poliedros regulares. São eles:

tetraedro regular

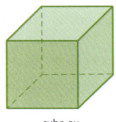
cubo ou hexaedro regular

octaedro regular

dodecaedro regular

icosaedro regular

Em dupla, construam em uma cartolina os poliedros regulares conforme os modelos planificados na seção **Moldes e malhas**, nas páginas 278 a 282. Copiem e completem a tabela a seguir no caderno.

Nome do poliedro	Número e forma das faces	Número de vértices	Número de arestas	Número de arestas convergindo em cada vértice
Construa a tabela com 5 linhas				

Os gregos antigos tinham grande interesse pela Geometria e estudaram os poliedros regulares, que se destacam não só por suas propriedades, mas também pela beleza de suas formas.

Conta-se que eles associaram os poliedros regulares aos quatro elementos:

- fogo — tetraedro regular;
- terra — hexaedro regular (cubo);
- ar — octaedro regular;
- água — icosaedro regular.

O quinto poliedro — dodecaedro — representava o próprio Universo.

REFLETINDO

Pense e responda no caderno se entre os poliedros regulares existem:
- prismas;
- pirâmides.

Teaetetus, um matemático nascido em Atenas por volta de 414 a.C., foi provavelmente o primeiro a escrever sobre a existência de somente 5 poliedros regulares.

No entanto, sabe-se que o tetraedro, o cubo e o dodecaedro já eram conhecidos muito antes dessa época.

INTERAGINDO

Respondam no caderno.

1.
   Sou um poliedro. Será que posso ser chamado de prisma?

   Sou um prisma. Será que posso ser chamado de poliedro?

2. Qual o número mínimo de arestas, faces e vértices que um prisma pode ter? E uma pirâmide?

3. Um polígono pode ter todos os lados congruentes e não ser regular?

4. Sabendo o número de vértices de uma pirâmide, podemos descobrir quantos lados tem sua base?

5. Um prisma pode ter um número ímpar de vértices?

4. Cilindros, cones e esferas

Muitos sólidos, como cilindros, cones e esferas, não são poliedros.
Suas formas aparecem com frequência no mundo real. Veja alguns exemplos:

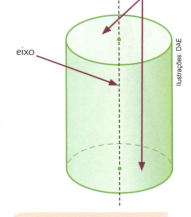

Vamos, então, estudar suas características.

Vemos ao lado a ilustração de um cilindro circular reto. As bases são círculos paralelos idênticos. Sua superfície lateral é curva e chamamos de eixo a reta que passa pelo centro das bases.

O **cilindro circular reto** também pode ser chamado de **cilindro de revolução**, pois pode ser obtido por uma revolução (rotação) de 360° de um retângulo ao redor de um de seus lados, considerado como eixo.

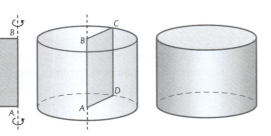

> **Sólidos de revolução** são sólidos obtidos pela rotação de uma figura plana em torno do um eixo.

O **cone circular reto** (ou cone de revolução) tem uma única base circular. Assim como a pirâmide, o cone possui um vértice. O eixo é a reta que passa pelo centro da base e pelo vértice.

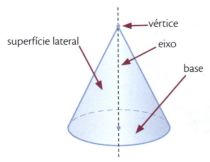

REFLETINDO

Para obter o cilindro, rotacionamos o retângulo 360° ao redor de um eixo. Que figura devemos rotacionar para obter o cone de revolução?

SÓLIDOS GEOMÉTRICOS **167**

Se seccionarmos um cone paralelamente à base, como vemos na figura abaixo, obtemos um novo cone e um tronco de cone.

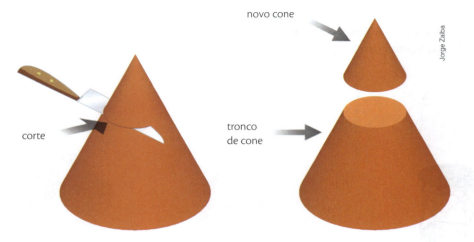

Encontramos ao nosso redor formas que lembram cones e troncos de cone.

REFLETINDO

Responda no caderno.

1. O cone tem uma única base. E o tronco de cone?
2. Qual é a forma destas bases?
3. O tronco de cone tem vértice?

Uma bola maciça é uma **esfera**.

A superfície da esfera é formada por todos os pontos do espaço que estão a uma mesma distância r de um ponto O dado.

- O é o centro da esfera.
- r é a medida do raio da esfera.

Se rotacionarmos um semicírculo ao redor da reta que contém o seu diâmetro, obtemos uma esfera.

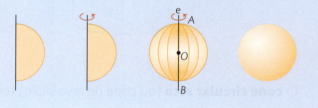

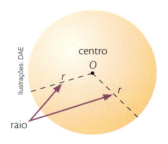

Na natureza encontramos formas muito próximas da esfera.

Planificando a superfície de um cilindro e de um cone

Sabemos que as bases de um cilindro circular são dois círculos paralelos e idênticos. Como será que fica a planificação da superfície lateral do cilindro?
Faça este experimento em grupo.

Consiga um rolo de espuma cilíndrico próprio para pintar parede, tinta guache e papel.

Pinte a superfície lateral do cilindro de espuma com guache.

Antes de o guache secar, coloque o cilindro deitado sobre uma folha de papel, e, com cuidado, faça com que ele dê uma volta completa.

Na folha ficará pintada a planificação da superfície lateral do cilindro.
A planificação da superfície lateral do cilindro é um retângulo.

Encontre um objeto em forma de cone que você possa pintar com guache, como uma casquinha de sorvete, ou um cone de lã sem o fio. Use o mesmo procedimento acima para obter a planificação da superfície lateral do cone. Não se esqueça de dar apenas uma volta completa!

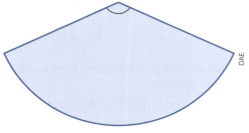

planificação da superfície lateral do cone

A figura obtida é uma região do círculo chamada **setor circular**. Falamos sobre ela quando construímos gráficos de setores, na Unidade 6 deste livro.

SÓLIDOS GEOMÉTRICOS **169**

EXERCÍCIOS

12. Qual fruta nos faz lembrar uma esfera?

13. Observe a figura e responda às questões.

a) Que sólido geométrico lembra a parte em verde do lápis (sem a ponta)?

b) E a ponta do lápis (onde aparecem a madeira e o grafite)?

14. Verdadeiro ou falso?

a) A esfera, o cilindro e o cone têm superfícies curvas.

b) A superfície da esfera é totalmente curva e a do cilindro e do cone combinam superfícies planas e não planas.

c) Dos três sólidos representados só o cone tem um vértice.

15. Que sólido geométrico você obtém ao girar a porta do banco?

16. Diga o nome dos sólidos geométricos que correspondem às planificações seguintes:

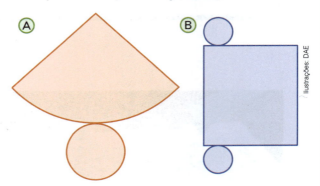

17. Veja que cada um dos sólidos foi serrado em duas partes:

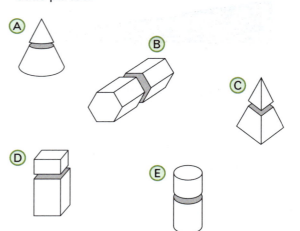

a) Quais sólidos têm a mesma forma antes e depois de serrados?

b) O que se obtém do sólido A depois de serrado?

c) O que se obtém do sólido C depois de serrado?

170

REVISANDO

Os sólidos geométricos a seguir referem-se às questões de números 18, 19 e 20.

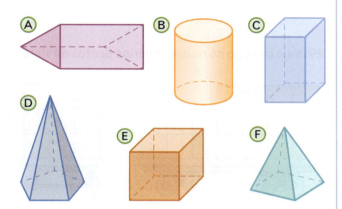

18. Entre esses sólidos, indique:

a) os poliedros;
b) as pirâmides;
c) os cilindros;
d) os cubos.

19. Qual dos sólidos representados:

a) tem dez arestas?
b) tem por base um pentágono?
c) tem superfície lateral curva?
d) tem duas bases triangulares?

20. Há entre eles algum poliedro regular? Qual?

21. Qual é o sólido geométrico cuja superfície é formada pelas peças da figura?

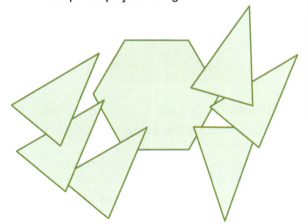

22. Imagine um sólido geométrico de isopor que tenha todas as faces iguais. É um cubo.

Responda:

a) Quantas faces ele tem?
b) Quantos vértices?
c) Quantas arestas?

Se fizermos um corte como mostra a figura, o sólido deixa de ser um cubo.

Responda:

d) Quantas faces ele tem agora?
e) Quantos vértices?
f) Quantas arestas?
g) Classifique, segundo o número de lados, os polígonos que formam as suas faces.

23. O funcionário de uma loja está enrolando um tapete. Que sólido geométrico lembrará o tapete quando terminar a sua tarefa?

24. Qual sólido apresenta as três vistas seguintes?

vista de cima   vista de frente   vista da direita

25. Marilda, com cartolina, canudinhos e bolinhas de massa de modelar, fez as duas construções apresentadas abaixo.

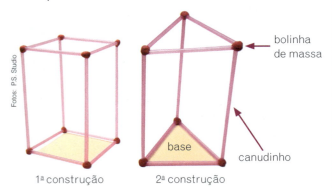

1ª construção   2ª construção

a) Conte as bolinhas de massa e os canudinhos, copie e complete o quadro com as informações obtidas.

	Bolinhas	Canudinhos
1ª construção		
2ª construção		

b) Marilda quer fazer mais uma construção semelhante às anteriores, mas utilizando agora como base a figura ao lado.

Quantos canudinhos são necessários para fazer essa construção?

c) Acompanhe:
• o prisma triangular tem 9 arestas;
• o prisma quadrangular tem 12 arestas;
• o prisma pentagonal tem 15 arestas.

Copie e complete a conclusão a seguir.

O número de arestas de prismas sucessivos aumenta sempre ▒ unidades.

26. Um prisma tem 8 faces laterais. Quantos vértices ele tem? E quantas arestas?

27. Uma pirâmide tem 6 faces laterais. Quantos vértices ela tem? E quantas arestas?

DESAFIOS

28. A base de uma pirâmide é um polígono de 10 lados.
a) Quantas faces tem a pirâmide?
b) Quantos vértices?
c) Quantas arestas?

29. Veja o vagão do trem sob vários pontos de vista.

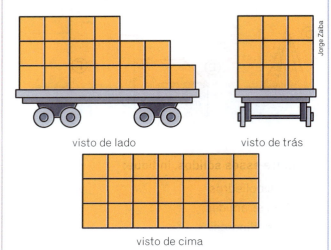

visto de lado   visto de trás

visto de cima

Qual é o número máximo de caixotes que ele está carregando?

30. O seguinte cubo cuja superfície foi totalmente pintada é formado por "pequenos cubos".

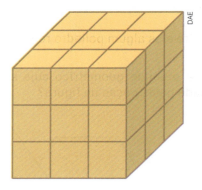

a) Quantos "pequenos cubos" o formam?
b) Quantos "pequenos cubos" não têm nenhuma face pintada?
c) Quantos "pequenos cubos" têm apenas duas faces pintadas?
d) Quantos "pequenos cubos" têm três faces pintadas?

VALE A PENA LER

Onde encontramos os poliedros de Platão?

Os cinco poliedros regulares – cubo, tetraedro, octaedro, dodecaedro e icosaedro – são também conhecidos como poliedros de Platão, matemático e filósofo grego que viveu no período de 427 a.C a 347 a.C. Esses poliedros encantam por sua beleza e podemos encontrar suas formas na natureza e nas construções humanas.

Você sabia que os cristais de cloreto de sódio (sal de cozinha) têm a forma de cubos e de tetraedros?

Na fotografia à esquerda, vemos um cristal de fluorita com a forma de octaedro.

A fluorita é um mineral usado na siderurgia.

A estrutura da molécula do gás metano é tetraédrica, como vemos na representação ao lado. Abaixo, temos um dado na forma de dodecaedro e um belo icosaedro de vidro.

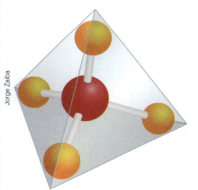

Em relação à forma do cubo, nem é preciso dizer o quanto ela é frequente...

Cubo mágico.   Pufe.   Cubo vermelho, Nova York, EUA.

Agora que você conhece os cinco poliedros de Platão e suas características, que tal observar com mais atenção a presença e as aplicações dessas formas no mundo que nos cerca?

SÓLIDOS GEOMÉTRICOS **173**

AUTOAVALIAÇÃO

Anote no caderno o número do exercício e a letra correspondente à resposta correta.

31. (Saresp)

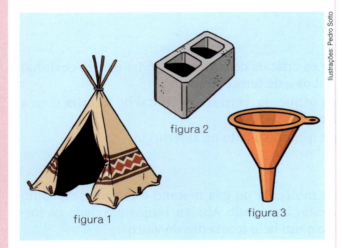

figura 1 — figura 2 — figura 3

A tenda do índio (figura 1), o bloco de construção (figura 2) e o funil (figura 3) têm formas que, em Geometria, são conhecidas, respectivamente, pelos nomes de:

a) pirâmide, bloco retangular, cone.
b) pirâmide, cubo, bloco retangular.
c) cilindro, bloco retangular, pirâmide.
d) esfera, pirâmide, cone.

32. Qualquer pirâmide tem:

a) pelo menos 8 vértices.
b) pelo menos 8 arestas.
c) todas as faces triangulares.
d) o mesmo número de faces e vértices.

33. Ao dobrar de forma conveniente as linhas tracejadas da figura abaixo, vamos obter uma caixa que se parece com um sólido geométrico de nome:

a) prisma.
b) tetraedro.
c) hexaedro.
d) octaedro.

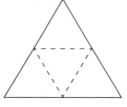

34. (Saresp) Observe os diferentes tipos de caixas utilizadas por uma loja de presentes:

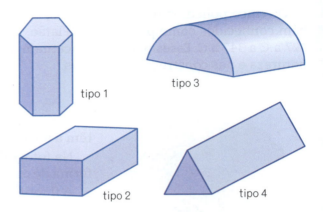

tipo 1 — tipo 3 — tipo 2 — tipo 4

A vendedora monta a caixa de acordo com a escolha do cliente. Se ela utilizar os modelos que aparecem abaixo, vai obter caixas do tipo:

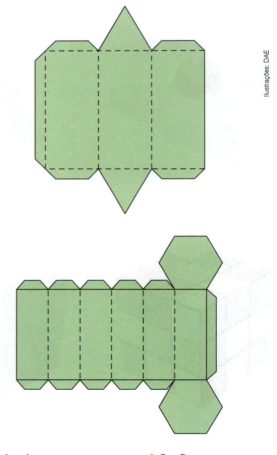

a) 1 e 4
b) 3 e 4
c) 2 e 3
d) 1 e 2

174

35. Os sólidos geométricos não poliedros estão representados em:

a)
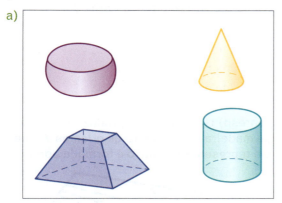

b)
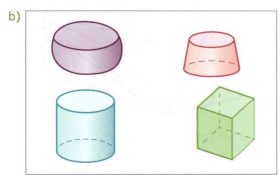

c)
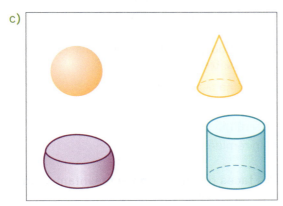

d)
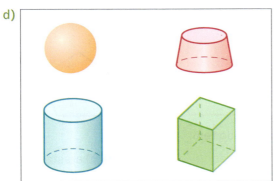

36. (Saresp) Qual das figuras seguintes representa corretamente a planificação de uma pirâmide regular pentagonal?

a) 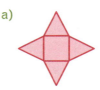   c)

b)    d)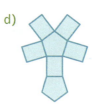

37. Veja esta sequência. De quantos "pequenos cubos" você precisaria para fazer a próxima construção?

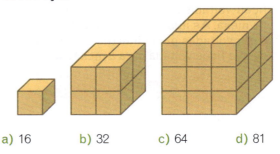

a) 16   b) 32   c) 64   d) 81

38. Uma pirâmide que tem 7 vértices é:

a) pentagonal.
b) hexagonal.
c) heptagonal.
d) octogonal.

39. (Saresp) O poliedro da figura abaixo é formado colando um prisma e uma pirâmide por meio de uma base octogonal comum. O número total de faces do poliedro é:

a) 9
b) 15
c) 17
d) 24

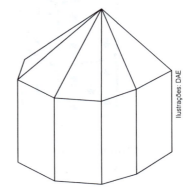

175

40. (UFR-RJ) Durante a aula de artes, Rubinho montou um dado de cartolina e ilustrou quatro das seis faces com símbolos do baralho, conforme demonstra a figura abaixo.

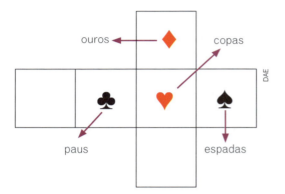

Ao chegar a sua casa, Rubinho jogou seu dado sobre a mesa e uma das faces não ilustradas ficou voltada para baixo, tocando a superfície da mesa. As ilustrações do dado que poderiam estar voltadas para cima (na face paralela à face que ficou voltada para a mesa) são:

a) copas e ouros.
b) espadas e copas.
c) espadas e paus.
d) copas e face sem figura.

41. Três dados, cada um com faces numeradas de 1 a 6, são colocados numa pilha, tal como mostra a figura.

O número total de pontinhos que não são visíveis na figura é:

a) 21   b) 22   c) 31   d) 41

42. Silvinho recortou dois triângulos e três quadrados para construir uma caixa. A caixa construída por Silvinho tem a forma de:

a) pirâmide triangular.
b) pirâmide quadrangular.
c) prisma triangular.
d) prisma quadrangular.

43. (Saresp) Uma indústria produz peças maciças de madeira com formato de prismas. A superfície representada abaixo é formada por:

a) 1 pentágono e 3 retângulos.
b) 2 pentágonos e 5 retângulos.
c) 3 pentágonos e 4 retângulos.
d) 3 pentágonos e 3 retângulos.

44. Um sólido geométrico tem seis faces e seis vértices. Trata-se de:

a) prisma triangular.
b) prisma quadrangular.
c) pirâmide pentagonal.
d) pirâmide hexagonal.

45. As faces de um prisma apresentam as formas das figuras a seguir.

O sólido tem:

a) 6 faces.
b) 8 faces.
c) 20 arestas.
d) 10 vértices.

UNIDADE 8
Áreas e volumes

1. Uma, duas, três dimensões

Nosso mundo é tridimensional. Mas nem sempre utilizamos as três dimensões do espaço.

As linhas são figuras unidimensionais, pois elas têm uma única dimensão: o **comprimento**.

Também há figuras unidimensionais não planas. Veja a figura abaixo.

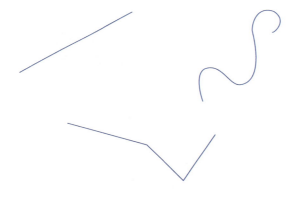

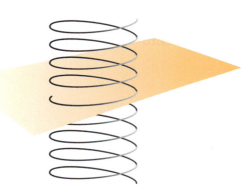

Ao traçar um retângulo, trabalhamos com duas dimensões do espaço: **comprimento** e **largura**. O retângulo é uma figura bidimensional.

As figuras bidimensionais ocupam uma superfície que pode ser medida — elas têm **área**.

Há figuras bidimensionais não planas.

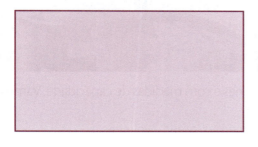

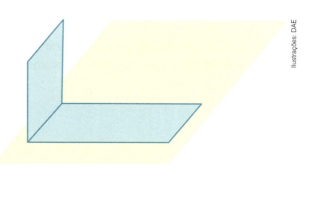

ÁREAS E VOLUMES **177**

Os polígonos são exemplos de figuras bidimensionais.

Já os sólidos geométricos são figuras tridimensionais — ocupam um lugar no espaço. Assim como a área é a medida da superfície, o **volume** é a medida do espaço ocupado por um sólido. Os sólidos geométricos têm volume.

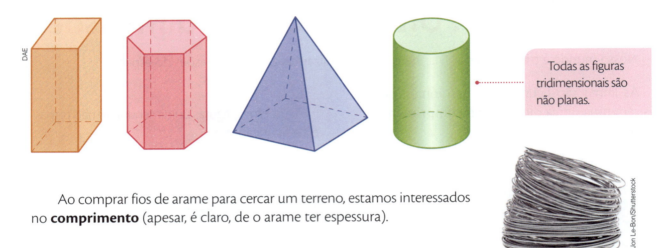

Todas as figuras tridimensionais são não planas.

Ao comprar fios de arame para cercar um terreno, estamos interessados no **comprimento** (apesar, é claro, de o arame ter espessura).

Quando o piso de uma sala vai ser acarpetado, é preciso calcular a **área** desse piso para comprar a quantidade correta de material.

A caixa-d'água de uma casa é escolhida de acordo com o **volume** de água que será consumido por seus moradores.

Nesta unidade, trabalharemos com cálculo de áreas, de volumes e com medidas de capacidade. Vamos lá?

Muitas outras situações envolvem comprimentos, áreas e volumes. Você e seus colegas podem citar mais algumas?

178

2. Unidades de medida de superfície

Para medir uma superfície, é necessário usar outra superfície como unidade de medida.
Superfícies de quadrados são usadas como padrão de medida. Vamos relembrar as unidades de medida de superfície do Sistema Métrico Decimal?

- O centímetro quadrado (cm²) é a superfície ocupada pelo quadrado de 1 centímetro de lado.
- O metro quadrado (m²) é a superfície ocupada pelo quadrado de 1 metro de lado. Veja a fotografia abaixo.

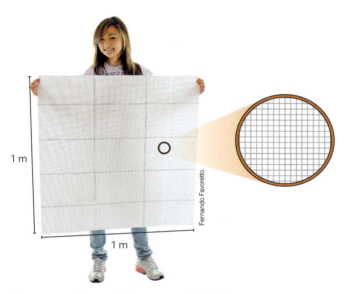

O m² aparece com frequência no cotidiano.

OPORTUNIDADES
OFERTA ESPECIAL!
Carpete de Madeira a R$ 24,00 o metro quadrado.

IMÓVEIS À VENDA
CHÁCARAS - LOTEAMENTO
A partir de R$ 200,00 o metro quadrado.
APARTAMENTO - ZONA SUL

E o que seria o milímetro quadrado?

É a superfície ocupada pelo quadrado de 1 mm de lado!

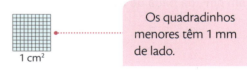

Os quadradinhos menores têm 1 mm de lado.

1. Com base no significado de cm², m², mm², converse com os colegas e expliquem oralmente o que significa quilômetro quadrado (km²).
2. No cotidiano, é preciso medir superfícies, das menores às maiores. Que unidade de medida de superfície você acha adequada para expressar a área:
   a) de uma sala de aula?
   b) do estado do Amazonas?
   c) de uma folha de caderno?
   d) de um cartão de visitas?
   e) de um pôster ou um quadro?
   f) de um selo de correio?

ÁREAS E VOLUMES 179

EXERCÍCIOS

1. Admitindo que a área de um quadradinho é 1 cm², calcule:

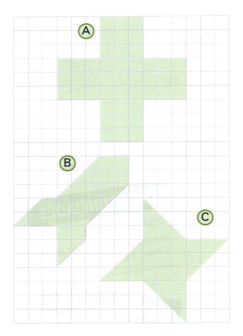

   a) a área de A;
   b) a área de B;
   c) a área de C.

2. Originário da China, o Tangram é um quadrado constituído de 7 peças. Usamos um quadrado de área 16 cm² para compor as peças de um Tangram. Essas peças foram numeradas de 1 a 7, conforme a figura abaixo. Qual é a área, em cm², da peça de número 4?

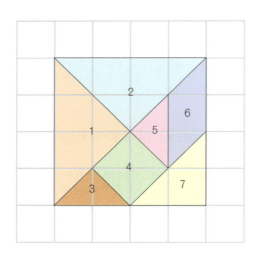

3. Veja as figuras:

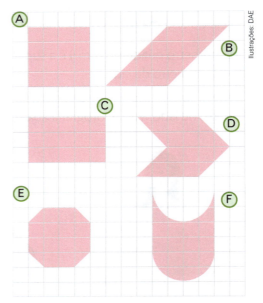

   a) Indique as figuras que têm área igual à da figura A.
   b) Desenhe em papel quadriculado figuras com área igual à da figura C.
   c) Desenhe em papel quadriculado retângulos com área igual à da figura A.

4. No painel abaixo cabem exatamente 72 azulejos do tipo I. Para revestir esse mesmo painel com azulejos do tipo II, quantas peças serão utilizadas exatamente?

Nota: O azulejo maior pode ser seccionado para completar o revestimento.

3. Conversões entre as unidades de medida de superfície

Metro quadrado e centímetro quadrado

Sabemos que 1 m = 100 cm.
E 1 m²? Quantos cm² ele tem?
Veja ao lado a representação de 1 m².

Como 1 m = 100 cm, em 1 m² temos 100 fileiras com 100 quadradinhos de 1 cm² cada um.
100 · 100 = 10 000
1 m² = 10 000 cm²
Então,
2 m² = 2 · 10 000 = 20 000 cm²
3 m² = 3 · 10 000 = 30 000 cm²
e assim por diante.

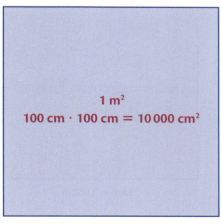

1 m²
100 cm · 100 cm = 10 000 cm²

1 m = 100 cm

1 m = 100 cm

> Para transformar uma medida de m² para cm², basta multiplicá-la por 10 000. Consequentemente, para converter cm² em m² dividimos a medida por 10 000.

Veja exemplos:
- 7,8 m² = 78 000 cm²
- 34 000 cm² = 3,4 m²
- 0,03 m² = 300 cm²
- 578 cm² = 0,0578 m²

Acompanhe a situação a seguir:

Lucas mandou revestir com fórmica o tampo de uma mesa quadrada de lado 80 cm. A pessoa que fará o serviço cobra R$ 50,00 por metro quadrado de fórmica colocada. Quanto Lucas gastará?

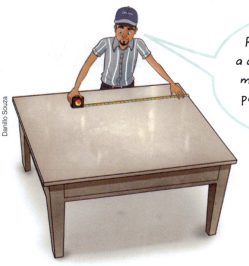

Preciso expressar a área do tampo em metros quadrados, para saber quanto gastarei!

Quem vai à lousa ajudar Lucas a calcular seu gasto?

Nesta, e em outras situações, é preciso saber como converter unidades de medida de superfície.

Relacionando quilômetro quadrado e metro quadrado

Imagine um quadrado com 1 km de lado.

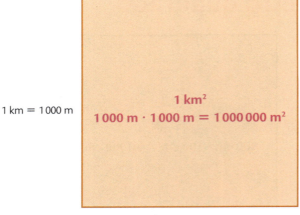

Sabemos que 1 km = 1 000 m. Em 1 km² há 1 000 fileiras de 1 000 quadrados de 1 m² cada um.
1 000 · 1 000 = 1 000 000

$$1 \text{ km}^2 = 1\,000\,000 \text{ m}^2$$

Se 1 km² = 1 000 000 m², para converter uma medida de km² para m² basta multiplicá-la por 1 000 000.
Exemplos:

- 3 km² = 3 000 000 m²
- 0,0026 km² = 2 600 m²
- 1,45 km² = 1 450 000 m²

Para converter uma medida de m² para km², basta dividi-la por 1 000 000.
Exemplos:

- 247 000 m² = 0,247 km²
- 9 000 000 m² = 9 km²
- 180 m² = 0,00018 km²

REFLETINDO

Lembrando que 1 cm = 10 mm, descubra com seus colegas como transformar **cm²** em **mm²** e vice-versa. Mostrem exemplos de conversão.

Medidas agrárias

É comum vermos áreas rurais como fazendas, sítios ou reservas ambientais serem expressas em unidades de medida como o **hectare** e o **alqueire**.

Saiba que:
- 1 hectare = 10 000 m²
- 1 alqueire paulista = 24 200 m²
- 1 alqueire mineiro = 48 400 m²
- 1 alqueire do norte = 27 225 m²

1. O senhor Almeida comprou um sítio com 200 000 m² de área. Quantos hectares tem esse sítio?

2. Procure um anúncio classificado que ofereça uma propriedade rural com área em alqueires. Cole no caderno e calcule quantos hectares tem a propriedade.

EXERCÍCIOS

5. Copie e complete.

a) 7 m² = ▨ cm²
b) 0,5 m² = ▨ cm²
c) 13,85 m² = ▨ cm²
d) 0,0001 m² = ▨ cm²
e) 8 km² = ▨ m²
f) 2,5 km² = ▨ m²
g) 60 000 cm² = ▨ m²
h) 4 800 cm² = ▨ m²

6. Oito irmãos dividiram um terreno de 1,6 km² em partes iguais. Quantos metros quadrados cada um deles recebeu?

7. Um hectare é uma medida de superfície usada para expressar a área de propriedades agrárias. Um hectare é igual a 10 000 m². Nestas condições, obtenha em metros quadrados a área de 5,82 hectares.

8. Determine em hectares a área de 123 000 m².

9. Observe o quadro:

Oceano	Área (em milhões de km²)
Índico	73,8
Atlântico	82,6
Pacífico	165,8

a) Qual é, em km², a área do Oceano Atlântico?
b) O Oceano Pacífico ocupa uma superfície maior ou menor do que os outros dois oceanos juntos?

10. Em certas regiões rurais do Brasil, áreas são medidas em alqueires mineiros. Um alqueire mineiro é a área de um terreno quadrado de 220 metros de lado. Qual é a área, em quilômetros quadrados, de uma fazenda com 30 alqueires mineiros?

Paisagem rural do estado de Minas Gerais, onde a pecuária desempenha importante papel econômico.

11. Uma fazenda retangular que tem 10 km de largura por 15 km de comprimento foi desapropriada para reforma agrária. A fazenda deve ser dividida entre 1 000 famílias, de modo que todas elas recebam a mesma área. Quantos metros quadrados cada família deve receber?

12. Densidade demográfica é a razão entre o número de habitantes de uma região e a área dessa região. Se uma cidade tem a densidade demográfica de 120 hab./km², aproximadamente, e uma área de 6 500 km², qual deverá ser o seu número de habitantes?

13. A cidade de Nova Iguaçu tem cerca de 750 480 habitantes e ocupa uma área de aproximadamente 524 km². Qual é, aproximadamente, a densidade demográfica de Nova Iguaçu, em habitantes por km²?

14. Em uma cidade o número de habitantes é de aproximadamente 168 000 e sua densidade demográfica é de 4,8 hab./km². Qual é a área aproximada dessa cidade em km²?

4. Comparando áreas

Uma indústria fabrica placas de metal de mesma espessura, mas com dimensões diferentes:

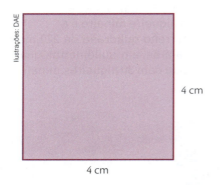
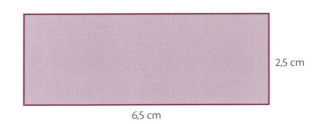

- Qual das placas deve ser a mais cara?

Vamos determinar a área das placas? Escolhemos a superfície de um quadrado como unidade de medida e contamos quantas unidades cabem em cada placa. Veja:

Aquela que tem maior área, pois consome mais material!

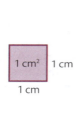
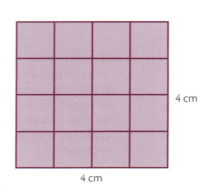

Área = 16 cm²
Repare que 4 · 4 = 16.

O número de unidades de medida que cabem na placa retangular não é inteiro. Precisamos subdividir a unidade de medida:

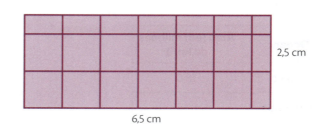

1 cm²   0,5 cm²   0,25 cm²

Área = 12 + 8 · 0,5 + 0,25 = 16,25 cm²

Efetue 6,5 · 2,5. Que resultado você encontrou?

Concluímos que a placa que mede 6,5 cm por 2,5 cm tem a maior área. Portanto, deve ser a mais cara.

184

5. Área do retângulo e do quadrado

Qual é a área do retângulo abaixo?

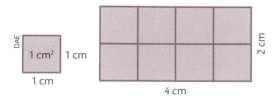

Para obter a área do retângulo sem precisar contar quadradinhos, fazemos: $A = 4 \cdot 2 = 8 \text{ cm}^2$.

Exatamente! No 6º ano descobrimos que para calcular a área de qualquer retângulo basta multiplicar a medida do comprimento pela da largura. Generalizamos nossa descoberta escrevendo:

> Área do retângulo = (comprimento) · (largura) ou $A = C \cdot \ell$

Representamos a área por A, o comprimento por C e a largura por ℓ.

Lembrei! Também descobrimos como calcular a área de um quadrado a partir da medida do seu lado!

No quadrado, a medida do comprimento é igual à da largura:

> $A = \ell \cdot \ell$ ou $A = \ell^2$

Por que essa generalização é importante? Determinar a área de um retângulo contando quadrados escolhidos como unidade de medida muitas vezes é complicado. Imagine que queiramos calcular a área de um grande terreno retangular. Espalhar quadrados sobre a superfície do terreno e contá-los seria inviável!

> Quantos centímetros quadrados têm a capa de seu livro?
> Primeiro faça uma estimativa. Em seguida, meça com uma régua o comprimento e a largura da capa e calcule a área usando a relação $A = C \cdot \ell$. Sua estimativa ficou próxima do valor correto?

Cálculo de área por decomposição e composição de figuras

Mariana e Júlio calcularam a área da figura abaixo.
Cada um deles resolveu o problema usando um raciocínio diferente. Acompanhe.

◆ Resolução da Mariana:

Como sei calcular a área de retângulos, decompus a figura em dois retângulos!

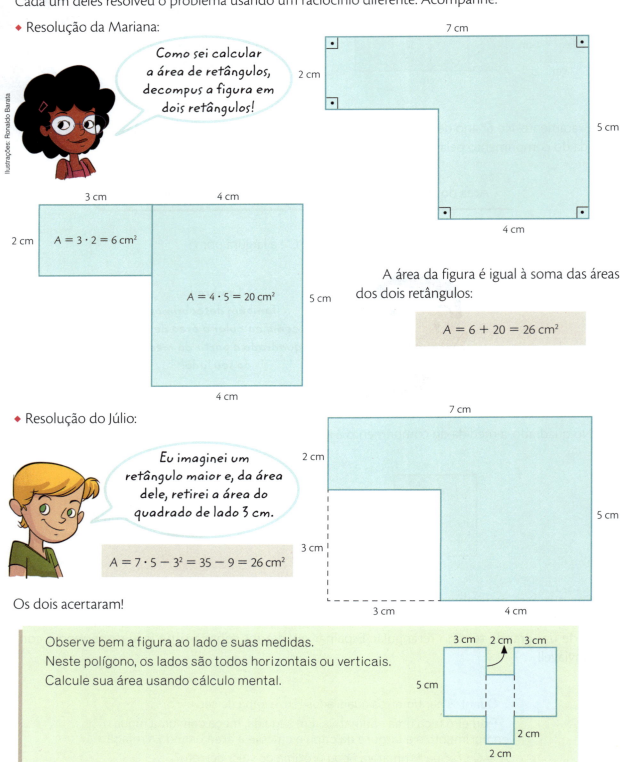

$A = 3 \cdot 2 = 6 \text{ cm}^2$

$A = 4 \cdot 5 = 20 \text{ cm}^2$

A área da figura é igual à soma das áreas dos dois retângulos:

$A = 6 + 20 = 26 \text{ cm}^2$

◆ Resolução do Júlio:

Eu imaginei um retângulo maior e, da área dele, retirei a área do quadrado de lado 3 cm.

$A = 7 \cdot 5 - 3^2 = 35 - 9 = 26 \text{ cm}^2$

Os dois acertaram!

Observe bem a figura ao lado e suas medidas.
Neste polígono, os lados são todos horizontais ou verticais.
Calcule sua área usando cálculo mental.

186

EXERCÍCIOS

15. (Saresp) Abaixo vemos a vista superior (também chamada de planta baixa) do apartamento de Marina. Qual a área deste imóvel?

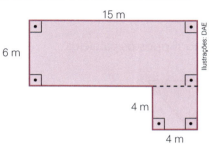

16. Calcule a área da figura sombreada.

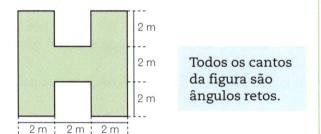

Todos os cantos da figura são ângulos retos.

17. Veja a planta de um quarto retangular com um armário embutido. Foi preciso descontar a área do armário no momento de calcular a quantidade de ladrilho para o piso. Quantos metros quadrados de ladrilho foram gastos?

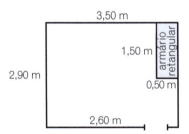

18. O tapete retangular abaixo tem uma parte central lisa e uma faixa decorada com 1 m de largura. Qual é a área, em m², da parte lisa do tapete?

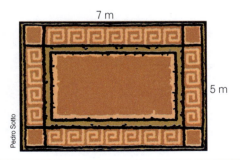

19. Calcule mentalmente a área da figura, sabendo que é formada por três retângulos.

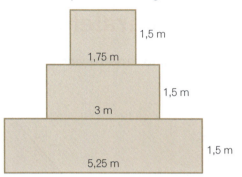

20. Um senhor quer construir um canil retangular com 24 m² de área. Indique três possibilidades diferentes para as dimensões do canil (comprimento × largura).

21. Na escola de José há dois pátios, um na forma quadrada e outro na forma retangular. Esses pátios têm a mesma área.

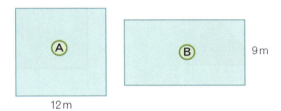

Responda:

a) Qual é o comprimento do pátio retangular?
b) Qual dos dois tem maior perímetro?

22. O senhor Paulo possui três lotes quadrados: um deles tem lado de 10 m e os outros dois têm lados de 20 m cada. Ele quer trocar os três lotes por um lote quadrado cuja área seja a soma das áreas daqueles três lotes. Quanto deve medir de lado o novo lote?

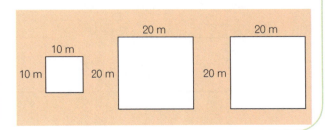

ÁREAS E VOLUMES 187

6. Área de polígonos

A ideia de decompor figuras geométricas é útil no cálculo da área de alguns polígonos.

Área do paralelogramo

Paralelogramo é todo quadrilátero que tem dois pares de lados opostos paralelos.

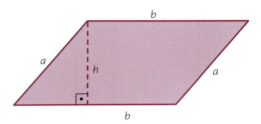

Traçamos um paralelogramo, tomamos um dos lados como **base** (b) e traçamos, por um vértice, um segmento perpendicular à base, que chamamos de **altura** (h) relativa à base b. Desse modo, o paralelogramo foi decomposto em duas figuras.

Reposicionando o triângulo, compusemos um retângulo de base (b) e largura (h). A área original da figura não se modificou.

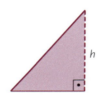 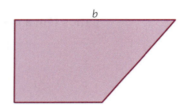 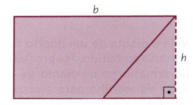

A área do paralelogramo é igual à do retângulo obtido!

$$A_{paralelogramo} = b \cdot h$$

Para calcular a área do paralelogramo, basta conhecer a medida de um de seus lados e a medida da altura relativa a ele.

REFLETINDO

Os paralelogramos desenhados abaixo têm a mesma área. Você sabe explicar por quê?

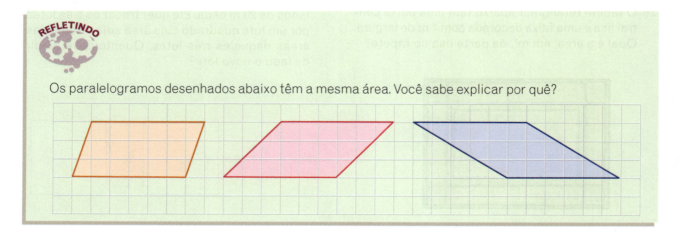

Área do triângulo

Traçamos abaixo um triângulo ABC qualquer. Tomamos o lado $\overline{BC}$ como base e traçamos por A uma perpendicular à base. Este segmento é a altura relativa à base $\overline{BC}$. Com um triângulo idêntico a este, em outra posição, formamos um paralelogramo de área $A = b \cdot h$.

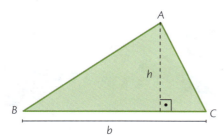
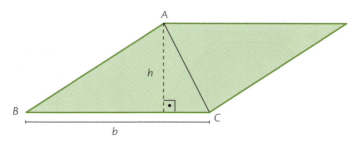

A área do triângulo ABC é igual à metade da área do paralelogramo obtido:

$$A_{\text{triângulo}} = \frac{b \cdot h}{2}$$

Para calcular a área de um triângulo, basta conhecer a medida de um de seus lados e a medida da altura relativa a esse lado.

No triângulo RST ao lado, tomamos $\overline{ST}$ como base e traçamos a altura h relativa a $\overline{ST}$. Use sua régua para determinar b e h, e calcule a área do triângulo RST.

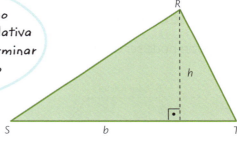

Alturas do triângulo

Um triângulo tem três alturas: uma altura relativa a cada um de seus lados.

No cálculo de áreas, qualquer lado do triângulo pode ser tomado como base e só nos interessa a altura relativa a essa base. A altura é o segmento perpendicular à base, com extremidade no vértice oposto a ela.

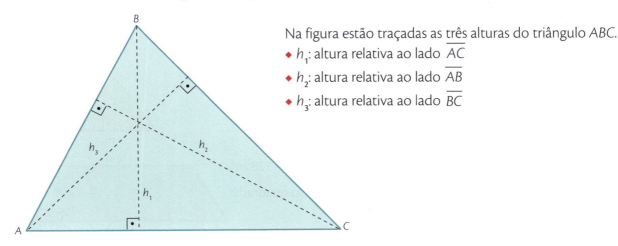

Na figura estão traçadas as três alturas do triângulo ABC.
- h_1: altura relativa ao lado $\overline{AC}$
- h_2: altura relativa ao lado $\overline{AB}$
- h_3: altura relativa ao lado $\overline{BC}$

Área do trapézio

Podemos aplicar a várias situações o nosso conhecimento sobre cálculos de áreas. Acompanhe:
O trapézio é o quadrilátero que tem um par de lados paralelos.
Os lados paralelos são chamados de **bases** (B e b) e a **altura** é representada por h.

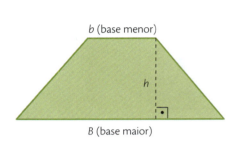

A superfície do telhado que você vê na fotografia é formada por 2 triângulos e 2 trapézios. Para cobrir 1 m² de telhado são usadas aproximadamente 16 telhas francesas. É preciso calcular a área total do telhado para saber quantas telhas são necessárias para cobri-lo.

A área do triângulo já sabemos calcular.

Como calcular a área do trapézio?

O trapézio pode ser dividido em dois triângulos.

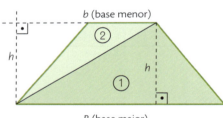

A medida h é a mesma para os dois triângulos.

A área do trapézio é a soma das áreas dos dois triângulos:

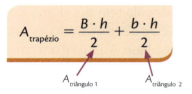

$$A_{trapézio} = \frac{B \cdot h}{2} + \frac{b \cdot h}{2}$$

$A_{triângulo\ 1}$ $A_{triângulo\ 2}$

Voltando ao telhado deste exemplo...

Agora podemos descobrir aproximadamente o número de telhas necessárias para cobrir o telhado da fotografia.

As medidas estão nas figuras ao lado.

$A_{triângulo} = \dfrac{6 \cdot 4}{2} = 12$ m²

$A_{trapézio} = \dfrac{16 \cdot 4}{2} + \dfrac{10 \cdot 4}{2} = 32 + 20 = 52$ m²

$A_{total} = 2 \cdot A_{triângulo} + 2 \cdot A_{trapézio} = 2 \cdot 12 + 2 \cdot 52 = 128$ m²

Como são necessárias 16 telhas francesas por metro quadrado de telhado, temos:

16 · 128 = 2 048 telhas francesas

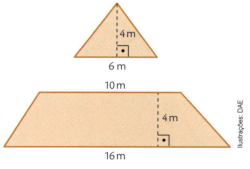

Podemos chegar à fórmula da área do trapézio de outra maneira que também é fácil e interessante. Acompanhe.

Desenhe dois trapézios iguais numa folha sulfite ou cartolina. Recorte as figuras e posicione-as como mostra a figura ao lado.

Obtivemos um paralelogramo de base $(B + b)$ e altura h. A área do trapézio é igual à metade da área deste paralelogramo.

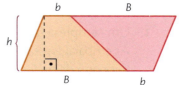

$$A_{trapézio} = \frac{(B+b) \cdot h}{2} = \frac{B \cdot h}{2} + \frac{b \cdot h}{2}$$

Área do losango

O **losango** é um paralelogramo que tem quatro lados de mesma medida. Traçamos um losango e suas diagonais:

D (**diagonal maior**) e d (**diagonal menor**).

Observe que as diagonais são eixos de simetria.

Uma ideia para calcular a área do losango seria imaginar um retângulo, como fizemos abaixo:

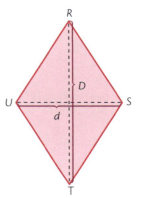

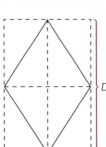

$$A_{retângulo} = D \cdot d$$

A área do losango é igual à metade da área do retângulo:

$$A_{losango} = \frac{D \cdot d}{2}$$

INTERAGINDO

1. Observem ao lado um quadrilátero e suas diagonais. Identifiquem qual diagonal é eixo de simetria. Usem esse fato e as medidas indicadas para calcular no caderno a área do quadrilátero.

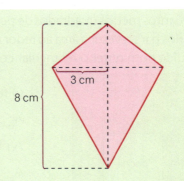

2. Em um salão de festas retangular pretende-se construir um palco em forma de trapézio como vemos na figura ao lado. A área ocupada pelo palco deve ser de 15% da área total do salão. Usando régua, façam um desenho que represente o salão considerando 1 m = 1 cm. Pensem em medidas possíveis para o palco e façam seu desenho para verificar se fica adequado. Troquem ideias!

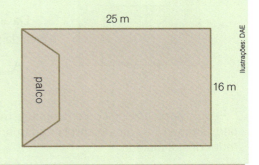

ÁREAS E VOLUMES

7. Mais cálculos de áreas...

1. Uma empresa fabrica embalagens de papelão em forma de prisma triangular.
   As embalagens são confeccionadas na forma planificada e depois montadas. O custo da embalagem depende da quantidade de papelão utilizada em sua produção, ou seja, da área da embalagem. Quantos centímetros quadrados de papelão há em cada embalagem?
   No modelo planificado abaixo, podemos observar que a área do prisma pode ser obtida somando a área de um retângulo com as áreas de dois triângulos.

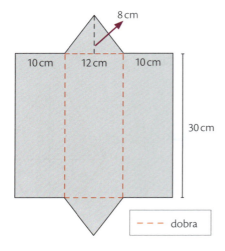

$$A_{\text{retângulo}} = 32 \cdot 30 = 960 \text{ cm}^2$$

$$A_{\text{triângulo}} = \frac{12 \cdot 8}{2} = 48 \text{ cm}^2$$

$$A_{\text{total}} = 960 + 48 + 48 = 1056 \text{ cm}^2$$

Portanto, cada embalagem consome 1056 cm² de papelão.

2. Por aquecer pouco com o Sol e não escorregar quando molhada, a pedra mineira é muito usada para revestir o piso ao redor de piscinas.
   Quantos metros quadrados de pedra mineira seriam necessários para revestir a área ao redor da piscina quadrada construída num terreno retangular conforme a figura abaixo?

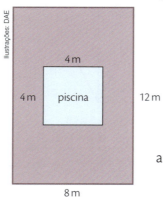
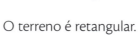

O terreno é retangular.

$$A_{\text{terreno}} = 8 \cdot 12 = 96 \text{ m}^2$$

A piscina é quadrada.

$$A_{\text{piscina}} = 4 \cdot 4 = 16 \text{ m}^2$$

Da área do terreno, vamos subtrair a área da piscina, que não será revestida.

$$A_{\text{revestida}} = 96 - 16 = 80 \text{ m}^2 \text{ de pedra mineira}$$

> Pesquise na internet ou em lojas de material de construção o preço do metro quadrado da pedra mineira e calcule aproximadamente quanto se gastaria com pedra para o revestimento ao redor dessa piscina.

EXERCÍCIOS

23. (Saresp) Numa praça será construído um jardim com o formato da figura abaixo e plantada grama no seu interior. O lado do quadrado mede 2 metros, e os triângulos são todos iguais. Qual é, em m², a área a ser plantada?

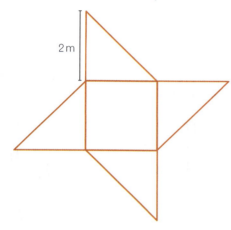

24. O desenho abaixo representa parte dos terrenos de um loteamento.

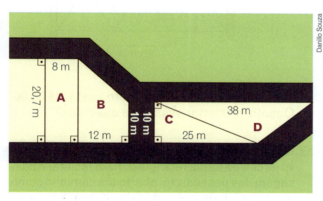

a) Qual é a área do lote A?
b) Qual é a área do lote B?
c) Qual é a área do lote C?
d) Qual é a área do lote D?

25. O senhor Manuel trocou um terreno retangular de 80 m por 60 m pelo representado na figura.

Na troca dos terrenos, levando em consideração a área, o senhor Manuel ganhou ou perdeu?

26. Calcule as áreas das figuras coloridas (medidas em centímetros).

a)
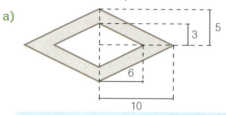

Ambos os quadriláteros são losangos.

b)
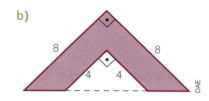

27. (CPII-RJ) Deseja-se construir uma área de lazer conforme o esboço de planta mostrado a seguir:

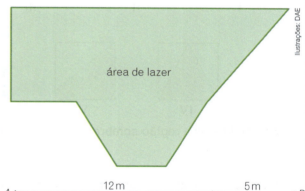

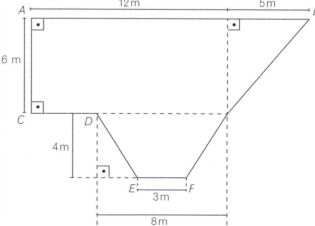

Determine a área do terreno acima usando as medidas indicadas na figura.

ÁREAS E VOLUMES 193

28. A figura representa um terreno gramado.

Cada m² de grama demora, em média, 5 minutos para ser cortado. Qual é o tempo previsível para cortar toda a grama?

29. (Obmep) Os quadrados abaixo têm todos o mesmo tamanho.

Em qual deles a região sombreada tem a maior área?

30. Por que os triângulos *ABC*, *DBC* e *EBC* da figura têm a mesma área?

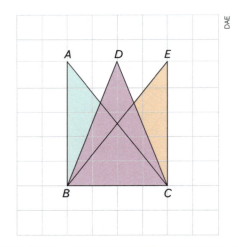

31. Calcule a área da figura, supondo as medidas em centímetros.

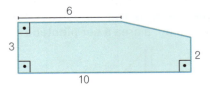

32. Há um vidro partido na varanda da casa da dona Mafalda.

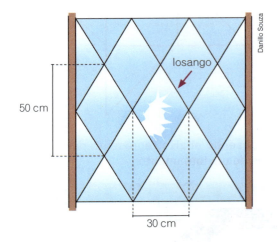

O metro quadrado desse vidro custa R$ 80,00. Quanto vai custar essa peça quebrada?

33. No bairro em que Rui mora, foi construído um novo jardim de forma retangular. Para facilitar a passagem das pessoas, foi aberto um caminho como mostra a imagem. As medidas dessa ilustração não são proporcionais aos valores indicados.

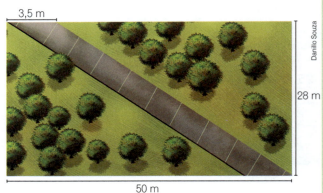

a) Qual é a área ocupada pelo caminho?
b) Qual é a área da parte ajardinada?

8. Relações entre as unidades de medida, de volume e de capacidade

Rogério comprou um aquário de vidro em forma de bloco retangular. Ele quer saber quantos litros de água serão necessários para enchê-lo completamente.

Vamos ajudá-lo?

Vimos no livro do 6º ano que o volume de um bloco retangular é o produto de suas três dimensões.

$$V = \text{comprimento} \cdot \text{largura} \cdot \text{altura}$$

ou

$$V = c \cdot \ell \cdot a$$

$V_{\text{aquário}} = 80 \cdot 70 \cdot 50 = 280\,000 \text{ cm}^3$

Mas quanto isso representa em litros?

O **litro** é uma medida de capacidade, ou seja, 1 litro "enche" completamente um cubo com 1 dm de aresta:

$1 \text{ dm}^3 = 1 \text{ L}$

Para medir volumes usamos como padrão o volume de cubos.

1 cm^3 é o volume de um cubo de 1 cm de aresta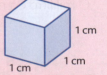

Para encher completamente o aquário são precisos 280 000 cubinhos de 1 cm de aresta.

Já constatamos isso na prática, no livro do 6º ano.

Agora, observe que o volume de um cubo com 1 m de aresta é:

- $1 \text{ m} \cdot 1 \text{ m} \cdot 1 \text{ m} = 1 \text{ m}^3$

ou

- $10 \text{ dm} \cdot 10 \text{ dm} \cdot 10 \text{ dm} = 1000 \text{ dm}^3$

ou ainda

- $100 \text{ cm} \cdot 100 \text{ cm} \cdot 100 \text{ cm} = 1\,000\,000 \text{ cm}^3$

Então,

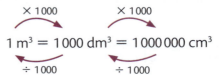

$1 \text{ m}^3 = 1000 \text{ dm}^3 = 1\,000\,000 \text{ cm}^3$

ÁREAS E VOLUMES

Daí podemos tirar relações entre as medidas de volume e de capacidade:

- $1\ dm^3 = 1\ L$
- $1\ dm^3 = 1000\ cm^3$ } $1\ L = 1000\ cm^3$

- $1\ m^3 = 1000\ dm^3$
- $1000\ dm^3 = 1000\ L$ } $1000\ L = 1\ m^3$

Agora podemos resolver o problema de Rogério.

O volume do aquário é de 280 000 cm³.

Como cada 1 000 cm³ correspondem a 1 L, para encher completamente o aquário são necessários 280 litros de água.

$$280\,000 : 1\,000 = 280$$

O mililitro

Outra unidade de medida de capacidade bastante frequente é o **mililitro**.

O mililitro é a milésima parte do litro.

$$1\ L = 1000\ mL$$

Registrem no caderno.

1. Sabendo que 1 L = 1 000 mL e que 1 L = 1 000 cm³, descubra a relação entre mL e cm³.

2. Observe as imagens e responda:

O consumo de água de uma residência neste mês foi de 18 m³.

- Qual foi o consumo de água em litros nessa residência?

- Qual é o volume de refrigerante desta lata, em cm³?

3. Três latas de refrigerante como esta terão mais ou menos que 1 000 cm³ de refrigerante?

4. Vimos que 1 cm³ é o volume de um cubo de 1 cm de aresta. Qual a capacidade em mL de um cubo de 1 cm de aresta?

5. Escrevam as medidas abaixo em ordem crescente.

800 mL   0,5 L   3 m³   900 cm³

6. Conversem e descubram qual deve ser a medida da aresta de um tanque cúbico para que nele caibam exatamente 8 000 L de água.

EXERCÍCIOS

34. Expresse em litros:
- a) 70 dm³
- b) 83,6 dm³
- c) 5 m³
- d) 2,8 m³
- e) 3500 cm³
- f) 92 cm³

35. Qual é a capacidade deste aquário em litros?

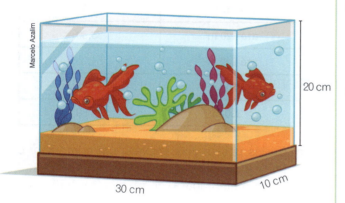

36. Júlio consome por dia 350 mililitros de suco de laranja. Em sete dias, qual é o total de suco que ele consome em litros?

37. Qual é o volume, em cm³, de:
- a) uma embalagem de vinagre de 720 mL?
- b) uma garrafa de refrigerante de um litro e meio?
- c) um garrafão de 5 litros de água?

38. Será que um litro de limonada vai ser suficiente para Marta encher as três jarras?

Vai sobrar ou faltar? Quanto?

39. Um copo tem capacidade de 0,25 L. Quantos copos podemos encher com 5 litros de refrigerante?

40. Uma indústria produz 900 litros de suco por dia. Essa produção é distribuída em garrafas de 750 mL. Quantas garrafas são usadas por dia?

41. Um cubinho de gelo tem 2 cm de aresta. Numa grande festa, foram consumidos um milhão de cubinhos. Quantos m³ de gelo foram consumidos?

42. Uma caixa de brinquedos tem a forma da figura abaixo. Qual é seu volume, em cm³?

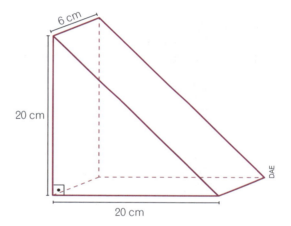

43. Uma piscina tem 10 m de comprimento, 7 m de largura e 1,80 m de profundidade. Como estava completamente cheia, dela foram retirados 4 830 litros. Quantos litros ainda restaram?

44. Um litro de certo suco custa R$ 4,74 e 1,5 L do mesmo suco custa R$ 6,75. Qual deles é mais vantajoso?

REVISANDO

45. Um terreno quadrado de 80 m de lado foi dividido em quatro lotes de mesma área. Se o preço do m² é R$ 55,00, qual é o preço de cada lote?

46. (Saresp) Sabendo que cada haste do cata-vento foi feita a partir da divisão do quadrado A indicado na figura, e que a área do quadrado A mede 4 cm², qual a área do cata-vento B?

47. Cada uma das fotografias de Marina é um retângulo de 3 cm por 4 cm. Calcule a área e o perímetro do desenho formado por estas 6 fotos.

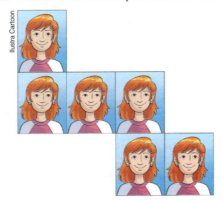

48. (UERJ) Um terreno com a forma de um quadrado de 40 m de lado foi dividido em três regiões retangulares, destinadas à construção de uma casa (I), um campo de futebol (II) e uma piscina (III), conforme sugere a figura. Sabendo que as áreas das regiões I e II são iguais, calcule:
a) a área da região II;
b) o valor de x na região III.

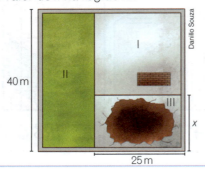

49. (Fesp-RJ) Observe a tabela abaixo, que mostra o valor da taxa de incêndio a ser paga em função da área construída de um imóvel residencial.

Área construída	Taxa (R$)
até 50 m²	12,77
até 80 m²	31,91
até 120 m²	38,30
até 200 m²	51,06
até 300 m²	63,83
> 300 m²	76,59

a) Carlos possui dois imóveis: um com 97 m² e outro com 132 m².
Quanto ele pagará, de taxa de incêndio, por esses dois imóveis?
b) Qual é o valor da taxa de incêndio de uma residência cuja área construída tem a forma de um retângulo de dimensões 12,5 m por 9,7 m?

50. Indique os triângulos por ordem crescente da sua área.

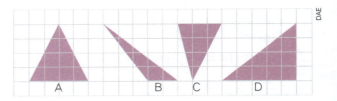

51. A figura abaixo representa a bandeira da Finlândia. Com o auxílio da calculadora, determine a área da superfície azul e a área da superfície branca.

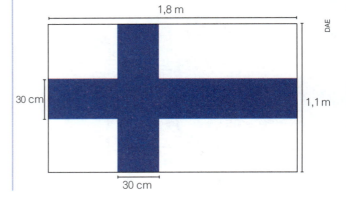

52. Calcule mentalmente.

a) Qual é a diferença de volume entre as embalagens?

b) Uma garrafa contém 500 mL de suco. Juntando esse suco com 1,5 L de água, obtivemos 10 copos de refresco. Quantos mililitros de refresco contém cada copo?

53. Indique, pelas letras, os frascos com a mesma quantidade de conteúdo.

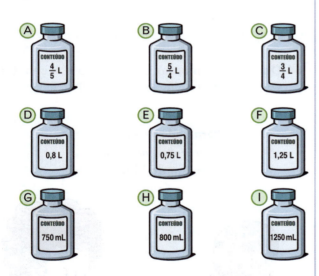

54. Uma fábrica de bebida energética fornece seu produto em embalagens de 600 mL. Quantas embalagens podem ser enchidas com a bebida contida em um recipiente com 1800 litros do produto?

55. Numa embalagem cabem 250 mL de detergente. Para a limpeza de uma cozinha industrial foram usadas 6 embalagens. Indique quanto foi usado de detergente, em litro(s).

56. Rui construiu o aquário representado pela figura com tampa:

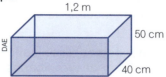

a) Quantas placas de vidro foram utilizadas?
b) Qual é a área, em m², de cada placa?
c) Qual é a área total de vidro utilizada?
d) Qual é a capacidade, em litros, do aquário?

57. O tanque de combustível de um veículo tem a forma de um bloco retangular de dimensões 60 cm, 40 cm e 20 cm. Sabendo-se que o tanque está completamente cheio e que o consumo desse veículo é de 1 litro a cada 9 km rodados, qual é a distância máxima que ele pode percorrer até esgotar todo o combustível?

58. Dispondo-se de uma folha de cartolina medindo 50 cm de comprimento por 30 cm de largura, pode-se construir uma caixa aberta, cortando-se um quadrado de 8 cm de largura em cada canto da folha.

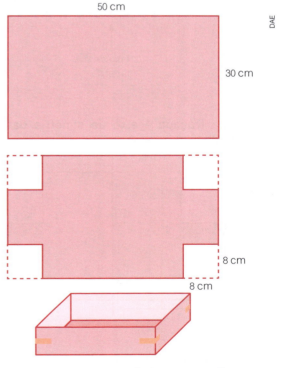

Qual é o volume, em cm³, dessa caixa?

ÁREAS E VOLUMES 199

DESAFIOS — NO CADERNO

59. (Fesp-RJ) Conserte vazamentos e economize água. Um buraco de 3 mm no cano de uma torneira desperdiça cerca de 4 800 litros de água num dia.

a) Há quanto tempo esse cano está vazando se já foram desperdiçados 300 litros de água?

b) Percebendo esse vazamento e demorando 780 minutos para consertá-lo, qual quantidade de litros de água teremos desperdiçado?

60. Quais quadrados precisam ser sombreados para se ter uma figura simétrica à representada no quadriculado?

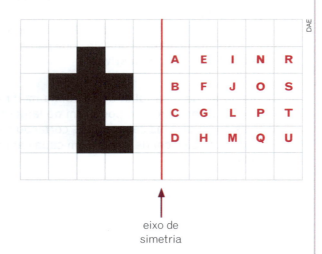

eixo de simetria

61. A reta traçada é eixo de simetria da figura colorida.

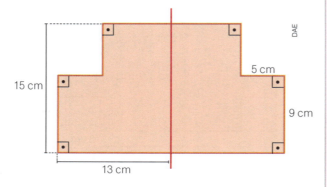

Calcule, em cm², a área da figura, considerando os comprimentos indicados.

62. Roberto possui um terreno de 1 200 m² e deseja construir nele um canteiro que ocupe 15% da metade da área do terreno. Para isso contratou um jardineiro que cobrou R$ 18,00 por m² de canteiro construído. Quanto Roberto gastará, em reais?

63. Qual das seguintes medidas é igual a média aritmética das áreas das dez figuras desenhadas abaixo?

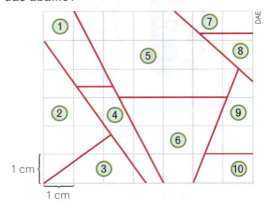

a) 2,1 cm² c) 4,2 cm²
b) 3,6 cm² d) 6,3 cm²

64. Daniel quer montar um aquário e recebeu a seguinte orientação de um colega:

Para cada peixinho ornamental, você vai precisar de 1 litro de água.

Ele deseja construir um aquário em forma de bloco retangular para 40 peixinhos. Se a base tiver as dimensões 40 cm e 20 cm, qual será a medida da altura desse aquário?

200

AUTOAVALIAÇÃO

NO CADERNO

Anote no caderno o número do exercício e a letra correspondente à resposta correta.

65. (Saresp) Uma loja de construção vende diversos tipos de piso, como mostra a ilustração abaixo.

No piso da cozinha de Cláudia cabem exatamente 30 ladrilhos do tipo A. Se Cláudia comprar o piso do tipo B ela precisará de:

a) 15 ladrilhos.
b) 30 ladrilhos.
c) 45 ladrilhos.
d) 60 ladrilhos.

66. (Col. Fund. Santo André-SP) Para forrar 12 gavetas de 24 × 25 cm, usaremos folhas de papel cuja medida é 48 × 69 cm. Qual o número mínimo de folhas necessário?

a) 3   b) 4   c) 5   d) 6

67. (Saresp) Se para cobrir cada m² de telhado são usadas 20 telhas francesas, então para cobrir um telhado com as dimensões indicadas na figura abaixo serão necessárias:

a) 1 000 telhas.
b) 1 200 telhas.
c) 1 600 telhas.
d) 1 800 telhas.

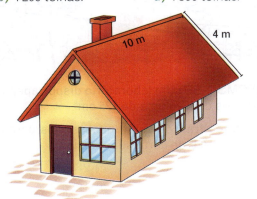

68. (UF-RN) Um *outdoor* medindo 1,70 m de altura por 4,30 m de largura foi pintado de azul com margens brancas. A largura das margens superior e inferior tem 40 cm e a das margens laterais, 60 cm. Qual a área pintada de branco?

a) 4,52 m²   c) 4,72 m²
b) 4,62 m²   d) 4,85 m²

69. Na figura tem-se um terreno retangular no qual se pretende construir um galpão cujo lado deve medir x metros.

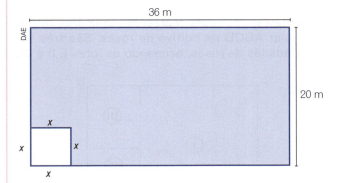

Se a área da parte colorida é 684 m², o lado do galpão mede, em metros:

a) 6   c) 7,5
b) 8   d) 8,5

70. Uma pessoa pretende revestir os pisos da cozinha e do banheiro com o mesmo tipo de ladrilho. Os dois cômodos são retangulares. As dimensões da cozinha são o dobro das do banheiro e a pessoa necessita de 60 ladrilhos para revestir o piso do banheiro. Qual é o número necessário de ladrilhos para a cozinha?

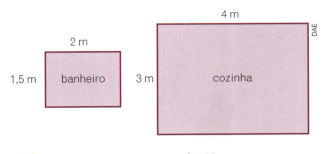

a) 60
b) 120
c) 180
d) 240

71. A figura mostra uma folha de papel retangular. Sabendo que uma folha de tamanho A4 mede aproximadamente 21 cm por 30 cm, sua área supera a da folha representada na figura em:

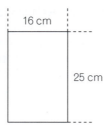

a) 130 cm²
b) 160 cm²
c) 210 cm²
d) 230 cm²

72. (Vunesp) A figura representa uma área retangular ABCD de cultivo de rosas. São três variedades de rosas, ocupando os lotes I, II e III.

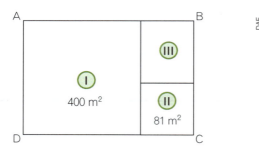

Sabendo que os lotes I e II são quadrados, a área do lote III é, em metros quadrados, igual a:

a) 99
b) 108
c) 116
d) 121

73. (Obmep) Uma folha quadrada foi cortada em quadrados menores da seguinte maneira: um quadrado de área 16 cm², cinco quadrados de área 4 cm² cada um e treze quadrados de área 1 cm² cada um. Qual era a medida do lado da folha, antes de ela ser cortada?

a) 4 cm
b) 5 cm
c) 7 cm
d) 8 cm

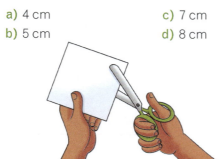

74. A companhia de abastecimento de água de uma cidade faz a cobrança mensal da água fornecida a uma residência de acordo com a tabela a seguir:

- pelos primeiros 12 m³ fornecidos, R$ 1,00 por m³;
- pelos 8 m³ seguintes, R$ 2,00 por m³;
- pelos 10 m³ seguintes, R$ 4,00 por m³;
- pelo consumo que ultrapassar 30 m³, R$ 9,00 o m³.

O total a ser pago por um consumo de 38 m³ é:

a) R$ 140,00
b) R$ 104,00
c) R$ 113,00
d) R$ 164,00

75. (Prominp) Dona Célia está organizando a festa de aniversário de seu filho, considerando que 50 pessoas estarão presentes. Ela calcula que cada pessoa beberá 800 mL de refrigerante. A quantidade mínima de garrafas de 2,25 litros de refrigerante que dona Célia deverá comprar é:

a) 16
b) 17
c) 18
d) 19

76. (FCMSC-SP) Um laboratório dispõe apenas de frascos com volume de 125 cm³.

Quantos frascos serão necessários para acomodar 350 L de certa substância?

a) 280
b) 1 400
c) 2 800
d) 1 250

UNIDADE 9

Equações

1. Letras e padrões

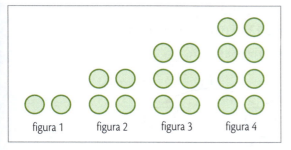

figura 1   figura 2   figura 3   figura 4

Observe a sequência de figuras no quadro.

Descubra o padrão que relaciona a quantidade de bolinhas e o número da figura.

Mantendo o mesmo padrão, quantas bolinhas terá a figura 5? E a figura 8?

Podemos generalizar esse padrão usando palavras:

- o número de bolinhas da figura é igual a duas vezes o número da posição que ela ocupa na sequência.

Também podemos utilizar a linguagem matemática. Como? Representando pela letra p a posição da figura e pela letra n o número de bolinhas, escrevemos:

$$n = 2 \cdot p$$

Observe que a linguagem matemática é mais sintética e pode ser compreendida por pessoas que não conhecem a nossa língua.

Na figura 17 teremos $p = 17$. Então, $n = 2 \cdot 17$ ou seja, $n = 34$.

REFLETINDO

Na sequência de figuras abaixo, estão empilhadas caixas brancas e caixas vermelhas. Responda no caderno ao que se pede.

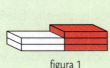
figura 1

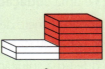
figura 2

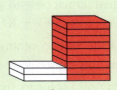
figura 3

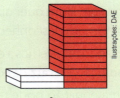
figura 4

a) Quantas caixas brancas e quantas caixas vermelhas terá a figura 5?
b) Qual será o número total de caixas da figura 12?
c) Como se calcula o número de caixas vermelhas da figura 20?
d) Quantas caixas vermelhas tem a figura cuja posição é n?

EQUAÇÕES 203

2. Equações

O que é uma equação?

Podemos traduzir informações da linguagem comum para a linguagem matemática. Veja alguns exemplos:

- dois somado a cinco: $2 + 5$
- o triplo de quatro: $3 \cdot 4$
- a metade de quatorze: $14 : 2$
- o dobro de um número: $2 \cdot x$
- certo número somado a sete: $x + 7$
- um número menos seis: $n - 6$

Observe que nos três últimos exemplos usamos uma **letra** para representar um **número desconhecido**. Esse procedimento pode nos ajudar a resolver problemas. Acompanhe:

- Pensei em um número, multipliquei-o por 3, somei 87 e obtive 123. Em que número pensei?

Para encontrar o número desconhecido, usamos as operações inversas:

$$\begin{array}{r} 123 \\ - 87 \\ \hline 36 \end{array} \qquad \begin{array}{r|l} 36 & 3 \\ 0 & 12 \end{array}$$

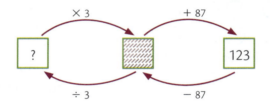

O número pensado é 12.

Também podemos representar o número desconhecido por x, ou qualquer outra letra, e aí escrever as informações do problema na linguagem matemática: $x \cdot 3 + 87 = 123$

Quando temos um número multiplicando uma letra, é mais comum escrever primeiro o número. Nossa sentença fica assim:

$3 \cdot x + 87 = 123$ — Agora é só desfazer cada operação com sua inversa!

$3 \cdot x = 123 - 87$

$3 \cdot x = 36$

$x = 36 : 3$

$x = 12$

Você pode ter achado que a primeira solução é mais fácil. No entanto, o uso de letras pode ajudar, e muito, na resolução de problemas. Você verá!

Sabe do que mais?

Acabamos de resolver uma equação!

Equa em latim quer dizer "igual". Equações são igualdades em que há pelo menos uma letra representando um número desconhecido. Portanto, $3 \cdot x + 87 = 123$ é uma **equação**.

Quando resolvemos a equação acima encontramos o valor do número desconhecido, que é 12. Dizemos que 12 é a **solução**, ou **raiz**, da equação, pois, substituindo-se x por 12 na equação, obtemos uma igualdade verdadeira.

Uma equação pode ter uma única solução, mais do que uma solução ou, ainda, pode não admitir solução. Observe:

- $n + 2 = 5 \rightarrow$ admite somente uma solução: $n = 3$;
- $x = x + 3 \rightarrow$ não admite soluções: um número nunca é igual à sua soma com 3;
- $y = y \rightarrow$ tem infinitas soluções, pois todo número é igual a ele mesmo.

Algumas informações importantes

Vimos que equações são igualdades em que há uma ou mais letras representando números desconhecidos.

As letras serão chamadas de **incógnitas**. Podemos usar *x*, *y*, *a*, *b*... enfim, qualquer letra minúscula. Nessa unidade trabalharemos com equações que apresentam uma única incógnita.

O sinal de multiplicação não precisa ser escrito nas multiplicações envolvendo letras:

- $2 \cdot x$ será escrito como $2x$;
- $7 \cdot y + 8$ será escrito como $7y + 8$, e assim por diante.

Para estudar equações, há ainda alguns nomes que você deve conhecer:

Uma equação apresenta 1º e 2º **membros**. Cada membro pode ter um ou mais **termos**. Observe os exemplos abaixo:

- $\underbrace{3x - 4}_{1^{\circ}\ membro} = \underbrace{-6 - 3}_{2^{\circ}\ membro}$

  Incógnita: *x*
  Termos: $3x$, -4, -6 e -3

- $\underbrace{\dfrac{2a}{5} + 1}_{1^{\circ}\ membro} = \underbrace{7}_{2^{\circ}\ membro}$

  Incógnita: *a*
  Termos: $\dfrac{2a}{5}$, 1 e 7

Vamos resolver estas equações?

---

1. $3x - 4 = -6 - 3$ Como $-6 - 3 = -9$, escrevemos:

   $3x - 4 = -9$ O inverso de subtrair 4 é somar 4:

   $3x = -9 + 4$ Efetuamos $-9 + 4 = -5$:

   $3x = -5$ Desfazemos a multiplicação por meio da divisão:

   $x = -\dfrac{5}{3}$ Usamos o traço de fração para indicar divisão.

   Como $(-5) : 3 = -1{,}6666...$, deixamos a solução na forma de fração irredutível.

2. $\dfrac{2a}{5} + 1 = 7$ O inverso de somar 1 é subtrair 1:

   $\dfrac{2a}{5} = 7 - 1$

   $\dfrac{2a}{5} = 6$ O inverso de dividir por 5 é multiplicar por 5:

   $2a = 6 \cdot 5$

   $2a = 30$ Por fim, desfazemos a multiplicação por meio da divisão:

   $a = \dfrac{30}{2}$

   $a = 15$

REFLETINDO

Escreva no caderno uma equação que tenha os termos:

- -5, $3x$ e 2 no 1º membro;
- 1 e 3 no 2º membro.

Verificando a solução de uma equação

A solução de uma equação é o valor que, quando colocado no lugar da incógnita, transforma essa equação numa igualdade verdadeira.

Sempre que você resolver uma equação, terá como verificar se acertou.

Veremos como fazê-lo analisando uma situação do cotidiano.

Marcos pratica corrida. Em seu treinamento, percorre 102 km por semana. De segunda a sábado, corre sempre a mesma distância e, no domingo, percorre 18 km. Quantos quilômetros Marcos corre às segundas-feiras?

Vamos representar por d a distância percorrida em cada um dos 6 dias, de segunda a sábado.

A equação que representa o problema é:
$$6d + 18 = 102$$

Vamos resolvê-la para encontrar o valor de d.

$$6d + 18 = 102$$
$$6d = 102 - 18$$
$$6d = 84$$
$$d = \frac{84}{6}$$
$$d = 14$$

Marcos corre 14 km às segundas-feiras.

Para conferir se 14 é a solução correta da equação, basta substituir d por 14 e verificar se a igualdade obtida é verdadeira:

$6d + 18 = 102$
$6 \cdot 14 + 18 = 102$
$84 + 18 = 102$
Verdade!

14 é o número que torna a igualdade verdadeira. Então, 14 é a solução da equação.

REFLETINDO

A solução da equação $-7x = 10$ é 10?

Equações e Álgebra: um pouco de história

A Álgebra é a parte da Matemática que estuda expressões que envolvem letras e números. Sua origem é muito antiga. Um matemático grego chamado Diofante, que viveu em Alexandria por volta do século III d.C., foi provavelmente o primeiro a utilizar símbolos para representar números desconhecidos.

Usamos os conhecimentos algébricos, entre eles a resolução de equações, para representar e resolver problemas, expressar a relação entre grandezas e generalizar propriedades.

A palavra **álgebra** vem de **Al-jabr** wal mugãbalah, título de um livro escrito pelo sábio árabe Al-Khwarizmi por volta do ano 825. Essa obra foi traduzida para o latim no século XII com o título *Liber algebrae et almucabala*. Portanto, **álgebra** deriva da tradução latina de *al-jabr*.

Do nome Al-Khwarizmi derivam as palavras **algarismo** e **algoritmo**.

Al-Khwarizmi.

EXERCÍCIOS

1. A expressão $2n + 3$ gera a sequência:

$$5, 7, 9, \ldots$$

Calcule:

a) o sexto termo da sequência;
b) o décimo termo da sequência;
c) o vigésimo termo da sequência.

2. (Saresp) Considere a sequência:

$$3, 7, 11, 15, 19, 23, \ldots, n, \ldots$$

O número que vem imediatamente depois de n pode ser representado por:

a) 24
b) $4n$
c) $n + 1$
d) $n + 4$

3. x, $x + 1$ e $x + 2$ representam três números inteiros consecutivos. Se $x = 15$, que números estão representados?

4. Indique a(s) alternativa(s) que representa(m) equações.

a) $1 + 3x = 16$
b) $2x - 4 < 12$
c) $\dfrac{x}{4} - 1 = \dfrac{5}{6}$
d) $x - 1 + 7 = 5x$
e) $3 + 9 - 2 = 10$
f) $\dfrac{1}{2}x - 6 + x > 4$

5. Quais das equações seguintes têm como solução $x = 5$?

a) $x + 3 = 8$
b) $3 - x = 2$
c) $2x + 5 = 20$
d) $\dfrac{x}{5} + 1 = 2$

6. A balança está com os pratos em equilíbrio. Qual é o peso da melancia?

7. Encontre mentalmente a solução de cada um destes problemas e em seguida escreva uma equação que traduza cada um deles.

a) Qual é o número que somado a 4 resulta em 10?
b) Qual é o número que somado a 7 resulta em 2?
c) Qual é o número que somado a 9 resulta em -1?

Compare suas respostas com as dos colegas.

8. Indique a solução de cada uma das equações.

a) $x + 1 = 9$
b) $x - 2 = 8$
c) $x - 8 = -10$
d) $x + 3 = 3$
e) $x + 101 = 300$
f) $x - 279 = 237$
g) $17 + x = 13$
h) $128 + x = 900$

9. Uma balança está com os pratos em equilíbrio. O equilíbrio permanece se trocarmos os pratos?

antes da troca

depois da troca

10. Indique a solução de cada uma das equações.

a) $5 = x + 3$
b) $72 = 48 + x$
c) $7 = 10 + x$
d) $15 = x + 20$
e) $0 = x + 18$
f) $-7 = x + 50$

11. A balança está com os pratos em equilíbrio e as três latas têm pesos iguais. Quanto pesa cada lata?

12. Encontre mentalmente a solução de cada um destes problemas e em seguida escreva uma equação que traduza cada um deles.

a) O dobro de um número é 30. Qual é esse número?

b) Multiplicando 4 por certo número, obteve-se 28. Qual é esse número?

Compare suas respostas com as dos colegas.

13. Indique a solução de cada uma das equações.

a) $9x = 18$
b) $7x = 0$
c) $48x = 12$
d) $35x = -105$

14. −1 é a solução das equações:

a) $-7x = 7$ e $-3x + 3 = 0$
b) $-7x = 7$ e $-3x - 3 = 0$
c) $-7x = -7$ e $-3x - 3 = 0$
d) $-7x = -7$ e $-3x + 3 = 0$

15. Calcule o valor de x de modo que:

a) $2x + 3 = 15$
b) $7x - 1 = 13$
c) $2x - 4 = 3$
d) $4x + 2 = -18$
e) $5x - 2 = 7 + 6$
f) $10x + 1 = -4 - 5$

16. Calcule mentalmente.

O dobro de um número somado com 3 é igual a 15. Qual é esse número?

17. Responda às questões que o professor escreveu na lousa:

a) Qual é o número que dividido por 7 resulta em 3?

b) Qual é o número que dividido por 7 resulta em −3?

18. Resolva as equações.

a) $\dfrac{x}{2} = 8$
b) $\dfrac{x}{2} = -8$
c) $\dfrac{3x}{4} = 9$
d) $\dfrac{2x}{3} = -10$

19. Calcule mentalmente o valor de x.

a) $\dfrac{x + 4}{6} = 1$
b) $\dfrac{x - 5}{7} = 1$

20. Resolva as equações.

a) $\dfrac{3x - 1}{5} = 4$
b) $\dfrac{x + 9}{9} = 1$
c) $\dfrac{4x + 3}{5} = -1$
d) $\dfrac{8x - 5}{2} = 9$

21. Subtraindo 2 da terça parte de um número obteve-se o resultado 8. Qual é esse número?

22. Resolva as equações.

a) $x + 15 = 11$
b) $19x = 266$
c) $\dfrac{x}{13} = -2$
d) $1{,}5x - 6 = 0$
e) $1{,}5x + 4 = 19$
f) $\dfrac{x}{5} - 3 = 10$

3. Algumas operações com letras

Vamos resolver um problema com a ajuda das equações?

- Mário pagou R$ 8,40 por um caderno e uma caneta. O preço do caderno é igual ao dobro do preço da caneta. Qual é o preço da caneta? E do caderno?

Vamos representar o preço da caneta por x. Como o preço do caderno é o dobro de x, temos:

Preço da caneta: x

Preço do caderno: $2x$

Um caderno e uma caneta custam juntos R$ 8,40. A equação que representa o problema é:

Complicou! Que história é essa de $x + 2x$?

$x + 2x = 8,4$

Eu acho que $x + 2x$ é $3x$.

O Mário está certo! Não há nada de complicado, pois as letras se comportam de forma semelhante aos números!

Observe as igualdades:

- $7 + 7 = 2 \cdot 7$
- $4 + 4 + 4 = 3 \cdot 4$
- $x + x = 2 \cdot x = 2x$
- $a + a + a = 3 \cdot a = 3a$

Calcule mentalmente:
a) $5x + 3x$
b) $10m - 8m$
c) $7a - 11a$
d) $x + x + 5x - 3x$

Daí,

- $x + 2x = 3x$; $9n - 7n = 2n$; $8x + x - 5x = 4x$; $12y - 5y - 7y = 0$, e assim por diante.

Voltando ao problema:

$x + 2x = 8,4$
$3x = 8,4$
$x = \dfrac{8,4}{3}$
$x = 2,8$

$8,4 : 3 = 84 : 30$

```
 84 | 30
240   2,8
  0
```

REFLETINDO

Explique por que $1 \cdot x$ é o mesmo que x.

Como x representa o preço da caneta e $2x$, o preço do caderno, temos que uma caneta custa R$ 2,80 e um caderno custa R$ 5,60.

Conferindo: caderno + caneta = 5,60 + 2,80 = 8,40

REFLETINDO

Quando resolvemos a equação $2x + 3x + 1 = 5x - 8$, obtemos $5x - 5x = -9$, ou seja $0x = -9$, então $0 = -9$, o que é falso!

Esta equação não admite solução.

Verifique qual equação não admite solução.

a) $3x - 8x + 1 = -x + 3 - 4x$

b) $2x + 7 - 2x = 6 + x$

EQUAÇÕES 209

A propriedade distributiva

Você já conhece a propriedade distributiva. Como o nome já diz, ela permite distribuir a multiplicação. Veja exemplos:

- $2 \cdot (4 + 5) = 2 \cdot 4 + 2 \cdot 5$ Distribuímos a multiplicação pelas parcelas da adição:
- $3 \cdot (7 - 2) = 3 \cdot 7 - 3 \cdot 2$

Essa propriedade continua valendo quando trabalhamos com letras:
- $4 \cdot (x + 3) = 4 \cdot x + 4 \cdot 3 = 4x + 12$
- $(-5) \cdot (a + 2) = (-5) \cdot a + (-5) \cdot 2 = -5a - 10$
- $7 \cdot (3 - 2y) = 7 \cdot 3 + 7 \cdot (-2y) = 21 - 14y$

Como o sinal de vezes antes dos parênteses não precisa ser escrito, podemos escrever:
- $4 \cdot (x + 3) = 4(x + 3)$;
- $7 \cdot (3 - 2y) = 7(3 - 2y)$ e assim por diante.

Aplicaremos a propriedade distributiva na resolução de equações e problemas. Acompanhe um exemplo:

- Dona Sílvia gastou R$ 60,00 comprando uma torta de limão e duas tortas de morango. A torta de morango custa R$ 3,00 a mais que a de limão. Qual é o preço de cada torta?

Vamos equacionar o problema:

Preço da torta de limão: x

Preço da torta de morango: $x + 3$

Preço de duas tortas de morango: $2(x + 3)$

> É preciso colocar parênteses. Sem eles, 2 multiplicaria somente x e não $x + 3$, como queremos.

Uma torta de limão mais duas de morango somam R$ 60,00. A equação fica:

$x + 2(x + 3) = 60$ Aplicando a propriedade distributiva:

$x + 2x + 6 = 60$ Como $x + 2x = 3x$, vem:

$3x + 6 = 60$

$3x = 60 - 6$

$3x = 54$

$x = \dfrac{54}{3}$

$x = 18$

> Verifique a solução do problema: uma torta de limão e duas de morango custam juntas R$ 60,00?

Se $x = 18$, então $x + 3 = 21$.

A torta de limão custa R$ 18,00 e a de morango R$ 21,00.

REFLETINDO

Resolvendo a equação $2(x - 1) + x = 3x + 5$, obtemos:

$2x - 2 + x = 3x + 5$

$3x - 2 = 3x + 5$

$0x = 7$

$0 = 7$ (falso)

O que isso significa?

EXERCÍCIOS

23. Qual é o valor de *x* que equilibra os pratos da balança?

24. Resolva as equações.
a) $5x + 3x = 16$
b) $x + x + 8 = 54$
c) $7x - 2 - 5x = 18$
d) $12x - 10x - 4 = 3$
e) $-x - 2x - 4 = 11$
f) $8x = 5x + 4,5$

25. A professora pediu aos alunos que resolvessem a equação:

$7x + 4 = 19$

Maurício foi apresentar a solução dessa equação na lousa.

$$7x + 4 = 19$$
$$7x = 19 - 4$$
$$7x = 15$$
$$x = 15 - 7$$
$$x = 8$$

a) Ele cometeu um erro na resolução. Qual foi?
b) Resolva a equação corretamente.

26. Qual número somado com seu triplo dá −600?

27. A soma de um número com o dobro do consecutivo dele resulta em 206.

a) Escreva uma equação que traduza o problema.
b) Resolva a equação e descubra qual é esse número.

28. Um táxi inicia uma corrida marcando R$ 5,00 no taxímetro. Sabendo que cada quilômetro rodado custa R$ 3,00 e que o total da corrida ficou em R$ 47,00, calcule quantos quilômetros foram percorridos.

29. Resolva as equações.
a) $4(x + 1) = 12$
b) $5(3 - x) - 4x = 18$
c) $9x - 3(2x + 2) = 15$
d) $2,5(x - 2) - 1,5x = 1$
e) $3,5x + 8 = 2(x + 7)$
f) $6(3x + 2) - 8 = -2$
g) $-3(x - 5) - 2(2x + 1) = -8$

30. Observe a figura abaixo:

(*x* + 1) cm

5 cm

Quanto ao retângulo, podemos escrever a equação:

$2(x + 1) + 2 \cdot 5 = 38$

a) O que representa o número 38?
b) Resolva a equação.
c) Qual é a área do retângulo?

EQUAÇÕES 211

4. Balanças em equilíbrio e equações

Esta é uma balança de pratos. Esse tipo de balança não é muito comum hoje em dia: elas servem para medir massas com base no equilíbrio dos dois pratos. Essas balanças nos ajudarão a compreender as propriedades das igualdades.

Observe que no prato da esquerda foram colocados quatro cubos idênticos e no prato da direita, dois cilindros de 100 g de massa cada. Como os pratos estão equilibrados, a massa dos quatro cubos é igual à massa dos dois cilindros.

Partindo sempre dessa situação inicial de equilíbrio da balança acima, responda:

Se acrescentarmos a mesma massa a cada prato, o equilíbrio se mantém?

Se dobrarmos a massa de cada prato, o equilíbrio se mantém?

Se retirarmos a metade do conteúdo de cada prato, o equilíbrio se mantém?

Numa balança de pratos em equilíbrio, quando acrescentamos ou retiramos massas iguais dos dois pratos o equilíbrio se mantém. As equações, que são igualdades, funcionam de modo semelhante. Numa equação podemos:

- ◆ somar o mesmo número aos dois membros da equação;
- ◆ subtrair o mesmo número dos dois membros da equação;
- ◆ multiplicar os dois membros da equação por um mesmo número diferente de zero;
- ◆ dividir os dois membros da equação por um mesmo número diferente de zero.

Aplicando o que aprendemos

Para resolver a equação $3x = 2x + 100 + 50$, podemos imaginá-la como uma balança de pratos em equilíbrio:

$$3x = 2x + 100 + 50$$
$$3x = 2x + 150$$

Vamos retirar a mesma massa dos dois pratos:

$$-2x \curvearrowright 3x = 2x + 150 \curvearrowleft -2x$$
$$x = 150$$

O equilíbrio se mantém.

Ilustrações: Jorge Zaiba

Descobrimos a massa do cubinho: 150 g.
Veja mais exemplos:

- $-3x \curvearrowright 5x - 8 = 3x + 6 \curvearrowleft -3x$ Subtraímos $3x$ dos dois membros da equação.
  $2x - 8 = 6$

  Aí, usamos as operações inversas:
  $2x = 6 + 8$
  $2x = 14$
  $x = \dfrac{14}{2}$
  $x = 7$

REFLETINDO

Registre no caderno.

1. Substitua x por 7 na equação e faça as operações indicadas. Você obteve uma igualdade verdadeira?
2. Se obtivermos uma igualdade falsa, o que isso significa?

- $5(x + 3) = 4(x - 2) + 6$

Primeiro aplicamos a propriedade distributiva:
$5x + 15 = 4x - 8 + 6$ Efetuamos $(-8 + 6)$:

Subtraindo $4x$ de ambos os membros da equação, temos:

$-4x \curvearrowright 5x + 15 = 4x - 2 \curvearrowleft -4x$
$x + 15 = -2$
$x = -2 - 15$
$x = -17$

EQUAÇÕES   **213**

EXERCÍCIOS

31. Quais das seguintes ações manteriam a balança em equilíbrio?

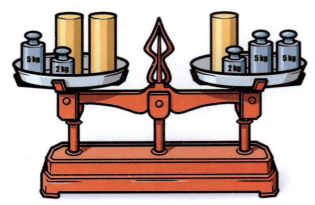

a) Adicionar 3 kg em cada prato.
b) Tirar 5 kg de cada prato.
c) Passar uma lata do prato esquerdo para o prato direito.
d) Tirar uma lata de cada prato.
e) Tirar duas latas do prato esquerdo e uma do direito.

32. Esta balança está em equilíbrio e as três melancias têm o mesmo peso.

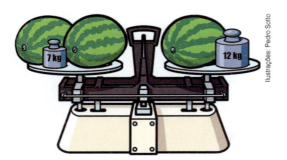

a) Qual é o peso de cada melancia?
b) Qual é a equação que representa essa situação?

33. Estas caixas têm o mesmo número de canetas coloridas.

a) Quantas canetas há em cada caixa?
b) Qual é a equação que representa essa situação?

34. A soma de três números inteiros consecutivos é -93. Quais são os números?

35. Resolva as equações.

a) $6x = 2x + 16$
b) $4x - 10 = 2x + 2$
c) $2x + 1 = 4x - 7$
d) $3x - 2 = 4x + 9$
e) $5x + 4 = 3x - 2x + 4$
f) $x + x - 4 = 17 - 2x + 1$
g) $3,4x - 2,6 = x - 0,92$
h) $0,1x + 3x + 0,9x = 14 + 2x$

36. O triângulo da figura tem perímetro de 22 cm. Determine a medida do menor lado.

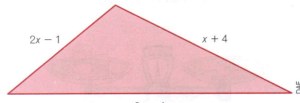

37. Resolva as equações.

a) $7(x - 2) = 5(x + 3)$
b) $2(x - 5) + 4(x - 1) = 0$
c) $3(2x - 1) = -2(x + 3)$
d) $7(x - 1) - 2(x - 5) = x - 5$

38. Pensei em um número;

- subtraí 3 unidades;
- multipliquei o resultado por 4;
- somei uma unidade;
- o resultado deu 65.

Em que número pensei?

5. Mais problemas e equações

1. Em certa cidade, aconteceu um fato interessante. Num período de quatro dias consecutivos, a temperatura mínima registrada diminuiu exatamente 1 °C por dia.
A média das temperaturas mínimas nesse período foi de −2,5 °C.
Quais foram as temperaturas mínimas registradas em cada dia?

Se chamarmos de t a temperatura mínima registrada no primeiro dia, teremos:

- 1º dia: t
- 2º dia: $t - 1$
- 3º dia: $(t - 1) - 1 = t - 2$
- 4º dia: $(t - 2) - 1 = t - 3$

Média $= \dfrac{t + t - 1 + t - 2 + t - 3}{4} = -2,5$

Média $= \dfrac{4t - 6}{4} = -2,5$

Então:
$4t - 6 = 4 \cdot (-2,5)$
$4t - 6 = -10$
$4t = -4$
$t = -1$

Resolvida a equação acima, encontramos a temperatura t e, com base nela, a temperatura mínima registrada em cada dia. Veja a tabela ao lado:

1º dia	2º dia	3º dia	4º dia
t	$t - 1$	$t - 2$	$t - 3$
−1 °C	−2 °C	−3 °C	−4 °C

2. É possível construir um quadrado e um triângulo equilátero de modo que:
- os dois tenham o mesmo perímetro?
- o lado do quadrado meça 2 unidades a menos que o lado do triângulo?

As equações permitem mostrar que sim. Acompanhe.

Chamando a medida do lado do triângulo de x, a medida do lado do quadrado será $x - 2$.
Como os perímetros devem ser iguais, temos:
$4(x - 2) = 3x$
$4x - 8 = 3x$

Subtraindo $3x$ de ambos os membros:
$x - 8 = 0$
$x = 8 \rightarrow x - 2 = 6$
O triângulo equilátero tem lado 8 e o quadrado, lado 6.

$P = 4 \cdot 6 = 24$

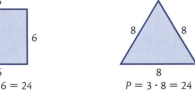
$P = 3 \cdot 8 = 24$

INTERAGINDO

Registrem no caderno.

1. $3 + 1 + 8 = 10 + 2$ é uma equação? Justifiquem.

2. Mostrem que a equação $2(x - 1) - 12 = 3 + 2x$ não admite solução.

3. Mostrem que a equação $3(x + 2) = 1 + 3x + 5$ admite infinitas soluções.

4. Será que existe número inteiro que somado ao seu consecutivo seja igual ao seu dobro?

5. Será que o triângulo da figura é equilátero?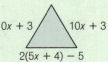

6. Escrevam o enunciado de um problema que possa ser representado e resolvido por meio da equação $2x = x + 3$.

Eliminando denominadores

1. Todo início de mês, João separa a metade de seu salário para pagar o aluguel, contas de água, luz etc., e mais dois quintos de seu salário para os gastos com alimentação e transporte. Sobram R$ 160,00 para outras despesas. Qual é o salário de João?

   - Salário de João: x
   - Metade do salário de João: $\dfrac{x}{2}$
   - Dois quintos do salário de João: $\dfrac{2}{5}$ de x ou $\dfrac{2x}{5}$

   Somando a metade, os dois quintos e os R$ 160,00 que sobram, temos o salário do João.

   $$x = \dfrac{x}{2} + \dfrac{2x}{5} + 160$$

   Usando frações equivalentes, podemos escrever os termos da equação num mesmo denominador:

   $$\dfrac{10x}{10} = \dfrac{5x}{10} + \dfrac{4x}{10} + \dfrac{1600}{10}$$

   $$\dfrac{10x}{10} = \dfrac{9x + 1600}{10}$$

   Multiplicamos ambos os membros da equação por 10:

   $$\cancel{10} \cdot \dfrac{10x}{\cancel{10}} = \cancel{10} \cdot \dfrac{9x + 1600}{\cancel{10}}$$

   Usamos o cancelamento.

   $10x = 9x + 1600$
   $x = 1600$

   Então, João recebe R$ 1.600,00 por mês.

2. A professora propôs um problema para os alunos do 7º ano. Vamos resolvê-lo?

   Pensei em um número x, somei 7 a ele, dividi o resultado por 3 e somei a metade do número pensado. Obtive como resultado o sucessor de x. Em que número pensei?

   - Número pensado: x
   - Metade de x: $\dfrac{x}{2}$
   - Sucessor de x: $x + 1$

   Primeiro representamos o problema por meio de uma equação:

   $$\dfrac{x + 7}{3} + \dfrac{x}{2} = x + 1$$

   Escrevemos as frações num mesmo denominador, usando frações equivalentes:

   $$\dfrac{2(x + 7)}{6} + \dfrac{3x}{6} = \dfrac{6(x + 1)}{6}$$

   Multiplicamos ambos os membros por 6 e usamos o cancelamento:

   $$\cancel{6} \cdot \dfrac{2(x + 7) + 3x}{\cancel{6}} = \cancel{6} \cdot \dfrac{6(x + 1)}{\cancel{6}}$$

   $2(x + 7) + 3x = 6(x + 1)$

   Agora a equação ficou mais simples de resolver!

   > Termine a resolução no caderno e descubra em que número a professora pensou. Confira com os colegas!

EXERCÍCIOS

39. (Fuvest-SP) A soma de um número com sua quinta parte é 2. Qual é o número?

40. Lia comprou um objeto que pagará em três prestações. Na primeira prestação ela pagará a terça parte do valor do objeto; na segunda prestação, a quinta parte; e na última, R$ 35,00. Quanto ela pagará pelo objeto?

41. Resolva as equações.

a) $\dfrac{x}{2} - \dfrac{x}{4} = \dfrac{1}{2}$

b) $\dfrac{x}{4} + 7 = \dfrac{x}{2} + 5$

c) $\dfrac{x}{3} + 4 = 2x$

d) $\dfrac{x}{6} + \dfrac{x}{4} = \dfrac{x}{3} - 1$

42. (Saresp) Zeca entrou num jogo com certo número de fichas. Na primeira rodada, perdeu a terça parte, mas na segunda rodada ganhou três fichas, ficando com 11 fichas no final. Qual era o número de fichas de Zeca no início do jogo?

43. (CAp-UFRJ) Por falta de tratamento de água, $\dfrac{1}{4}$ dos peixes que havia num aquário morreu.

O equivalente à metade dos que morreram está doente. Dez peixes estão saudáveis. Quantos peixes havia inicialmente nesse aquário?

44. No polígono abaixo, a soma das medidas dos lados $\overline{AB}$ e $\overline{CD}$ é igual à soma das medidas dos lados $\overline{AC}$ e $\overline{BD}$.

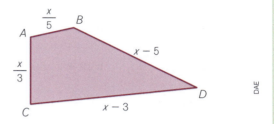

Calcule:

a) o valor de x;

b) o perímetro desse polígono.

45. Resolva as equações.

a) $\dfrac{x}{3} + \dfrac{x}{2} = \dfrac{7+x}{3}$

b) $\dfrac{x-2}{3} + 2x = \dfrac{5x}{2}$

c) $\dfrac{x-5}{3} + \dfrac{3x-1}{2} = 4$

d) $\dfrac{x-1}{5} = x - \dfrac{2x-1}{3}$

46. A idade de Rodolfo há seis anos era metade da idade que terá daqui a 8 anos.

a) Copie e complete o quadro.

	Há 6 anos	Hoje	Daqui a 8 anos
Rodolfo		x	

b) Qual é a idade atual de Rodolfo?

47. O comprimento médio dos três lápis é 90 mm. Qual é o comprimento de cada lápis?

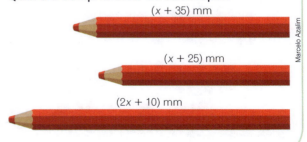

REVISANDO

48. Calcule mentalmente a solução de cada uma das equações.

a) $2 + x = 7$

b) $5x = 50$

c) $-7x = 42$

d) $3x - 24 = 0$

e) $0,5 - x = 0,1$

f) $\dfrac{x}{2} = 30$

g) $2x = 1$

h) $9 + x = 9,4$

i) $\dfrac{2x + 1}{5} = 1$

j) $\dfrac{x - 3}{11} = 2$

49. A balança está equilibrada e os queijos têm pesos iguais. Quantos quilogramas tem cada queijo? Calcule e responda.

50. Uma pessoa compra x latas de azeitona a R$ 5,00 cada uma e $x + 4$ latas de palmito a R$ 7,00 cada uma. No total gastou R$ 172,00. Determine x.

51. Dois corintianos, um de 37 kg e outro de 40 kg, equilibram três palmeirenses em uma gangorra. Um dos palmeirenses pesa 32 kg e os outros dois são irmãos, e têm pesos iguais. Quanto pesa cada um dos palmeirenses que são irmãos?

52. A balança está equilibrada. Todas as garrafas têm o mesmo peso e cada caixa pesa 1,5 kg. Quanto pesa cada garrafa?

53. Resolva as equações.

a) $2 - 3x = -9 - 4x$

b) $350x - 500 = 100x + 750$

c) $x + 5,41 = 3,87$

d) $3(2x - 1) = -2(x + 3)$

e) $4(x + 10) - 2(x - 5) = 0$

f) $3,5x + 8 = 2(x + 7)$

54. Calcule o valor de x sabendo que os dois segmentos têm o mesmo comprimento.

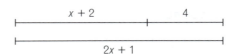

55. O perímetro do terreno abaixo é de 128 m. Quanto vale x?

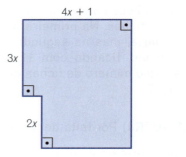

56. Três livros custam o mesmo que 8 cadernos. Um livro custa R$ 25,00 a mais que um caderno. Qual é o preço de um livro?

57. Considere o retângulo:

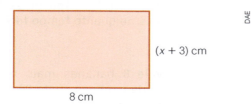

Determine o valor de x de modo que:

a) o perímetro seja igual a 26 cm;
b) a área seja igual a 48 cm².

58. (Ipad-PE) Dona Ester pretende produzir coxinhas para algumas lanchonetes. Ela sabe que terá um custo fixo, para pagar o salário de uma ajudante, de 600 reais por mês. Cada coxinha tem um custo de produção de 50 centavos, e será vendida por R$ 1,10. De acordo com esses dados, qual é o número mínimo de coxinhas que dona Ester deverá produzir por mês para não ter prejuízo?

59. (FCC-SP) Que número deve ser colocado no canto superior grifado do quadrado mágico?

Em um quadrado mágico, a soma dos três números de cada linha, coluna ou diagonal sempre dá o mesmo resultado.

x	17	
	x + 1	
	x − 3	x + 2

60. Os tambores da figura têm medidas iguais, mas contêm quantidades diferentes de líquido.

20 L — 12 garrafões cheios serão colocados para encher o tambor

45 L — 7 garrafões cheios serão colocados para encher o tambor

Qual é o volume do tambor?

61. Resolva as equações.

a) $x - \dfrac{x}{2} = 1$

b) $\dfrac{x}{3} + \dfrac{x}{2} = 15$

c) $\dfrac{3x}{2} - 5x = -7$

d) $\dfrac{x}{2} + \dfrac{x}{4} + \dfrac{x}{2} = 4$

e) $\dfrac{3}{4}x - \dfrac{1}{2}x = -2$

62. (Unicamp-SP) Um funcionário teve seu salário reajustado em $\dfrac{6}{10}$ e passou a ganhar R$ 860,00. Qual era seu salário antes do aumento?

63. Dois quintos do meu salário são reservados para o aluguel e a metade é gasta com a alimentação, restando ainda R$ 90,00 para gastos diversos. Qual é o meu salário?

64. Resolva as equações.

a) $2\left(x + \dfrac{1}{2}\right) = 13$ b) $x = \dfrac{1}{2}(x - 1)$

EQUAÇÕES 219

DESAFIOS NO CADERNO

65. Carlos tem 17 anos e Mário tem 15 anos.

a) Copie e complete o quadro.

	Hoje	Daqui a *x* anos
Carlos		17 + x
Mário	15	

b) Daqui a quantos anos a soma de suas idades será 72 anos?

66. Um pai tem hoje 54 anos e seus quatro filhos têm, juntos, 39 anos. Dentro de quantos anos a idade do pai será a soma das idades dos filhos?

67. Resolva as equações.

a) $\dfrac{x-1}{2} + \dfrac{x-3}{3} = 6$

b) $\dfrac{x-2}{3} - \dfrac{x+1}{4} = 4$

c) $\dfrac{2x-3}{4} - \dfrac{2-x}{3} = \dfrac{x-1}{3}$

68. Em uma classe com 20 meninos e 30 meninas, foi realizada uma prova. A média dos meninos foi 8. Qual foi a média das meninas, se a média da classe foi 7,4?

69. Fernando tem R$ 1.380,00 e Alberto, R$ 1.020,00. Fernando economiza R$ 36,00 por mês e Alberto, R$ 96,00. Depois de quanto tempo terão quantias iguais?

70. Uma maçã vale 6 bananas mais meia maçã. Meia dúzia de bananas custa 96 centavos. Quanto custa uma maçã?

71. (Uniube-MG) Uma empresa deseja enviar sua equipe de vendedores para visitar várias cidades, sendo cada uma visitada por apenas um vendedor. Se cada um deles fosse a 10 cidades diferentes, restariam ainda 30 cidades que não seriam visitadas. Se cada vendedor fosse a 12 cidades diferentes, mesmo assim 10 não seriam visitadas. Quantos vendedores tem a empresa?

72. (Unicamp-SP) Uma senhora comprou uma caixa de bombons para seus dois filhos. Um deles tirou para si metade dos bombons da caixa. Mais tarde, o outro menino também tirou para si metade dos bombons que encontrou na caixa. Restaram 10 bombons. Calcule quantos bombons havia inicialmente na caixa.

73. Se Luciana emagrecesse 15 kg, ela passaria a ter 80% de seu peso atual. Qual é atualmente o peso de Luciana?

SEÇÃO LIVRE

Aryabhata e as operações inversas

O sistema de numeração decimal que hoje usamos é uma das mais importantes invenções da humanidade. Esse sistema foi criado há muito tempo pelos hindus. Vários matemáticos hindus trouxeram grandes contribuições para a Matemática.

Vamos conhecer um deles?

Aryabhata, poeta, astrônomo e matemático hindu nasceu em 476.

Aos 23 anos, terminou a obra *Aryabhatiya*, que é um dos mais antigos textos hindus conhecidos sobre Matemática e Astronomia.

Ele foi um dos primeiros a explicar as causas dos eclipses do Sol e da Lua.

Aryabhata escrevia usando versos e, para resolver problemas de adivinhação com números, costumava usar as operações inversas.

Veja o tipo de linguagem usada por ele no exemplo de problema a seguir:

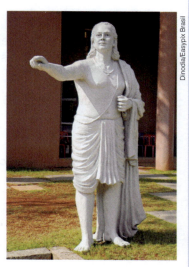

Representação da estátua de Aryabhata.

> *Oh bela donzela com olhos radiantes! Diz-me, uma vez que compreendes o método da inversão, qual é o número que multiplicado por 3, aumentado em 21, dividido por 7, diminuído de 5 dá o resultado final 10?*

Podemos esquematizar o problema assim:

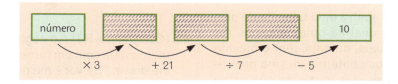

Usando o método da inversão sugerido por Aryabhata, partimos do 10 e, em cada etapa, efetuamos a operação inversa:

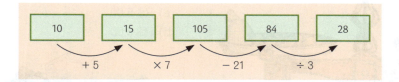

O número é 28.

> Quem vai à lousa descobrir o número desconhecido no problema abaixo usando o método da inversão?
>
> *Oh bela donzela com olhos radiantes! Diz-me, uma vez que compreendes o método da inversão, qual é o número que dividido por 8, diminuído de 10 e multiplicado por 24 dá o resultado final 264?*

EQUAÇÕES 221

AUTOAVALIAÇÃO

NO CADERNO

Anote no caderno o número do exercício e a letra correspondente à resposta correta.

74. A solução da equação $0,5x = 0,3 - 0,5x$ é:

a) 0,3   b) 0,5   c) 0,8   d) 1,3

75. Se $(2 + 3)^2 - x = 12$, então x vale:

a) -2 b) -1 c) 9   d) 13

76. Se $2x - 5 = 9$, então $3x + 2$ é igual a:

a) 44   b) 14   c) 23   d) 16

77. O número 50 é solução da equação:

a) $\dfrac{3x}{5} + 7 = \dfrac{x - 4}{2}$

b) $\dfrac{3x}{5} - 7 = \dfrac{x + 4}{2}$

c) $\dfrac{3x}{5} + 7 = \dfrac{x + 4}{2}$

d) $\dfrac{3x}{5} - 7 = \dfrac{x - 4}{2}$

78. (Prominp) A figura ilustra uma balança de pratos equilibrada, na qual há bolas e sacos. As bolas são todas iguais, ou seja, têm o mesmo peso. Todos os sacos contêm a mesma quantidade de bolas, todas elas iguais às que estão fora dos sacos. Os sacos, quando vazios, tem peso desprezível.

Quantas bolas cada saquinho contém?

a) 2   b) 3   c) 4   d) 5

79. A soma de um número com 3 e o quociente desse mesmo número por 3 são iguais. Esse número é:

a) $-\dfrac{9}{2}$ b) $-\dfrac{9}{4}$ c) $\dfrac{9}{2}$ d) $\dfrac{9}{4}$

80. (UFSE) Numa caixa há bolas brancas e bolas pretas, num total de 360. Se o número de brancas é o quádruplo do de pretas, então o número de bolas brancas é:

a) 72   b) 120   c) 240   d) 288

81. (Ufla-MG) Dez caixas fechadas de parafusos mais 100 parafusos soltos pesam o mesmo que 15 caixas fechadas mais 20 parafusos soltos. O número de parafusos em cada caixa é:

a) 12
b) 16
c) 20
d) 24

82. (Cesgranrio-RJ) Ao negociar a compra de certa mercadoria com um fornecedor, um comerciante lhe disse: "Se você me der R$ 1,00 de desconto em cada peça, poderei comprar 60 peças com a mesma quantia que eu gastaria para comprar 50". Se o fornecedor der o desconto pedido, o comerciante pagará, em reais, por peça:

a) R$ 5,00   c) R$ 7,00
b) R$ 6,00   d) R$ 8,00

222

83. Um número somado ao seu consecutivo e ao seu triplo resulta em 81. Então, esse número está compreendido entre:

a) 10 e 13
b) 13 e 17
c) 17 e 20
d) 20 e 25

84. (Saresp)

Com qual equação podemos descobrir a quantia que o garoto possui?

a) $2x + 20 + 40 = 200$
b) $x + 40 + 40 = 200$
c) $(x + 40) \cdot 2 + 20 = 200$
d) $(x + 20) \cdot 2 + 40 = 200$

85. Numa caixa, o número de bolas vermelhas é o triplo do número de bolas brancas. Se tirarmos 2 brancas e 26 vermelhas, o número de bolas de cada cor ficará igual. A quantidade de bolas brancas será encontrada resolvendo-se a equação:

a) $3x - 2 = x + 26$
b) $3x - 2 = 26 - x$
c) $3x + 26 = x + 2$
d) $3x - 26 = x - 2$

86. (Saresp) Se a professora der 8 balas a cada aluno, sobram-lhe 44 balas; se ela der 10 balas a cada aluno, faltam-lhe 12 balas. Nessa história, se x representa o número de alunos, devemos ter:

a) $8x = 10$ e $x = 22$
b) $8x + 44 = 10x$ e $x = 22$
c) $8x + 10x = 44 + 12$ e $x = 28$
d) $8x + 44 = 10x - 12$ e $x = 28$

87. (UERJ) João mediu o comprimento de seu sofá com o auxílio de uma régua:

Colocando 12 vezes a régua na direção do comprimento, sobraram 15 cm da régua; por outro lado, estendendo 11 vezes, faltaram 5 cm para atingir o comprimento total. O comprimento do sofá, em centímetros, equivale a:

a) 240
b) 235
c) 225
d) 220

88. (OBM) Renata digitou um número em sua calculadora, multiplicou-o por 3, somou 12, dividiu o resultado por 7 e obteve o número 15. O número digitado foi:

a) 31
b) 39
c) 7
d) 27

223

89. (Obmep) Margarida viu no quadro negro algumas anotações da aula anterior, um pouco apagadas, conforme mostra a figura.

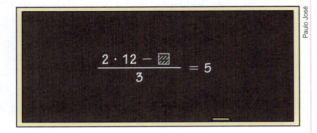

Qual é o número que foi apagado?

a) 9
b) 10
c) 12
d) 15

90. A solução da equação $\dfrac{3x+5}{2} - \dfrac{2x-9}{3} = 8$ é também solução da equação:

a) $3x = 3$
b) $3x = 9$
c) $3x = 15$
d) $3x = -15$

91. (Acafe-SC) Um frasco com dois litros de iogurte contém suco de fruta, leite e mel. A quantidade de leite é o dobro da quantidade de suco de fruta, e a quantidade de mel é a nona parte da quantidade dos outros dois líquidos juntos. A quantidade de suco de fruta que esse frasco de iogurte contém é de:

a) 500 mL
b) 600 mL
c) 750 mL
d) 800 mL

92. (Prominp) Dona Maria foi ao mercado levando o dinheiro exato para comprar 3 kg de feijão. Chegando lá viu que o preço do quilo de feijão havia aumentado em R$ 0,10. Assim, ela pôde comprar somente 2 kg, e voltou para casa com R$ 1,50 de troco. Quanto dona Maria pagou, em reais, em cada quilo de feijão?

a) R$ 1,60
b) R$ 1,70
c) R$ 1,80
d) R$ 1,90

93. (Vunesp) A locadora FILMEBOM cobra de seus usuários R$ 20,00 de taxa fixa de inscrição no primeiro dia e R$ 4,00/dia por filme alugado. Já na locadora FILMEX, o usuário paga uma taxa fixa de R$ 30,00 para ter o direito de alugar filmes e R$ 3,00/dia por filme alugado. Assim, em termos de gastos para o usuário, é indiferente associar-se e alugar filmes por um dia na FILMEBOM ou na FILMEX, desde que ele leve:

a) 10 filmes.
b) 15 filmes.
c) 22 filmes.
d) 38 filmes.

94. (Ceetps-SP) Uma empresa operadora de telefones oferece dois planos, A e B, de acordo com a tabela:

Plano	Assinatura mensal (R$)	Ligações locais (R$/minuto)
A	37,24	0,42
B	pré-pago	1,40

Após quantos minutos de ligação o valor a pagar é o mesmo nos dois planos?

a) 25
b) 28
c) 38
d) 42

UNIDADE 10

Inequações

1. Desigualdades — símbolos e propriedades

Vamos comparar números:

é uma igualdade

são desigualdades

Os sinais > (maior que), < (menor que) e ≠ (diferente) são sinais de desigualdade. Ainda existem os sinais:

⩾ (maior ou igual) e ⩽ (menor ou igual)

Assim como as igualdades, as desigualdades têm dois membros:

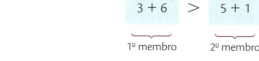

Observe os quadros, que partem sempre de uma desigualdade verdadeira:

REFLETINDO

−1,5 < 2 é uma desigualdade verdadeira

1. Some 2,5 a ambos os membros da desigualdade. A desigualdade permanece verdadeira?

2. Subtraia 0,5 de ambos os membros da desigualdade. A desigualdade permanece verdadeira?

6 > 4
Somando 3 a ambos os membros da desigualdade:
6 + 3 > 4 + 3
9 > 7 (Verdadeira!)

6 > 4
Subtraindo 8 de ambos os membros da desigualdade:
6 − 8 > 4 − 8
−2 > −4 (Verdadeira!)

Esses não são exemplos particulares.

Somando ou subtraindo o mesmo número de ambos os membros de uma desigualdade verdadeira, ela permanece verdadeira!

INEQUAÇÕES 225

Mais uma propriedade

2 < 8
Multiplicando ambos os membros
da desigualdade por 5:
2 · 5 < 8 · 5
10 < 40 (Verdadeira!)

2 < 8
Dividindo ambos os membros
da desigualdade por 2:
2 : 2 < 8 : 2
1 < 4 (Verdadeira!)

> Multiplicando ou dividindo ambos os membros da desigualdade por um mesmo número **positivo**, a desigualdade se mantém verdadeira.

Agora atenção:

2 < 6
Multiplicando ambos os membros
da desigualdade por (−3):
2 · (−3) < 6 · (−3)
−6 < −18 (Não é verdade!)
Para a desigualdade ficar verdadeira,
precisamos trocar o sinal < pelo sinal >:
−6 > −18 (Verdadeira!)

2 < 6
Dividindo ambos os membros
da desigualdade por (−2):
2 : (−2) < 6 : (−2)
−1 < −3 (Não é verdade!)
No entanto:
−1 > −3 (Verdadeira!)

> Se multiplicarmos ou dividirmos ambos os membros de uma desigualdade por um mesmo número **negativo**, é preciso:
> - trocar o sinal > pelo < ou
> - trocar o sinal < pelo sinal > para a desigualdade ficar verdadeira.

5 > −3 é uma desigualdade verdadeira

1. Multiplique ambos os membros da desigualdade por (−2). A desigualdade fica verdadeira? E se trocarmos o sinal > pelo sinal <?
2. Agora divida ambos os membros da desigualdade 5 > −3 por (−2). Relate o que você observou.
3. Com base em suas observações sobre desigualdade, indique quais das sentenças abaixo nem sempre são verdadeiras.
    a) Se $x < y$, então $x + z < y + z$.
    b) Se $x < y$, então $x - z < y - z$.
    c) Se $x < y$, então $x \cdot z < y \cdot z$.
    d) Se $x < y$ e $z \neq 0$, então $\dfrac{x}{z} < \dfrac{y}{z}$.

EXERCÍCIOS

1. O que diz esta afirmação?

   $$10 > 8$$

   Ela é verdadeira? Há outra maneira de dizer a mesma coisa?

2. Veja as balanças:

   Podemos afirmar o peso correto das maçãs? Se não, o que podemos afirmar, então?

3. Certo ou errado?

   a) $2 \neq 3$
   b) $2 > 3$
   c) $2 = 3$
   d) $2 \leq 3$
   e) $2 \leq 2$
   f) $2 < 2$
   g) $-2 > -3$
   h) $-3 \neq -2$

4. Na venda de certo refrigerante, foram oferecidos a um comerciante os seguintes planos de pagamento à vista:

Quantidade de refrigerantes (R)	Desconto
$R < 100$	2%
$100 \leq R < 200$	5%
$200 \leq R < 300$	10%
$R \geq 300$	15%

Observação: $100 \leq R$ significa $R = 100$ ou R igual a qualquer número maior que 100.

Que desconto conseguiria o comerciante, se resolvesse comprar as seguintes quantidades de refrigerantes?

a) 99
b) 100
c) 195
d) 201
e) 200
f) 299
g) 300
h) 700
i) 1 000

5. Complete no caderno com > ou <.

   a) 8 ▨ 10 e 8 + 3 ▨ 10 + 3

   b) 5 ▨ 4 e 5 − 1 ▨ 4 − 1

6. Se $x < 5$, é correto escrever $x - 2 < 5 - 2$?

7. Observe o quadro e responda.

Temos que:	Se multiplicarmos ambos os membros por (− 1):	Teremos:
$8 > 5$	$(-1) \cdot 8 = -8$ $(-1) \cdot 5 = -5$	$-8 < -5$

Se multiplicarmos por (−1) os dois membros da desigualdade $-2x > -8$, qual é a nova desigualdade que vamos obter?

INEQUAÇÕES 227

2. Inequações

Pensei em um número natural. Somei 5 a ele e obtive um número maior que 12. Em que número pensei?

De fato, qualquer número maior que 7 quando somado a 5 resulta um número maior que 12.
Se representarmos o número pensado por x, teremos $x + 5 > 12$.
A situação é representada por uma desigualdade que será verdadeira para $x > 7$.
Sentenças que têm pelo menos uma incógnita e são representadas por uma desigualdade recebem o nome de **inequações**.

- $3x + 1 > 7$
- $2y + 5 < y + 6$ ⎫ Estes são exemplos de inequações.
- $4(x + 1) - 3 \geq -8$ ⎭

Assim como nas equações, podemos verificar se um número é solução de uma inequação.
Os números 5 e 8 são exemplos de solução da inequação $3x + 1 > 7$, pois, quando substituímos x por um desses números nessa inequação, obtemos desigualdades verdadeiras.

$3 \cdot 5 + 1 > 7$
$15 + 1 > 7$
$16 > 7$
(Verdade!)

$3 \cdot 8 + 1 > 7$
$24 + 1 > 7$
$25 > 7$
(Verdade!)

No entanto, o número 1, por exemplo, não é solução dessa inequação:
$3 \cdot 1 + 1 > 7$
$3 + 1 > 7$
$4 > 7$ (Não é verdade!)

Você percebeu que uma inequação pode ter mais de uma solução.
Registre no caderno

1. Verifique entre os números 10; 2,5; −2 e −6 quais são soluções da inequação $3x + 1 > 7$.
2. Quantas soluções possui:
   a) a equação $2x - 1 = 0$?
   b) a inequação $2x - 1 > 0$?

EXERCÍCIOS

8. Veja as seguintes situações e escreva inequações para cada uma. Considere a idade *x*.

Situação 1

Situação 2

9. Indique a(s) alternativa(s) que representam inequações.

a) $x - 3 = 10$

b) $2x + 4 < 0$

c) $2 + 3 + 1 < 7$

d) $3(x - 2) < 7x - 2x$

e) $7(x + 1) = 6 - 5x$

f) $\dfrac{x}{2} + 3 > \dfrac{1}{2} - x$

10. Quais números a seguir são soluções de $3x - 4 < x + 12$?

a) 4   b) 9   c) −3   d) $\dfrac{1}{2}$

11. A balança está em equilíbrio.

a) Qual equação representa essa situação?
b) Quanto pesa cada pacote?

12. A balança não está em equilíbrio.

a) Qual inequação representa essa situação?
b) Quanto pesa cada pacote?

13. A balança não está em equilíbrio.

a) Qual inequação representa essa situação?
b) Quanto pesa cada pacote?

14. Lúcia tem R$ 48,00 para comprar 6 cadernos. Na papelaria há cadernos de vários preços.

a) Será que ela pode comprar os cadernos se cada um custar R$ 6,00? E se custar R$ 7,50?

b) Os cadernos de que ela mais gostou custam R$ 9,00 cada. Você acha que ela tem dinheiro para comprá-los?

c) Qual é o maior preço que Lúcia pode pagar por caderno?

15. O triplo de um número é adicionado a 7. O resultado é menor ou igual a 54.

a) Esse número pode ser igual a 12? E a 16?

b) Escreva uma inequação para o cálculo desse número.

c) Resolva essa inequação considerando apenas os números naturais.

3. Inequações e problemas

Problemas que envolvem desigualdades podem ser representados e resolvidos por meio de inequações. Veja exemplos:

1. Marta trabalha numa loja de calçados. Ela vai escolher entre duas opções para o cálculo do valor de seu salário:
   - R$ 5,00 por par de sapatos vendido no mês;
   - R$ 3,00 por par de sapatos vendido no mês mais R$ 200,00 fixos.

   A partir de quantos pares de sapatos vendidos a 1ª opção de cálculo resulta em um salário maior para Marta?

   Vamos representar por x o número de pares de sapatos vendidos no mês:

   1ª opção: $5x$

   2ª opção: $3x + 200$

   Para o salário da 1ª opção ser maior que o da 2ª opção, devemos ter:
   $$5x > 3x + 200$$

   Podemos subtrair $3x$ de ambos os membros da inequação:
   $$5x - 3x > 3x + 200 - 3x$$
   $$2x > 200$$

   É uma inequação!

   Podemos dividir ambos os membros da inequação por 2, obtendo:
   $$x > 100$$

   Isso significa que a 1ª opção de cálculo dará um salário maior para Marta se ela vender mais que 100 pares de sapatos no mês.

   > Veja que nesse caso só servem as soluções inteiras: 101, 102, 103, 104, ... porque o número de pares de sapatos vendidos no mês só pode ser um número positivo e inteiro.

2. Quero construir um retângulo cujo comprimento tenha 4 cm a mais que a medida da largura. Que medida de largura deve ter o retângulo para que seu perímetro seja maior que 60 cm?

   Como você já sabe, o perímetro do retângulo é a soma das medidas dos seus lados. Se representarmos por x a medida da largura do retângulo, a medida do comprimento será $x + 4$ e o perímetro será $x + x + x + 4 + x + 4 = 4x + 8$.

   Como queremos que o perímetro seja maior que 60 cm, uma desigualdade representa o problema:

   $4x + 8 > 60$ Subtraindo 8 de ambos os membros:

   $4x > 52$ Dividindo ambos os membros por 4, que é um número positivo:

   $x > 13$

   Para que o perímetro desse retângulo seja maior que 60 cm, sua largura deve ter medida maior que 13 cm.

EXERCÍCIOS

16. Observe a balança em desequilíbrio.

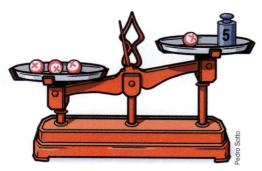

a) Escreva a inequação que o esquema sugere.
b) Indique dois valores possíveis para x.
c) Resolva a inequação sugerida pelo esquema.

17. Resolva as inequações.

a) $2x - 15 < -x$
b) $6x - 5 - 4x \leq 3$
c) $-x - 10 > -2$
d) $2x + x - 5 > 19 + 5x$
e) $4 - 3x > x + 6$
f) $3x + 8 < 6 + 5x$
g) $3x + 4 > 7 - 3 - 1$
h) $5x - 15 < 2x + 3 + 5$

18. As medidas indicadas na figura estão em centímetros.

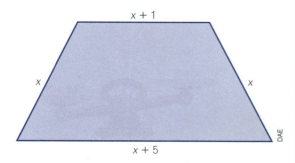

Para que valores de x o perímetro do trapézio supera 20 cm?

19. Resolva mentalmente as inequações.

a) $1,8x > -3,6$
b) $0,5x - 2 < 4$

20. Numa escola em que as notas variam de 0 a 10, a média mínima para um aluno ser aprovado para o ano seguinte é de 6 pontos nos quatro bimestres. Veja as notas de Marília em Geografia.

1º bim.	2º bim.	3º bim.	4º bim.
6,9	4,8	5,2	

Qual é a nota mínima que Marília deve tirar no 4º bimestre para passar para o ano seguinte?

21. Carlinhos perguntou a sua professora qual era a idade dela.

O dobro da minha idade menos 10 anos é menor que 62 anos.

A que conclusão Carlinhos pode chegar sobre a idade da professora?

22. Se o perímetro de um triângulo equilátero é menor que 16 cm, que valores inteiros pode ter o comprimento do lado?

23. A assinatura mensal da operadora de um telefone celular é de R$ 39,00 e cada unidade de conversação custa R$ 3,50. Quantas unidades de conversação posso utilizar durante um mês para que a conta seja inferior a R$ 81,00?

4. Exercitando a resolução de inequações

Acompanhe os exemplos de resolução de inequações:

> Escolha um número maior que -7 e verifique se ele é solução dessa inequação.

1. $7x - 6 < 9x + 8$ Subtraímos $9x$ de ambos os membros da inequação:

$-2x - 6 < 8$ Somamos 6 a ambos os membros da inequação:

$-2x < 14$ Dividimos ambos os membros da inequação por (-2) e trocamos o sinal $<$ pelo sinal $>$ porque dividimos por um número negativo:

$x > -7$

2. $5x - 2(x + 6) \geq x + 4$ Aplicamos a propriedade distributiva:

$5x - 2x - 12 \geq x + 4$

$3x - 12 \geq x + 4$ Subtraímos x de ambos os membros da inequação:

$2x - 12 \geq 4$ Somamos 12 a ambos os membros da inequação:

$2x \geq 16$ Dividimos ambos os membros da inequação por 2:

$x \geq 8$ O sinal $\geq$ inclui o 8 como solução dessa inequação.

3. $\dfrac{x}{4} - \dfrac{2x}{3} \leq \dfrac{5}{6}$ Primeiramente escrevemos as frações num mesmo denominador usando frações equivalentes:

$\dfrac{3x}{12} - \dfrac{8x}{12} \leq \dfrac{10}{12}$

$-\dfrac{5x}{12} \leq \dfrac{10}{12}$

$\cancel{12} \cdot \left(-\dfrac{5x}{\cancel{12}}\right) \leq \cancel{12} \cdot \dfrac{10}{\cancel{12}}$ Multiplicamos ambos os membros da inequação por 12 e usamos o cancelamento:

$-5x \leq 10$ Dividimos por -5, que é negativo, portanto invertemos o sinal da desigualdade:

$x \geq -2$ O sinal $\geq$ inclui o -2 como solução dessa inequação.

INTERAGINDO

Registrem no caderno.

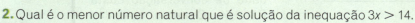

1. A balança ao lado não está em equilíbrio. Escrevam uma sentença matemática que represente esse desequilíbrio.

2. Qual é o menor número natural que é solução da inequação $3x > 14$.

3. A inequação $12y + 24 < 8$ tem todos os termos divisíveis por 4. Podemos escrevê-la de maneira mais simples: $3y + 6 < 2$ e então resolvê-la.

Utilizem esse recurso para resolver as inequações:

a) $6x - 2 > 8 + 4x$ b) $8(x + 4) - 2(x - 1) < 0$

4. Quantos números naturais são solução da inequação $2(x - 1) < 3x - 2$?

5. Qual das inequações abaixo não tem solução?

a) $\dfrac{x}{2} - 2x > 0$ b) $5 + 3(4x - 1) > 12x + 7$ c) $6x - 2(x + 1) < x + 4$

EXERCÍCIOS

24. Resolva as inequações.
a) $7(x-1) < 5 - 2x$
b) $10x - 1 \leq 4(x+1)$
c) $6x - 3(4 - 2x) > 0$
d) $3(x-2) < 5x - 8$
e) $2(x-3) + 3(x-1) \leq 36$
f) $3(x-1) - 2(x+1) \geq -9$

25. Dona Maria quer comprar alguns copos a R$ 2,00 cada e uma bandeja a R$ 15,00. Ela quer gastar menos que R$ 50,00. Responda:
a) Será que ela pode comprar 12 copos? E 20?
b) Quantos copos pode comprar, no máximo?

26. Na figura estão representados um quadrado e um triângulo, cujas dimensões, em cm, estão indicadas nas figuras.

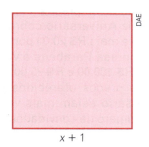
$x + 1$

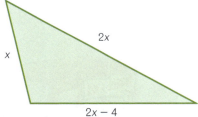

Para que valores de x o perímetro do triângulo é maior que o perímetro do quadrado?

27. A idade de Paulinho (em anos) é um número:
- ímpar;
- divisível por 3;
- compreendido entre 20 e 30;
- que satisfaz a inequação $2x - 3(x+7) > -46$.

Qual é a idade de Paulinho?

28. Em que etapa da resolução desta inequação está o erro?

I) $2(x-3) > 5(x+11)$
II) $2x - 6 > 5x + 55$
III) $2x > 5x + 61$
IV) $-3x > 61$
V) $x > -\dfrac{61}{3}$

29. (Saem-SC) Uma clínica odontológica oferece a seus clientes dois planos de assistência odontológica. O plano A cobra uma taxa de inscrição de R$ 500,00 e R$ 30,00 por atendimento. O plano B cobra uma taxa de inscrição de R$ 300,00 e R$ 40,00 por atendimento. Nessas condições, para o cliente:

a) o plano A é mais econômico que o B, para qualquer número de consultas.
b) o plano B é mais econômico que o A, para mais de 30 consultas.
c) o plano B é mais econômico que o A, para menos de 20 consultas.
d) o plano A é mais econômico que o B, para menos de 10 consultas.

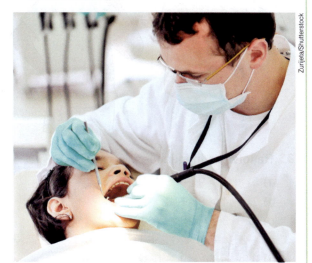

30. Resolva as inequações.
a) $3x + \dfrac{x}{2} > \dfrac{5}{2}$
b) $\dfrac{2x}{3} - \dfrac{x}{2} < 1$
c) $\dfrac{x}{3} - 2 < \dfrac{4x}{3} - 4$
d) $\dfrac{x}{6} + \dfrac{x-1}{2} < 2$

INEQUAÇÕES 233

REVISANDO

31. Um retângulo tem dimensões de 10 cm e x cm.

Qual deve ser o valor de x para que:

a) a área seja superior a 48 cm²?

b) o perímetro seja superior a 50 cm?

32. Mário foi comprar uma calça e uma camiseta. A calça custa 2,5 vezes mais que a camiseta e Mário só tem R$ 70,00. Qual é o preço máximo que ele poderá pagar pela camiseta?

33. Resolva as inequações.

a) $5x - 1 \geq 9$

b) $7x - 4 > 9x + 12$

c) $5x - 3(x - 2) > 20 - 2x$

d) $-2(3x + 6) < 6(2 + x)$

e) $0,2x - 3,8 \leq 1 - 0,3x$

f) $-2(-0,5x + 0,3) > 1$

g) $3(2x - 3) + 4(1 + x) < 17$

34. Resolva a inequação $\dfrac{1}{3} - \dfrac{x}{2} < \dfrac{1}{4}$.

DESAFIOS NO CADERNO

35. Se $x = -5$, então é verdade que:

a) $-3x + 8 < 0$

b) $-3x + 8 < -9$

c) $-3x + 8 < 21$

d) $-3x + 8 < 30$

36. Gustavo pensou no maior número ímpar que verifica a condição:

> A soma de um número natural com o dobro do seu consecutivo é menor que 54.

Em que número Gustavo pensou?

37. (Saresp) Marcela deseja comemorar seu aniversário com uma festa e para isso pesquisou preços de duas empresas especializadas. A empresa Feliz Aniversário cobra uma taxa fixa de R$ 200,00 e mais R$ 20,00 por convidado, enquanto a empresa Parabéns a Você cobra uma taxa fixa de R$ 100,00 e R$ 25,00 por convidado. Para que os preços oferecidos pela empresa Feliz Aniversário sejam mais vantajosos para Marcela, o número de convidados para sua festa deve ser:

a) maior que 20.

b) menor que 20.

c) menor ou igual a 20.

d) maior ou igual a 20.

SEÇÃO LIVRE

38. Mais da metade da classe já entregou a prova. Qual parte da classe ainda está fazendo a prova?

39. Um carro percorre no mínimo 6 km com 1 L de gasolina e no máximo 9 km. Com 45 L de gasolina, determine:

a) a quantidade mínima (em km) que o carro pode percorrer;

b) a quantidade máxima (em km) que o carro pode percorrer.

40. A velocidade máxima permitida aos automóveis nas ruas de uma cidade é 60 km/h. O que isso significa? Discuta com os colegas.

41. (Cesgranrio-RJ) De acordo com o Código de Trânsito Brasileiro, um motorista que tiver 20 ou mais pontos negativos em sua Carteira Nacional de Habilitação perde o direito de dirigir por um período. A tabela abaixo apresenta os pontos perdidos, de acordo com sua gravidade.

Tipo de infração	Nº de pontos perdidos
Leve	3
Média	4
Grave	5
Gravíssima	7

Perderá temporariamente o direito de dirigir um motorista que cometer:

a) duas infrações médias e duas graves.

b) três infrações leves e uma gravíssima.

c) quatro infrações médias e uma grave.

d) cinco infrações leves e uma média.

42. (RPM-SP) Possuo 9 laranjas e observei que uma delas está estragada e, por isso, mais leve. As outras têm todas o mesmo "peso". Usando uma balança de dois pratos e com apenas duas pesagens, como posso descobrir a laranja estragada?

Fonte: *Revista do Professor de Matemática*. Willian Tadeu Silveira. São Paulo, n. 5.

INEQUAÇÕES 235

AUTOAVALIAÇÃO

NO CADERNO

Anote no caderno o número do exercício e a letra correspondente à resposta correta.

43. Num elevador, o anúncio

pode ser expresso pela inequação:

a) $x < 420$
b) $x > 420$
c) $x \geq 420$
d) $x \leq 420$

44. O menor número inteiro x que satisfaz a inequação $8 - 3(2x - 1) < 0$ é:

a) 1
b) 2
c) −1
d) −2

45. A soma de um número com sua terça parte é maior que 4. Esse número pode ser:

a) 0
b) −3
c) 3
d) 3,5

46. O dobro de um número somado com sua terça parte é maior que 14. Esse número é necessariamente:

a) menor que 6.
b) maior que 6.
c) menor que 2.
d) maior que 2.

47. Numa cidade, em certo dia, a temperatura mínima registrada foi de 13 °C e a temperatura máxima registrada foi de 28 °C. Usando x, podemos representar a variação da temperatura registrada na cidade, nesse dia, pelas inequações:

a) $x > 13$ e $x < 28$
b) $x < 13$ e $x > 28$
c) $x \geq 13$ e $x \leq 28$
d) $x \leq 13$ e $x \geq 28$

48. (Saresp) Para cercar um terreno e fazer um chiqueiro, um fazendeiro dispunha de 200 m de arame farpado. Ele deu 4 voltas com o arame em todo o terreno, perdeu 4 m de arame com as emendas e, mesmo assim, não usou todos os 200 m. Quanto ao perímetro desse terreno, podemos dizer, com certeza, que ele é:

a) maior do que 51 m.
b) menor do que 49 m.
c) igual a 49 m.
d) igual a 51 m.

49. Uma pizzaria tem um custo fixo mensal (aluguel, salário e outras despesas que independem da quantidade produzida) de R$ 20.000,00. Sabe-se que o custo de fabricação de cada *pizza* é de R$ 25,00 e o preço de venda por unidade é de R$ 50,00. Quantas *pizzas*, no mínimo, devem ser vendidas mensalmente para não haver prejuízo?

a) 400
b) 600
c) 700
d) 800

50. (Saresp) Um espião de guerra enviou ao seu comando a seguinte mensagem:

$$5n + 25 > 5500$$

$$-8n + 3501 > 210 - 5n$$

O comando sabia que a letra n representava o número de foguetes do inimigo. Fazendo os cálculos, o comando descobriu que o total de foguetes era:

a) 1094
b) 1095
c) 1096
d) 1097

UNIDADE 11
Ângulos e triângulos

1. Recordando...

Você já sabe várias coisas sobre ângulos, pois estudamos esse assunto no livro do 6º ano. Vamos relembrar?

Traçamos no plano duas semirretas de mesma origem dividindo-o em duas regiões. Cada uma dessas regiões é um **ângulo**.

$\overrightarrow{OA}$ e $\overrightarrow{OB}$ são semirretas de origem no ponto O.

Na prática, marcamos o ângulo que vamos considerar usando um pequeno arco, como você vê na figura ao lado.

Os **lados** do ângulo representado são as **semirretas** OA e OB. A origem comum às duas **semirretas** é o **ponto O**, chamado **vértice** do ângulo.
Podemos nomear este ângulo:
AÔB (lemos: ângulo AOB) ou Ô (lemos: ângulo O).

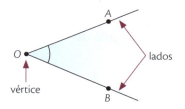

Um ângulo tem 2 lados e 1 vértice.

Se os lados do ângulo forem semirretas opostas, temos um ângulo de meia-volta, que é chamado de **ângulo raso**.

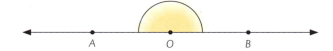

Se os lados do ângulo forem semirretas que coincidem, temos:

ângulo nulo ou **ângulo de 1 volta**

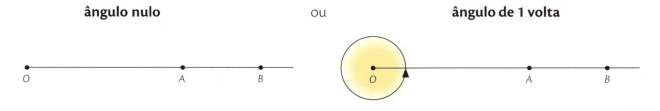

ÂNGULOS E TRIÂNGULOS 237

Medida de ângulos

Para medir um ângulo, escolhemos outro como unidade de medida e verificamos quantas vezes ele "cabe" no ângulo a ser medido.

A unidade de medida mais usada para ângulos é o **grau**, cujo símbolo é °. O ângulo de 1 volta tem 360 graus (360°). Obtemos o ângulo de 1° dividindo o ângulo de 1 volta em 360 ângulos de mesma medida.

O transferidor é o instrumento usado para medir ângulos.

Veja as ilustrações:

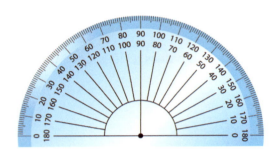
Transferidor de 180°.

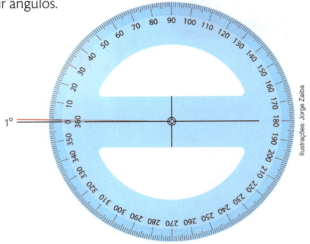
Transferidor de 360°.

O ângulo de meia-volta, ou ângulo raso, mede 180°.

O ângulo de $\frac{1}{4}$ de volta mede 90°.

O ângulo de 90° chama-se **ângulo reto**.

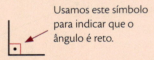
Usamos este símbolo para indicar que o ângulo é reto.

Se duas retas r e s num mesmo plano se cortam formando 4 ângulos de 90°, dizemos que elas são **perpendiculares**.

Notação: r ⊥ s

Como registraremos a medida de um ângulo?

Observe a ilustração ao lado para lembrar como posicionamos o transferidor para medir um ângulo. A medida do ângulo AÔB é 60°.

Escreveremos: med(AÔB) = 60° ou med(Ô) = 60°. Em várias situações neste livro usaremos uma letra minúscula para indicar a medida de um ângulo:

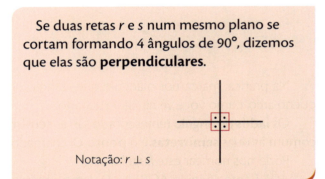

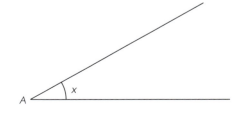

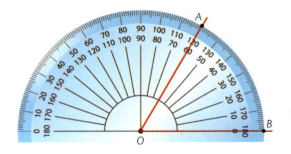

Nessa ilustração, a letra x representa a medida em graus do ângulo A.

EXERCÍCIOS

1. Quantos ângulos de medidas diferentes podemos ver na figura?

   a) 4
   b) 6
   c) 8
   d) 10

   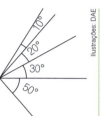

2. Copie e complete o quadro referente aos ângulos descritos pelo ponteiro dos minutos quando gira:

De	Para	Medida do ângulo
2	3	
3	6	
6	8	
8	2	

3. (Enem) Nos X-Games Brasil, em maio de 2004, o skatista brasileiro Sandro Dias, apelidado "Mineirinho", conseguiu realizar a manobra denominada "900" na modalidade *skate* vertical, tornando-se o segundo atleta no mundo a conseguir esse feito. A denominação "900" refere-se ao **número de graus** que o atleta gira no ar em torno de seu próprio corpo, que, no caso corresponde a:

   a) uma volta e meia.
   b) duas voltas e meia.
   c) duas voltas completas.
   d) cinco voltas completas.

4. (UFMG) A diferença entre as medidas dos ângulos dos ponteiros de um relógio que marca 2 h 30 min e de outro que marca 1 h é:

   a) 75°
   b) 90°
   c) 105°
   d) 135°

5. (CAp-Unicamp-SP) Numa Mostra de Ciências, um professor coordenou a construção de um robô dirigido por controle remoto o qual obedecia a dois tipos de ordens:

   I) Caminhe **X** metros para frente.

   II) Gire para a direita (ou para a esquerda) **Y** graus.

   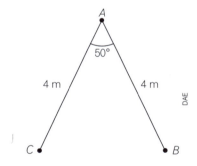

   O robô se encontra no ponto *B*, de frente para o ponto *A*. Que ordens devem ser dadas para que ele percorra o caminho *BAC* da figura?

   a) Caminhe 4 m; gire para a direita 130°; caminhe 4 m.
   b) Caminhe 4 m; gire para a direita 50°; caminhe 4 m.
   c) Caminhe 4 m; gire para a esquerda 130°; caminhe 4 m.
   d) Caminhe 4 m; gire para a esquerda 50°; caminhe 4 m.

2. Congruência de segmentos e de ângulos

Segmentos

Os segmentos AB e CD abaixo têm mesma medida. Confira usando a régua.

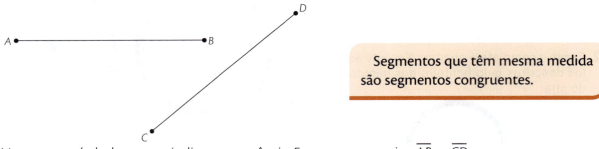

> Segmentos que têm mesma medida são segmentos congruentes.

Usaremos o símbolo ≡ para indicar congruência. Escreveremos assim: $\overline{AB} \equiv \overline{CD}$.

A palavra **congruente** é importante na Matemática. No 8º ano você estudará a congruência de polígonos e de triângulos.

Podemos traçar um segmento congruente a outro segmento dado usando o compasso. Vamos traçar um segmento CD congruente ao segmento AB dado.

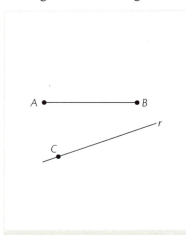
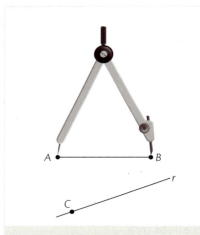
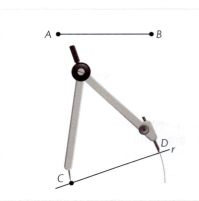

1. Traçamos uma reta qualquer r e marcamos nela um ponto C.

2. Colocamos a ponta-seca do compasso em A e abrimos o compasso até exatamente o ponto B.

3. Sem mexer na abertura, colocamos a ponta-seca do compasso em C e traçamos um arco, determinando o ponto D sobre r. O segmento CD é congruente ao segmento AB.

Adição de medidas

Traçamos os segmentos AB e BC ambos em uma reta r qualquer. O ponto B está entre A e C.

Observe que, se somarmos as medidas dos segmentos AB e BC, obteremos a medida do segmento AC:

$$AC = AB + BC$$

Ângulos

Os ângulos $P\hat{O}Q$ e $R\hat{S}T$ ilustrados a seguir têm a mesma medida. Confira usando o transferidor.

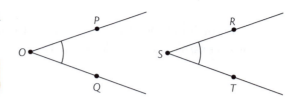

Ângulos de mesma medida são ângulos congruentes.

Escrevemos: $P\hat{O}Q \equiv R\hat{S}T$ se med($P\hat{O}Q$) = med($R\hat{S}T$).

Veja como podemos traçar um ângulo $P\hat{Q}R$ congruente a um ângulo $A\hat{O}B$ dado sem usar o transferidor:

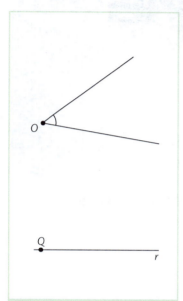
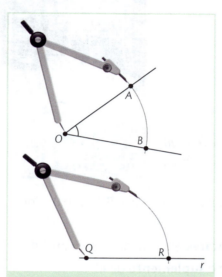
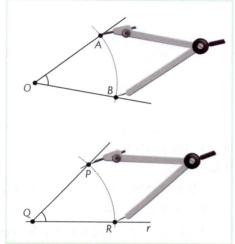

1. Traçamos uma reta *r* e marcamos o ponto *Q* sobre ela.

2. Com a ponta-seca do compasso em *O* e depois em *Q* e mesma abertura, traçamos dois arcos, determinando os pontos *A*, *B* e *R*, como você vê na figura.

3. Com a ponta-seca do compasso em *R* e abertura igual à distância entre *A* e *B*, fazemos um novo arco, determinando o ponto *P*. Traçamos a semirreta *QP*, obtendo o ângulo $P\hat{Q}R$.

Mais uma definição:

Dois ângulos são chamados de **adjacentes** quando têm o mesmo vértice e um lado em comum que os separa. Na figura ao lado, $C\hat{O}B$ e $B\hat{O}A$ são ângulos adjacentes. Ainda nessa figura, observe o ângulo $A\hat{O}C$. A medida de $A\hat{O}C$ é igual à soma das medidas de $C\hat{O}B$ e $B\hat{O}A$.

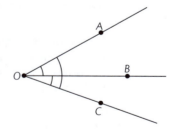

med($A\hat{O}C$) = med($C\hat{O}B$) + med($B\hat{O}A$)

Na figura ao lado, $P\hat{O}S$ mede 100° pois: 15° + 20° + 65° = 100°

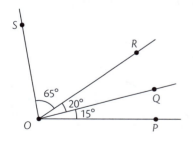

Determine a medida do ângulo $A\hat{B}D$ sabendo que: med($A\hat{B}C$) = 60° e med($D\hat{B}C$) = 20°.

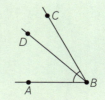

ÂNGULOS E TRIÂNGULOS **241**

3. Ângulos suplementares

Nesta rua foram pintadas faixas de estacionamento a 45°.
Vamos examinar o modelo geométrico presente nesta situação:

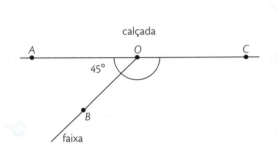

Uma faixa forma com a calçada o ângulo AÔB, de 45°. No entanto, fica determinado também o ângulo BÔC.

Observe que a soma das medidas dos ângulos AÔB e BÔC é 180°. Então, BÔC mede 135°, pois:

45° + 135° = 180°.

AÔB e BÔC são **ângulos suplementares**. Suas medidas somam 180°.

Também podemos dizer que 135° é o **suplemento** de 45°.

Responda no caderno.

1. Observe na figura ao lado os ângulos formados pela Avenida das Flores e a Rua das Margaridas.

    a) Eles são suplementares? Por quê?

    b) Você sabe dizer qual deve ser a medida do ângulo assinalado em vermelho formado pela Avenida das Flores e a Rua dos Lírios?

2. Marcos traçou uma reta e, utilizando um de seus esquadros, traçou um ângulo de 30°. Qual é a medida do outro ângulo que ficou determinado?

    Esses dois ângulos são suplementares?

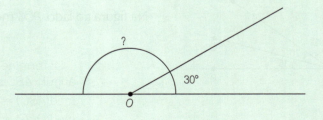

4. Ângulos complementares

O ângulo de $\frac{1}{4}$ de volta (90°) é chamado de **ângulo reto**.

> Ângulos com medida:
> ◆ menor que 90° chamam-se **ângulos agudos**;
> ◆ maior que 90° chamam-se **ângulos obtusos**.

Observe o espaço ao seu redor e veja como os ângulos retos aparecem com frequência:

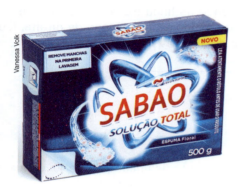

Na porteira retangular da fotografia, foram colocadas barras transversais para dar rigidez à estrutura.

Veja os ângulos que podemos identificar num dos cantos dessa porteira:

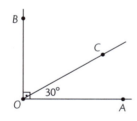

A barra determinou dois ângulos, $A\hat{O}C$ e $C\hat{O}B$, cuja soma das medidas é 90°. $A\hat{O}C$ e $C\hat{O}B$ são **ângulos complementares**. Como $A\hat{O}C$ mede 30°, temos que $C\hat{O}B$ mede 60°, pois 30° + 60° = 90°.

Dizemos também que 60° é o **complemento** de 30°.

> Resolva no caderno:
>
> Alfredo é marceneiro. Esta semana ele recebeu a encomenda de uma prateleira triangular para colocar num canto de parede.
>
> Ele desenhou a peça em uma placa de madeira quadrada e irá cortá-la como você vê na figura. A parte que sobrará da placa tem a forma de um trapézio.
>
> Aplique seus conhecimentos sobre quadrados, ângulos suplementares e complementares para descobrir as medidas dos ângulos assinalados em vermelho nesse trapézio.

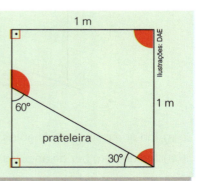

ÂNGULOS E TRIÂNGULOS 243

EXERCÍCIOS

6. Usando apenas o cálculo mental, responda.

a) Um ângulo de 35° e um de 65° são complementares?

b) Um ângulo de 58° e um de 32° são complementares?

c) Um ângulo de 70° e um de 110° são suplementares?

d) Um ângulo de 86° e um de 104° são suplementares?

7. Na figura, $F\hat{B}D$ mede 90°.

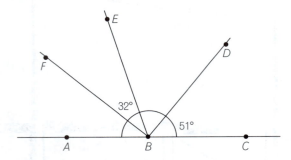

a) Calcule a medida de $E\hat{B}D$.

b) Calcule a medida de $A\hat{B}F$.

c) Coloque por ordem decrescente de medida os ângulos: $A\hat{B}F$, $F\hat{B}E$, $E\hat{B}D$, $D\hat{B}C$.

8. Sou o complementar de 39°. Quem é meu suplementar?

9. Veja a figura:

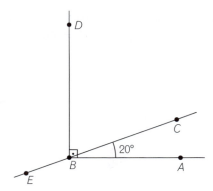

a) Indique um par de ângulos complementares.

b) Indique um par de ângulos suplementares.

10. Calcule as medidas indicadas pelas letras.

a)   b)

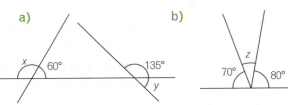

11. (Obmep) Uma tira de papel retangular é dobrada ao longo da linha tracejada, conforme indicado, formando a figura plana da direita. Qual o valor do ângulo x?

a) 50°   c) 100°

b) 80°   d) 130°

12. O complemento de um ângulo de 40° é igual ao suplemento de um ângulo de:

a) 50°   c) 130°

b) 60°   d) 140°

13. Calcule as medidas indicadas pelas letras.

a)   c)

b)   d)

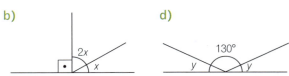

14. Três retas intersectam-se num ponto. Na figura, $A\hat{O}B$ mede 110° e $A\hat{O}C$ mede 122°. Qual é a medida do ângulo colorido?

a) 52°

b) 53°

c) 54°

d) 56°

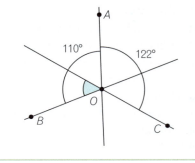

244

5. Ângulos opostos pelo vértice

Os destaques feitos em vermelho nas fotografias nos lembram **ângulos opostos pelo vértice**.

◆ O que são ângulos opostos pelo vértice?

Traçamos duas retas que se intersectam no ponto O. Os ângulos BÔA e CÔD têm o mesmo vértice (ponto O), e seus lados são semirretas opostas. BÔA e CÔD são ângulos opostos pelo vértice.

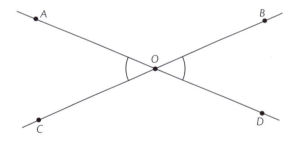

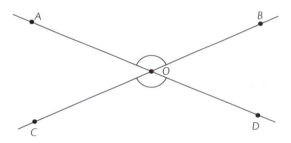

Pelos mesmos motivos, CÔA e DÔB também são ângulos opostos pelo vértice.

Registrem no caderno.

1. Na figura ao lado, há ângulos que têm o mesmo vértice, porém não há ângulos opostos pelo vértice. Conversem com os colegas e expliquem por quê.

2. Nas fotografias desta página mostramos objetos nos quais é possível identificar ângulos opostos pelo vértice. Procurem mais exemplos em outros objetos reais.

3. Volte à definição de ângulos adjacentes no texto do livro. Na figura ao lado, EÂC e DB̂C são ângulos adjacentes?

4. O suplemento de 120° é um ângulo agudo ou é um ângulo obtuso? Por quê?

ÂNGULOS E TRIÂNGULOS 245

Uma propriedade importante

Observe os pares de ângulos opostos pelo vértice:

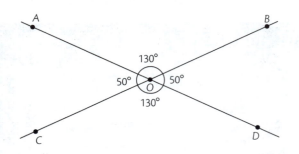

Usando o transferidor, podemos verificar que:

med($A\hat{O}B$) = med($C\hat{O}D$) = 130°

med($A\hat{O}C$) = med($B\hat{O}D$) = 50°

> Os ângulos opostos pelo vértice têm mesma medida.

◆ Será que todo par de ângulos opostos pelo vértice tem mesma medida?

Vamos mostrar que sim.

Como queremos mostrar uma propriedade de forma geral, usaremos letras para representar as medidas dos ângulos.

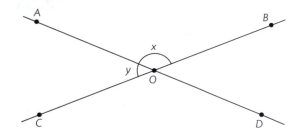

$A\hat{O}B$ e $A\hat{O}C$ são suplementares:

$$x + y = 180°$$

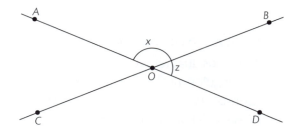

$A\hat{O}B$ e $B\hat{O}D$ são suplementares:

$$x + z = 180°$$

Então, $x + y = x + z$. Subtraindo x de ambos os membros da igualdade, obtemos $y = z$.

Os ângulos $A\hat{O}C$ e $B\hat{O}D$, que são opostos pelo vértice (opv), têm mesma medida.

Vamos aplicar essa propriedade? Observe a figura a seguir:

Conhecendo o ângulo de 40°, podemos determinar as medidas x, y e z dos ângulos assinalados sem precisar medi-los com transferidor.

Acompanhe:

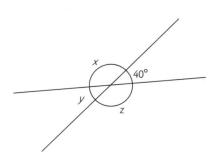

$y = 40°$ (ângulos opv);

$x + 40° = 180°$ (ângulos suplementares);

$x = 140°$ e

$z = 140°$, pois x e z são as medidas de ângulos opv.

6. Ângulos, problemas e equações

Aprendemos a resolver equações.
Podemos usar esses conhecimentos para resolver problemas em geometria. Veja exemplos:

1. Na figura ao lado vamos descobrir:

- o valor de x;
- as medidas dos ângulos $B\hat{O}A$ e $C\hat{O}B$.

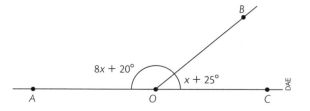

Já sabemos que $B\hat{O}A$ e $C\hat{O}B$ são ângulos suplementares. Então:

$8x + 20° + x + 25° = 180°$

Resolvendo a equação:

$9x + 45° = 180°$
$9x = 180° - 45°$
$9x = 135°$
$x = \dfrac{135°}{9}$
$x = 15°$

med($B\hat{O}A$) = $8x + 20°$ = $8 \cdot 15° + 20°$ = $140°$
med($C\hat{O}B$) = $x + 25°$ = $15° + 25°$ = $40°$

2. Denise "tirou de letra" o problema que o professor Almir propôs:

Agora é com você!

Dois ângulos opostos pelo vértice têm medidas respectivamente iguais a $3x + 25°$ e $2x + 45°$. Escreva no caderno uma equação para representar o problema, resolva-a e determine as medidas desses ângulos.

EXERCÍCIOS

15. Quais letras correspondem a medidas de ângulos opostos pelo vértice?

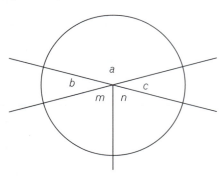

16. Na figura, as letras representam as medidas dos ângulos assinalados. Quais são os pares congruentes?

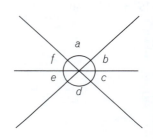

17. Calcule as medidas indicadas pelas letras.

a)
b)

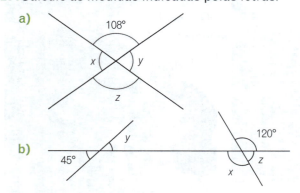

18. Calcule o valor de x.

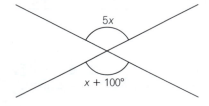

19. Observe a figura e responda.

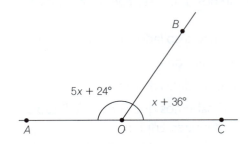

a) Qual é o valor de x?
b) Qual é a medida de $A\hat{O}B$?
c) Qual é a medida de $B\hat{O}C$?

20. Calcule o valor de x.

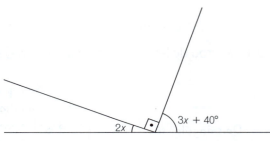

21. Calcule o valor de x, sabendo que os ângulos são complementares.

a)   b)

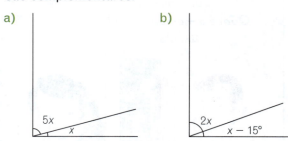

22. Calcule os valores de x e y.

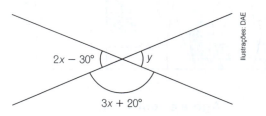

23. Calcule a medida de um ângulo que é igual ao dobro de seu complemento.

7. Grau e subdivisões do grau

Há ângulos cujas medidas não correspondem a um número inteiro de graus.

Nos transferidores comuns, a menor divisão é 1°. No entanto, existem instrumentos capazes de registrar medidas como 43,5° (quarenta e três graus e cinco décimos, ou quarenta e três graus e meio) ou 87,25° (oitenta e sete graus e vinte e cinco centésimos).

Além de o grau poder ser subdividido em décimos, centésimos etc., ele tem submúltiplos particulares, que não são decimais.

Se dividirmos 1° em 60 partes iguais, cada parte é chamada de 1 minuto.

$$1° = 60'\quad\text{símbolo do minuto}$$

Se dividirmos 1' em 60 partes iguais, cada parte é chamada de 1 segundo.

$$1' = 60''\quad\text{símbolo do segundo}$$

REFLETINDO

Pense e responda:
Se 1 grau tem 60 minutos, e 1 minuto tem 60 segundos, quantos segundos há em 1 grau? Quantos segundos há em 2 graus?

Usando essas unidades, podemos escrever:

- 43,5° como 43° 30', pois se 1° = 60', então 0,5° = 30';

- 87,25° como 87° 15', pois $0,25° = \frac{1}{4}$ de grau $= \frac{1}{4}$ de 60' = 15';

- $4,8° = 4° + 0,8° = 4° + \frac{8}{10}$ de grau $= 4° + \frac{8}{10} \cdot 60' = 4° \, 48'$.

Qual seria a medida da quarta parte de um ângulo reto? Observe:

$$90° : 4 = 22,5°$$

Como 0,5° = 30', temos 22,5° = 22° 30'.
Logo, a quarta parte de um ângulo reto tem 22° 30'.

Atenção!

Não confunda minuto e segundo, partes do grau (medidas de ângulos), com minuto e segundo, partes da hora (medidas de tempo).

EXERCÍCIOS

24. Escreva estas medidas utilizando os símbolos de grau, minuto e segundo de ângulos.

a) 75 graus e 32 minutos

b) 38 graus, 20 minutos e 15 segundos

25. Responda.

a) Quantos minutos têm 5°?

b) Quantos segundos tem 1° 1' 1"?

c) Em 735', quantos graus há e quantos minutos sobram?

26. Quanto é:

a) $\frac{5}{10}$ de 60'?

b) 0,5 de 60'?

c) 0,3 de 60'?

27. Transforme os graus em graus e minutos:

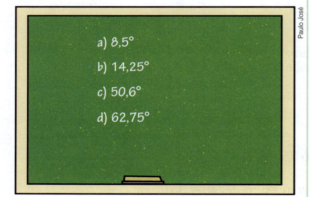

a) 8,5°
b) 14,25°
c) 50,6°
d) 62,75°

28. Qual é a soma?

a) 48° 12' + 72° 30'

b) 71° 40' + 12° 50'

c) 32° 34' 58" + 25° 25' 2"

29. Qual é a diferença?

a) 28° 50' − 16° 10'

b) 75° 40' 12" − 40° 28' 52"

30. Qual é o produto?

a) 4 · (25° 12')

b) 5 · (18° 20')

31. Qual é o quociente?

a) 29° : 2

b) (32° 40') : 5

32. Quanto é:

a) $\frac{1}{4}$ de 140°?

b) $\frac{2}{5}$ de 120°?

c) $\frac{5}{3}$ de 48°?

d) $\frac{1}{3}$ de 150° 48'?

33. Calcule:

a) o complemento de 81° 20';

b) o suplemento de 117° 30'.

34. Efetuando (38° 45' + 20° 30') : 3 obtêm-se:

a) 19° 25'
b) 19° 45'
c) 18° 45'
d) 19° 15'

35. Qual das seguintes afirmações é verdadeira?

a) 1" = 60°

b) 1" = $\left(\frac{1}{60}\right)°$

c) 1" = 3 600°

d) 1" = $\left(\frac{1}{3600}\right)°$

36. Determine a medida em graus e minutos dos seguintes ângulos:

a) a metade de 9°;

b) $\frac{1}{8}$ do ângulo raso;

c) a metade da metade de um ângulo reto.

37. O valor de x na figura é:

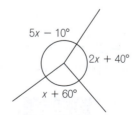

a) 27° 30'
b) 28° 45'
c) 30° 30'
d) 33° 45'

8. Bissetriz de um ângulo

Na figura ao lado, o ângulo $A\hat{O}B$ mede 60°. A semirreta OM dividiu esse ângulo em dois ângulos congruentes, $A\hat{O}M$ e $M\hat{O}B$.
med($A\hat{O}M$) = 30° e med($M\hat{O}B$) = 30°
A semirreta OM é a bissetriz de $A\hat{O}B$.
Portanto, a **bissetriz de um ângulo**:
- é uma semirreta de origem no vértice;
- divide esse ângulo em dois ângulos congruentes.

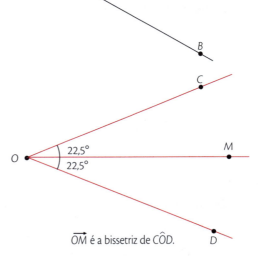

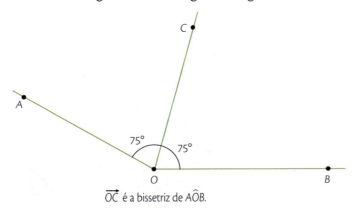

$\overrightarrow{OC}$ é a bissetriz de $A\hat{O}B$.

$\overrightarrow{OM}$ é a bissetriz de $C\hat{O}D$.

Podemos traçar a bissetriz de um ângulo utilizando régua e compasso. Trace um ângulo $A\hat{O}B$ qualquer no caderno e siga os passos.

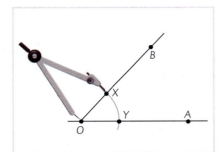

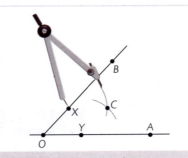

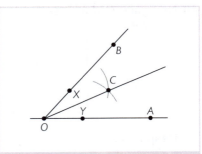

1. Coloque a ponta-seca do compasso no ponto de vértice do ângulo e trace um arco com abertura qualquer, como você vê na ilustração. O arco corta os lados do ângulo nos pontos X e Y.

2. Com a ponta-seca do compasso em X, trace um novo arco. Sem mudar a abertura do compasso, repita o procedimento colocando a ponta-seca em Y. Você determinou o ponto C.

3. Trace com régua a semirreta OC, que é a bissetriz de $A\hat{O}B$.

Na figura abaixo, $\overrightarrow{BD}$ é bissetriz de $C\hat{B}A$.

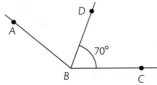

Com essa informação, podemos afirmar que:
- med($A\hat{B}D$) = 70°;
- med($A\hat{B}C$) = 140°.

REFLETINDO

Renato tem um transferidor cuja menor divisão é 1°. Ele precisa traçar a bissetriz de um ângulo cuja medida está entre 40° e 41°. Você acha melhor usar o transferidor ou a construção com régua e compasso? Por quê?

ÂNGULOS E TRIÂNGULOS **251**

EXERCÍCIOS

38. Trace a bissetriz em um ângulo de 130°. Qual é a medida dos ângulos obtidos?

39. As semirretas OX e OY são bissetrizes dos ângulos AÔB e BÔC, respectivamente.

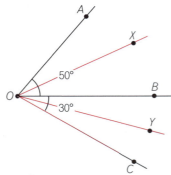

Quanto mede:

a) AÔX?   d) YÔC?
b) XÔB?   e) XÔY?
c) BÔY?   f) AÔY?

40. Na figura, $\overrightarrow{OM}$ é bissetriz de AÔB, que é um ângulo reto.

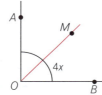

Responda.

a) Qual é a medida de AÔM?
b) Qual é, em graus, o valor de x?

41. Calcule o valor de x, em cada caso, sabendo que $\overrightarrow{OC}$ é bissetriz do ângulo dado.

a)   b)

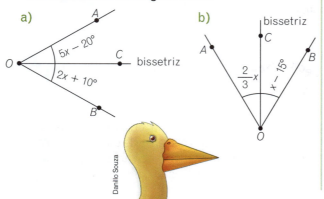

42. Reproduza a figura no caderno e responda.

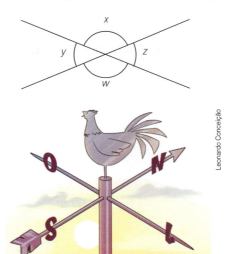

a) O que você sabe dos ângulos x e w?
b) E dos ângulos y e z?
c) Divida cada ângulo ao meio (metade da medida) com uma reta. O que você descobriu?

Compare suas respostas com as dos colegas.

Curiosidade

As rotações em torno de um ponto (ou giros) podem ser indicadas com ângulos. Veja:

Giro de 90° (360° : 4).
Rotação de $\frac{1}{4}$ de volta (90°).

Giro de 120° (360° : 3).
Rotação de $\frac{1}{3}$ de volta (120°).

VALE A PENA LER

Ângulo de visão

Você sabia que o ângulo ou campo de visão do ser humano é de 180°? Isso significa que quando estamos com a cabeça imóvel, podemos enxergar o que está ao nosso redor num ângulo máximo de 180° só movimentando os olhos.

A coruja, assim como nós, tem os olhos na frente da cabeça e visão binocular (enxerga um objeto com ambos os olhos e ao mesmo tempo). No entanto, seus olhos não se movimentam, o que faz com que seu ângulo de visão seja menor do que o humano: 110°, sendo somente 70° de visão binocular.

Mas a coruja tem uma vantagem. Quando necessita olhar algum objeto ao seu redor gira o pescoço em um ângulo de até 270°, aumentando assim o seu campo visual.

Curiosidade

Quando surgiram os monitores de cristal líquido (LCD), os fabricantes enfrentaram um problema: ao olhar lateralmente para o monitor, a imagem perdia a nitidez e até podia desaparecer. Isso ocorria porque a imagem de um LCD só era vista de um ângulo máximo de 140°, como vemos na figura. Novos investimentos em tecnologia precisaram ser feitos para conseguir aumentar esse ângulo. Nos monitores mais modernos, esse problema já não existe.

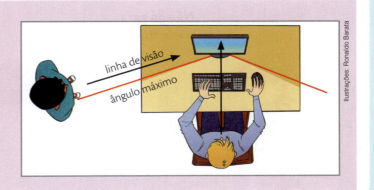

ÂNGULOS E TRIÂNGULOS 253

9. Existência de triângulos

Lúcia fez um triângulo usando 3 varetas de madeira. Com essas mesmas 3 varetas, ela poderia ter feito um triângulo diferente deste?

A resposta é não. Se fixamos as medidas dos lados de um triângulo, ele fica definido, sua forma não pode mudar.

Faça esta experiência: pegue 3 varetas ou palitos de sorvete e monte um triângulo. Tente deformá-lo, mudar sua forma. O triângulo é rígido, não se deforma. Isso não acontece com quadriláteros, pentágonos, hexágonos e outros polígonos.

Veja: o quadrado pode ser deformado; os ângulos mudam de medida, transformando-o num losango!

Veja as medidas dos lados do triângulo que Lúcia montou.

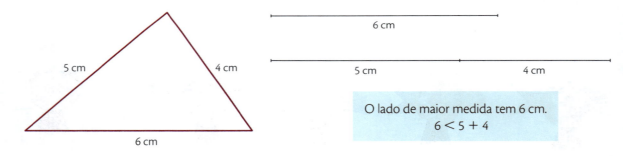

O lado de maior medida tem 6 cm.
6 < 5 + 4

Em seguida, ela tentou montar um triângulo usando 3 varetas com comprimentos iguais a 2 cm, 3 cm e 6 cm. Veja o que aconteceu:

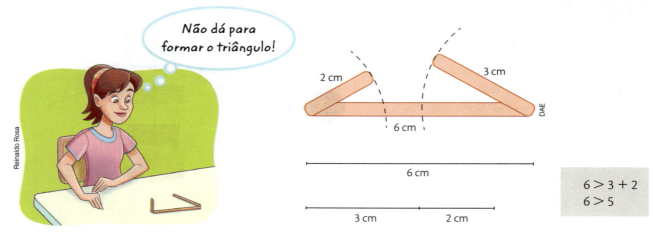

Não dá para formar o triângulo!

6 > 3 + 2
6 > 5

O mesmo ocorreu quando usou 3 varetas com os comprimentos indicados abaixo:

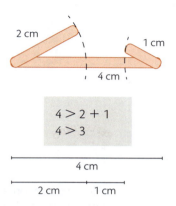
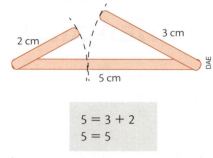

Lúcia percebeu que nem sempre é possível construir um triângulo conhecendo as medidas de 3 segmentos. Há uma **condição** para que isso aconteça.

Só é possível construir um triângulo se a medida do maior lado for menor que a soma das medidas dos outros dois lados.

Essa é a condição de existência de um triângulo.

Veja exemplos:
- O triângulo cujos lados medem 8 cm, 5 cm e 7 cm **existe**, pois $8 < 5 + 7$.
- **Não existe** o triângulo de lados com medidas 4,5 cm, 3 cm, 1,5 cm, pois $4,5 = 3 + 1,5$.

EXERCÍCIOS

43. Verifique se é possível construir um triângulo cujos lados medem:

a) 8 cm, 6 cm e 7 cm

b) 3 cm, 6 cm e 5 cm

c) 10 cm, 4 cm e 6 cm

d) 3,5 cm, 5,5 cm e 2 cm

e) 7,2 cm, 3,8 cm e 5,2 cm

44. Corte canudinhos de refresco com os comprimentos de 12 cm, 9 cm, 7 cm e 3 cm. Com eles procure construir todos os triângulos possíveis. Quantos triângulos você conseguiu construir?

10. Classificação e construção de triângulos

Classificamos os triângulos:
- quanto aos lados;

- quanto aos ângulos.

REFLETINDO

Renato pensou em construir um triângulo com dois ângulos retos.

Esse triângulo existe?

Existe um triângulo com dois ângulos obtusos?

Veja exemplos de construção de triângulos dadas as medidas de seus lados:

- Vamos traçar um triângulo ABC de lados AB = 4 cm, BC = 3 cm e AC = 2 cm. Para fazer também essa construção, você precisará de régua e compasso.

1. Trace um dos lados, por exemplo, AB = 4 cm.

2. Use a régua para ter abertura igual à medida de um dos outros lados, por exemplo, AC = 2 cm. Com a ponta-seca do compasso em A, trace um arco, como você vê na ilustração.

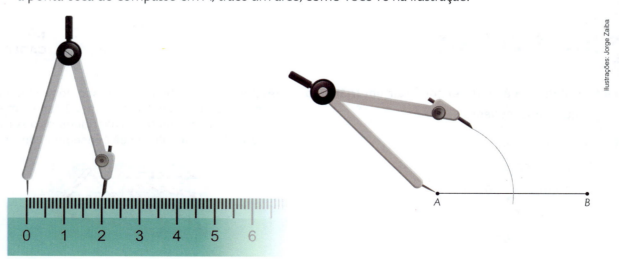

256

3. Use a régua para obter abertura igual à medida do terceiro lado, BC = 3 cm. Com a ponta-seca do compasso em B, trace o arco como na ilustração. Você determinou o ponto C.

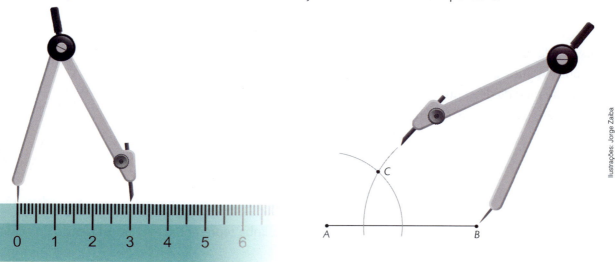

4. Trace, com auxílio da régua, os segmentos AC e BC, obtendo o triângulo ABC.

Fácil, não?

◆ Vamos construir o triângulo DEF equilátero, de lado 2 cm.

1. Como o triângulo é equilátero, temos DE = DF = EF = 2 cm. Traçamos um dos lados, por exemplo, $\overline{DE}$.

2. Com a ponta-seca do compasso em D, depois em E, mantendo abertura igual à medida de $\overline{DE}$, traçamos dois arcos que se cortam no ponto F. Com régua, traçamos os lados $\overline{DF}$ e $\overline{EF}$, construindo o triângulo DEF.

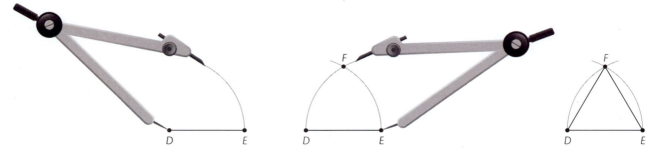

No caderno, construa com auxílio da régua e do compasso o triângulo:
  a) ABC, sendo AB = 5 cm, AC = 3,5 cm e BC = 6 cm;
  b) DEF, sendo DF = EF = 4 cm e DE = 2,5 cm;
  c) GHI equilátero de lado 5 cm.

11. Simetria no triângulo isósceles

Construa, em papel sulfite, com régua e compasso o triângulo ABC isósceles com lados AB = 4 cm, BC = AC = 5 cm, representado ao lado.

Marque e nomeie as medidas dos ângulos, recorte a figura com cuidado.

O lado de medida diferente é chamado de base do triângulo isósceles. $\hat{A}$ e $\hat{B}$ são os ângulos da base. $\hat{C}$ é chamado ângulo do vértice.

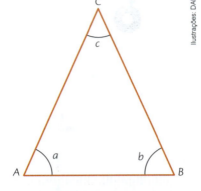

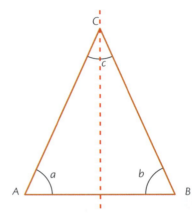

Dobre o triângulo pela linha representada ao lado, fazendo coincidir os lados $\overline{AC}$ e $\overline{BC}$.

A linha de dobra é o **eixo de simetria** do triângulo. O eixo de simetria de uma figura divide-a em duas partes idênticas que se sobrepõem perfeitamente quando dobramos a figura por esse eixo.

Todo triângulo isósceles tem um único eixo de simetria.

Como os ângulos A e B se sobrepõem perfeitamente, temos que a = b.

> Os ângulos da base de um triângulo isósceles são congruentes.

Essa propriedade vale para todo triângulo isósceles.

Aqui constatamos sua validade usando dobraduras e simetria. No volume do 8º ano provaremos que ela é sempre válida.

Ainda podemos explorar um pouco mais nossa figura: o eixo de simetria divide o ângulo C em dois ângulos congruentes.

O eixo de simetria determina a **bissetriz** do ângulo do vértice.

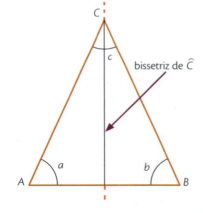

O triângulo RST é isósceles e t é eixo de simetria. Que propriedades você pode utilizar para determinar x e y?

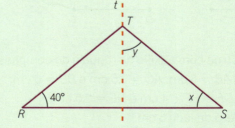

12. Simetria no triângulo equilátero

Todo triângulo equilátero tem três eixos de simetria. Traçamos esses eixos no triângulo equilátero ao lado.

Cada eixo de simetria divide o triângulo equilátero em duas partes idênticas que se sobrepõem perfeitamente quando dobramos a figura pelo eixo.

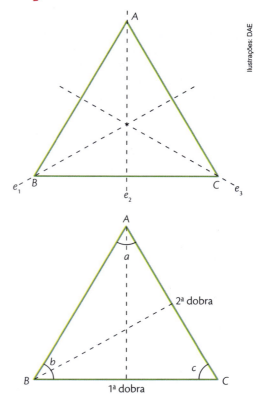

Reproduza o triângulo acima em papel sulfite e recorte-o. Dobre o triângulo sobrepondo exatamente $\overline{AB}$ a $\overline{AC}$.

A linha de dobra é um dos eixos de simetria do triângulo.

Observe que os ângulos B e C se sobrepõem perfeitamente. Daí, $b = c$.

Agora faça outra dobra, sobrepondo $\overline{AB}$ a $\overline{BC}$. A linha de dobra é outro eixo de simetria.

Os ângulos A e C se sobrepõem perfeitamente, ou seja, $a = c$. Se $b = c$ e $a = c$, temos que $a = b = c$.

> Os três ângulos internos de um triângulo equilátero são congruentes.

Essa propriedade é válida para todo triângulo equilátero. Como dissemos quando tratamos do triângulo isósceles, neste volume verificamos essa propriedade usando simetria e dobraduras. No volume do 8º ano provaremos sua validade de forma geral.

1. Vimos que, no triângulo isósceles, o eixo de simetria determina a bissetriz do ângulo do vértice. No triângulo equilátero, o eixo de simetria e_1 divide o ângulo B em dois ângulos congruentes? Esse eixo determina a bissetriz do ângulo B?

   Usem a régua para traçar as bissetrizes dos ângulos A, B e C no triângulo que vocês recortaram. Aproveitem as marcas feitas pelos três eixos de simetria.

2. O triângulo ao lado tem eixo de simetria? Por quê?

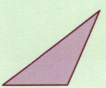

3. Das figuras abaixo, quais têm eixo(s) de simetria?

  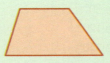

ÂNGULOS E TRIÂNGULOS 259

EXERCÍCIOS

45. Rafael quer construir um triângulo com lados de medidas inteiras. As medidas de dois dos lados ele já determinou: 4 cm e 5 cm. Falta o lado maior. Que medidas ele pode escolher para esse lado, de modo que exista o triângulo?

46. Construa um triângulo isósceles com 20 cm de perímetro e que tenha um lado com 6 cm de comprimento. Haverá só uma solução? Justifique.

47. (Fesp-RJ) Se a soma dos lados de um triângulo equilátero é menor do que 17 cm e maior do que 13 cm e a medida de seus lados é um número inteiro, o lado desse triângulo mede:

a) 3 cm
b) 4 cm
c) 5 cm
d) 6 cm

48. Na figura ao lado, CDE é um triângulo equilátero e ACB é um triângulo isósceles. O perímetro da figura é 32 cm. Qual é, em centímetros, a medida de $\overline{AC}$?

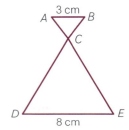

49. (Sesi-SP) Mozart fez uma pipa juntando dois triângulos equiláteros, como mostra a figura.

O ângulo α é:

a) agudo e mede 90°.
b) obtuso e mede 60°.
c) obtuso e mede 120°.
d) obtuso e mede 150°.

50. (Obmep) Duas formigas percorrem o trajeto da figura partindo, ao mesmo tempo, uma do ponto A e outra do ponto B. Elas andam com a mesma velocidade e no sentido indicado pelas flechas. Qual será a distância entre elas no momento em que ficarem uma de frente para a outra?

a) 40 m
b) 50 m
c) 60 m
d) 70 m

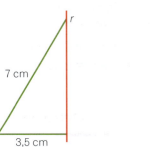

51. Observe a figura abaixo:

a) Copie e complete a figura no caderno, sabendo que a reta r é eixo de simetria.
b) Qual é o perímetro do polígono obtido?
c) Classifique o polígono que obteve quanto aos lados.

52. Verdadeiro ou falso?

a) Um triângulo equilátero tem três eixos de simetria.
b) Um triângulo isósceles tem dois eixos de simetria.
c) Um triângulo retângulo isósceles tem um eixo de simetria.
d) Um triângulo escaleno não tem eixos de simetria.

53. Quantos eixos de simetria tem a figura?

13. Ângulos internos dos triângulos

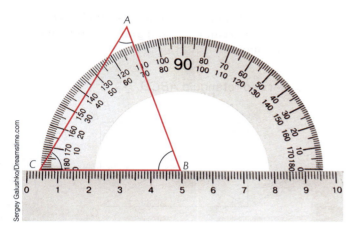

Com o transferidor, meça os ângulos internos do triângulo ao lado.

O ângulo B nós já medimos para você: 70°.

Some as medidas dos três ângulos. Qual é o resultado obtido?

Desenhe com auxílio de uma régua, no caderno, um triângulo qualquer. Meça os ângulos internos desse triângulo e some as medidas. Que soma você obteve?

Seus colegas também traçaram e mediram os ângulos internos de um triângulo. Que valor eles encontraram para a soma das medidas desses ângulos?

Agora desenhe um triângulo qualquer numa folha de papel que você possa recortar.

Pinte os ângulos internos do triângulo, recorte-os e depois junte-os, como mostram as figuras.

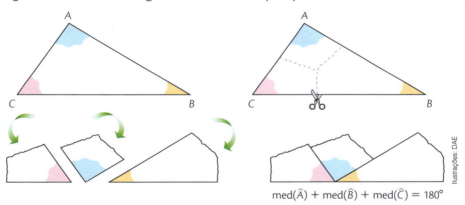

med($\hat{A}$) + med($\hat{B}$) + med($\hat{C}$) = 180°

Com essas atividades, verificamos experimentalmente uma propriedade muito importante:

A soma das medidas dos ângulos internos de um triângulo é igual a 180°.

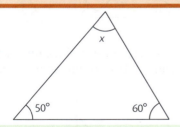

O ângulo desconhecido nesse triângulo mede 70°, pois:
50° + 60° = 110°
180° − 110° = 70°

 REFLETINDO

1. Vimos que se o triângulo ABC é equilátero, a = b = c.
   Pela propriedade acima temos que a + b + c = 180°.
   Pense e responda:
   Qual é a medida de cada ângulo de um triângulo equilátero?

2. Um triângulo retângulo é isósceles. Podemos afirmar que ele tem dois ângulos internos de medida 45°?

EXERCÍCIOS

54. Observando as figuras, determine o valor de *x* em cada um dos triângulos.

a)

b)
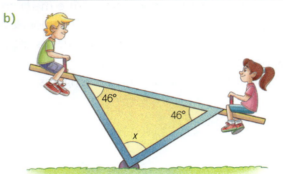

c)

55. Calcule as medidas dos ângulos indicados com as letras *x*, *y* e *z*.

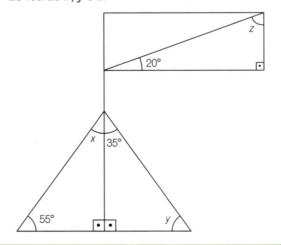

56. Os ângulos de um triângulo medem 3*x*, 4*x* e 5*x*. Determine o valor de *x*, em graus, e a medida do menor ângulo.

57. Observe o retângulo ABCD.

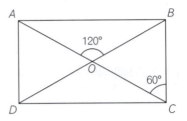

Quanto aos lados, que nome tem o triângulo BOC?

58. Calcule as medidas indicadas pelas letras.

a)   b)
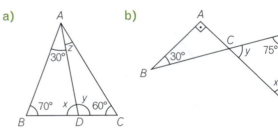

59. Determine o valor de *x* em cada um dos triângulos.

a)   b)
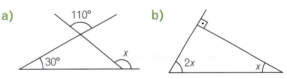

60. Na figura, a reta vermelha é um eixo de simetria do triângulo. Determine as medidas de *x* e *y*.

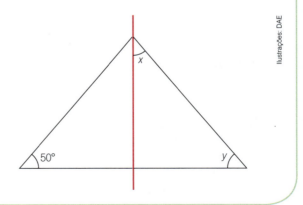

14. Soma das medidas dos ângulos internos de um quadrilátero

Será que os quadriláteros têm alguma propriedade relativa aos seus ângulos internos? Que tal investigarmos?

Traçamos um quadrilátero qualquer ABCD. Vamos identificar seus elementos.

- 4 lados: $\overline{AB}$, $\overline{BC}$, $\overline{CD}$, $\overline{DA}$
- 4 vértices: A, B, C, D
- 4 ângulos internos: $\hat{A}$, $\hat{B}$, $\hat{C}$ e $\hat{D}$
- 2 diagonais: $\overline{AC}$ e $\overline{BD}$

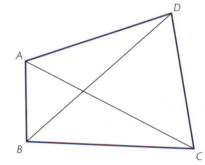

Se traçarmos somente a diagonal $\overline{AC}$, o quadrilátero ABCD fica dividido em dois triângulos.

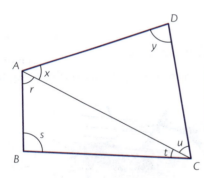

As diagonais são segmentos de reta cujas extremidades são vértices não consecutivos de um polígono. Um triângulo não tem diagonais. Os quadriláteros têm duas diagonais.

De acordo com a figura, a soma das medidas dos ângulos internos desse quadrilátero é:

$$\underbrace{r + s + t}_{180°} + \underbrace{u + y + x}_{180°} = 360°$$

Como ABCD é um quadrilátero qualquer, verificamos que:

A soma das medidas dos ângulos internos de um quadrilátero é igual a 360°.

Usando essa propriedade, podemos descobrir a medida do ângulo desconhecido no quadrilátero ao lado.

$$80° + 60° + 100° = 240°$$

A medida do ângulo desconhecido é o que falta para completar 360°, ou seja, 360° − 240° = 120°. Portanto, x = 120°.

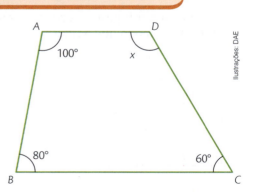

EXERCÍCIOS

61. Em cada item, verifique se as retas *r* e *s* são ou não perpendiculares.

a) b)

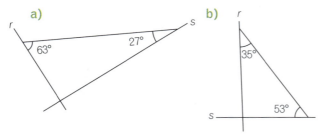

62. Qual é o valor de *x*?

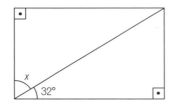

63. A reta vermelha representa um eixo de simetria do quadrilátero *ABCD*. O ângulo *BÂD* mede 75°.

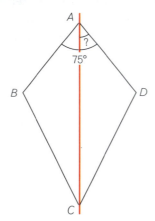

Quanto mede, em graus, o ângulo *CÂD*?

64. Acrescente à figura da esquerda os dois quadrados, de modo que a figura obtida tenha:

a) um eixo de simetria;
b) dois eixos de simetria.

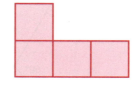

65. Calcule o valor de *x* nos quadriláteros.

a) b)

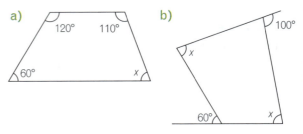

66. Calcule o valor de *x* na figura.

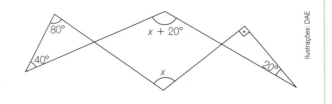

Os ângulos na arte

Observe a reprodução do quadro a seguir:

Wassily Kandinsky. *Sobre os pontos*, 1928. Óleo sobre tela, 140 cm × 140 cm.

Nesta e em outras obras de sua autoria, Wassily Kandinsky (1866-1944), um dos maiores pintores do século XX, explora o emprego de ângulos.

REVISANDO

67. (Encceja-MEC) O croqui abaixo mostra um mapa que fornece as indicações para chegar à chácara nele indicada.

Luciana, para chegar à chácara, após fazer o retorno, deve:

a) virar à direita, virar à esquerda, entrar na rua 3.
b) virar à direita, virar à esquerda, entrar na rua 4.
c) virar à esquerda, virar à direita, entrar na rua 3.
d) virar à esquerda, virar à esquerda, entrar na rua 4.

68. A cada 24 horas a Terra dá um giro de 360°. Quantos graus a Terra gira em 12 horas? E em 18 horas?

Só vale cálculo mental!

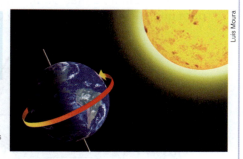

O tamanho dos elementos da figura e a distância entre eles não estão na proporção. Foram utilizadas cores-fantasia.

69. As diferentes posições do guarda-sol em relação à areia nos dão uma ideia de diferentes tipos de ângulo.

a) Como é chamado um ângulo de 90°?
b) Como é chamado um ângulo maior que 90°?
c) Como é chamado um ângulo menor que 90°?

70. Observe cuidadosamente estes ângulos. Estime a medida, em graus, de cada um deles.

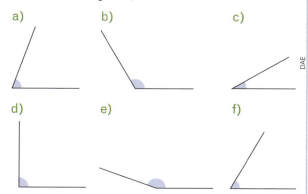

Utilize agora o transferidor para verificar se as estimativas se aproximam do valor correto.

71. Observe os relógios:

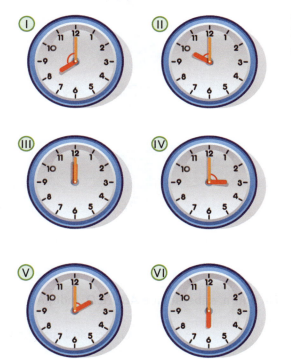

Em cada um deles, os ponteiros formam um ângulo.

a) Quais são as medidas dos ângulos?
b) Classifique cada um deles.
c) Há ângulos com medidas iguais?
d) Escreva outro horário em que os ponteiros de IV formem um ângulo reto.

ÂNGULOS E TRIÂNGULOS 265

72. Observe a figura e responda.

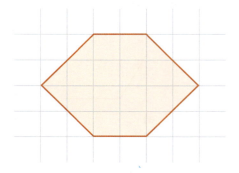

a) Quantos lados tem esse polígono?
b) Quais são as medidas de seus ângulos internos?

73. Veja a figura:

Se $A\hat{O}B$ mede 45°, determine a medida de:

a) $C\hat{O}D$;
b) $B\hat{O}D$.

74. Na figura, sabe-se que $AB \perp CD$. Indique:

a) um ângulo agudo;
b) um ângulo obtuso;
c) um ângulo reto;
d) dois ângulos complementares;
e) dois ângulos suplementares;
f) dois ângulos opostos pelo vértice.

O símbolo $\perp$ significa: perpendicular.

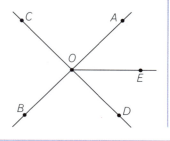

75. (Saresp) O trajeto da vovó pela casa tem a forma do triângulo cujos valores dos ângulos internos estão indicados na figura. Com essas informações, determine o valor do ângulo *a*.

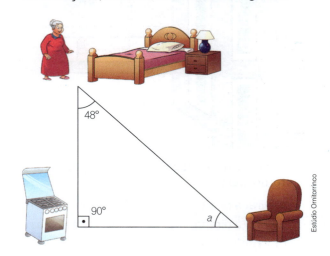

76. (Saresp) O movimento completo do limpador do para-brisa de um carro corresponde a um ângulo raso. Na situação descrita pela figura, admita que o limpador está girando em sentido horário e calcule a medida do ângulo que falta para que ele realize o movimento completo.

77. Determine o valor de *x* nas figuras abaixo.

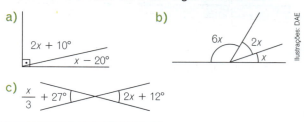

a) $2x + 10°$; $x - 20°$
b) $6x$; $2x$; x
c) $\dfrac{x}{3} + 27°$; $2x + 12°$

78. Copie e complete os quadros.

Ângulo	Complemento
32°	
	71°
45°	
	28°
x	

Ângulo	Suplemento
52°	
	85°
120°	
	106°
x	

79. A soma do complemento com o suplemento de um ângulo é 110°. Quanto mede o ângulo?

80. A tesoura de jardineiro está fechada. Seus dois cabos formam um ângulo de 30°.

Agora as duas lâminas foram abertas em 10°.

Qual é a medida do novo ângulo formado pelos cabos?

81. Calcule as medidas indicadas pelas letras.

a)

b)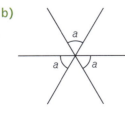

82. O pentágono ao lado é formado por um triângulo equilátero e por um quadrado.

a) Qual é o valor de x?
b) Qual é o valor de y?

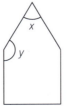

DESAFIOS NO CADERNO

83. Um relógio se reflete no espelho como pode ser observado na figura.

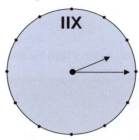

a) Que horas marca?
b) Qual é, em graus, o menor ângulo formado pelos dois ponteiros?

84. Calcule a medida y sabendo que a bandeira tem um eixo de simetria e que x mede 40°.

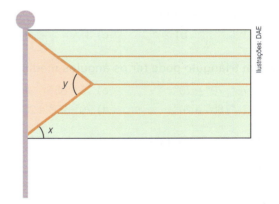

85. Jogo de dominó dos ângulos complementares
A figura mostra duas peças de dominó que podem ser unidas, pois 38° e 52° representam medidas de ângulos complementares.

| 20° | 38° | | 52° | 14° |

Experimente colocar as peças seguintes em linha utilizando a regra do jogo.

| 78° | 41° | | 49° | 12° |

| 36° | 12° | | 25° | 61° |

| 68° | 65° | | 29° | 54° |

ÂNGULOS E TRIÂNGULOS **267**

AUTOAVALIAÇÃO

Anote no caderno o número do exercício e a letra correspondente à resposta correta.

86. Um quadro de avisos tem forma retangular.

Quantas diagonais tem este quadro?

a) 1   b) 2   c) 3   d) 4

87. Um triângulo pode ter os ângulos medindo:

a) 70°, 70° e 70°   c) 75°, 85° e 25°
b) 75°, 85° e 20°   d) 70°, 90° e 25°

88. 72° é a medida do:

a) suplemento de um ângulo de 98°.
b) complemento de um ângulo de 98°.
c) suplemento de um ângulo de 108°.
d) complemento de um ângulo de 108°.

89. O complemento e o suplemento do ângulo de 57°30' medem, respectivamente:

a) 90° e 180°   c) 32°30' e 122°30'
b) 180° e 90°   d) 122°30' e 32°30'

90. Às 11 horas e 15 minutos, o ângulo a formado pelos ponteiros de um relógio mede:

a) 120°
b) 112°30'
c) 108°30'
d) 127°30'

91. (UFMA) Dois ângulos opostos pelo vértice medem $3x + 10°$ e $x + 50°$. Um deles mede:

a) 20°   b) 30°   c) 70°   d) 80°

92. Qual é o valor de y?

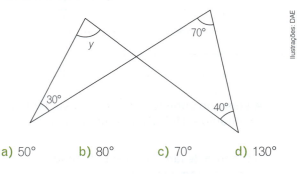

a) 50°   b) 80°   c) 70°   d) 130°

93. Qual é o valor de $x + y$ na figura?

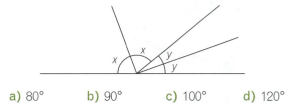

a) 80°   b) 90°   c) 100°   d) 120°

94. (Laosp) Para pintar a fachada lateral de um prédio, os pintores utilizaram duas escadas, AD e BE, que formavam entre si um ângulo de 45°, conforme mostra a figura. Sabendo que x mede 10°, então y medirá:

a) 25°
b) 30°
c) 35°
d) 40°

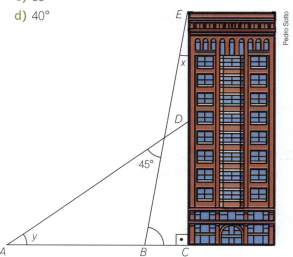

SUGESTÕES DE LIVROS E *SITES*

Para ler...

A Geometria na sua vida. Nílson José Machado. São Paulo: Ática, 2003.

Por meio de capítulos com títulos sugestivos, tais como "A geometria esconde-se na natureza?", "Você come corpos geométricos?" e "Com que poliedros se constroem os monumentos?", o livro destaca a importância da Geometria na arte, na arquitetura, no trabalho, no cotidiano.

A invenção dos números. Oscar Guelli. São Paulo: Ática, 1998.

Trata da história da evolução dos números. Rico em ilustrações, exemplos e atividades para o leitor, aborda sistemas de numeração de antigas civilizações, o surgimento das frações e dos números negativos.

Coleção Investigação Matemática. Marion Smoothey. São Paulo: Scipione, 2001.

Em livros de leitura fácil e rápida, temas da Matemática são apresentados de forma descontraída. Todos os livros têm atividades como jogos e quebra-cabeças. Para você, aluno do 7º ano, sugerimos os títulos:

- Razão e proporção;
- Triângulos;
- Escalas;
- Quadriláteros.

Medindo comprimentos. Nílson José Machado. São Paulo: Scipione, 2000.

Este livro permite retomar e ampliar conhecimentos sobre medidas de maneira simples e contextualizada.

Números com sinais: uma grande invenção. Oscar Guelli. São Paulo: Ática, 2000.

Por meio da História da Matemática, o livro trabalha, de forma agradável, ideias e situações ligadas aos números negativos e sua evolução no tempo, chegando às operações que envolvem esses números.

O homem que calculava. Malba Tahan. Rio de Janeiro: Record, 2001.

Conta as histórias de Beremiz Samir e de outros personagens "das arábias". Beremiz, brilhante nos cálculos e nos raciocínios, resolve problemas envolventes e desafiadores. É um clássico da literatura lúdica da Matemática.

Polígonos, centopeias e outros bichos. Nílson José Machado. São Paulo: Scipione, 2000.

Uma leitura leve e agradável, que investiga os polígonos, seus elementos e propriedades, a partir da observação do mundo físico e de situações do cotidiano. Dentre os muitos trechos interessantes do livro, destacamos a história do sapo matemático e da centopeia paralítica.

Como encontrar a medida certa. Carlos Marcondes. São Paulo: Ática, 2001.

Quatro amigos participam de uma Olimpíada onde precisam solucionar questões que envolvem medidas.

Para navegar...

<http://www.ibge.gov.br>

Selecione canais e clique em IBGE *teen*.

- **Mão na roda**: para encontrar informações gerais sobre o Brasil, em números, gráficos e mapas.
- **Calendário**: relaciona e comenta datas comemorativas do Brasil e do mundo.
- **Censo 2007** e **Censo 2010**: como o nome já diz, contém dados dos censos, como população, escolaridade, condições de vida do povo brasileiro, produção agrícola e pecuária.
- **Mapas**: para uso escolar, disponíveis para visualização e *download*.
- **Biblioteca**: conteúdo para pesquisa, principalmente em História e Geografia.
- **Notícias**: para ler o que há de novo em dados sobre o Brasil e outros temas.

<http://cienciahoje.uol.com.br>

Clicando em "CH das crianças", você encontra um menu que permite acessar não só as páginas sobre Matemática, mas também sobre outros ramos da Ciência.

<http://somatematica.com.br>

Cadastrando-se gratuitamente é possível acessar listas de exercícios, artigos, biografias de grandes matemáticos, jogos e também fóruns de discussão.

<http://www.obm.org.br>

Site das Olimpíadas Brasileiras de Matemática, contendo provas e gabaritos, com *download* disponível.
Bom para testar seus conhecimentos. Há *links* para *sites* sobre a História da Matemática e sobre constantes famosas como o número π (pi).

<http://www.obmep.org.br>

Site das Olimpíadas Brasileiras de Matemática das Escolas Públicas. Traz provas de anos anteriores e um grande banco de questões.

<http://www.escolakids.com/matematica>

Site interessante com temas da Matemática e de outras ciências.

<http://www2.tvcultura.com.br/aloescola>

Além de assuntos ligados à Matemática, o *site* aborda temas importantes, como a água, de forma leve e atraente.

<https://pt.khanacademy.org>

Plataforma gratuita com videoaulas sobre vários assuntos. Permite ao usuário cadastrar-se para receber um acompanhamento de suas atividades.

<http://www.numaboa.com/escolinha/matematica>

Site para consulta sobre vários temas.

<http://www.klickeducacao.com.br>

O *site* permite acesso gratuito a algumas páginas. Clique em "Matemática" no menu "Biblioteca Viva" para pesquisar temas em vários campos da Matemática.

<http://tube.geogebra.org>

Neste canal é possível fazer o *download* do *software* GeoGebra, que é gratuito, além de acessar várias atividades interativas principalmente de Geometria.

<http://escolovar.org/mat.htm>

Este *site* é muito interessante para professores e alunos. Há uma variedade enorme de atividades disponíveis: jogos, animações, simuladores, brincadeiras envolvendo números e formas.

<http://www.wisc-online.com/ListObjects.aspx>

Clicando em Learning Objects, General Education, General Math ou Technical Math, há um grande número de objetos educacionais disponíveis, incluindo apresentações em Power Point sobre vários conteúdos como equações, frações algébricas e áreas de polígonos. Não é preciso cadastro. Os textos estão em inglês, mas são simples.

<http://www.matinterativa.com.br/layout.swf>

Contém aulas digitais, *games*, laboratório de matemática, projetos, artigos e variedades.

<http://www.mais.mat.br/wiki/Página_principal>

Repositório que reúne mais de 150 recursos educacionais em diversas mídias (áudios, vídeos, *softwares*, textos e experimentos práticos), voltados para os Ensinos Fundamental e Médio.

<http://www.ime.usp.br/~matemateca/>

Mostra objetos matemáticos expostos anualmente na Matemateca, no Instituto de Matemática e Estatística da Universidade de São Paulo (IME – USP). Eles são confeccionados com o intuito de despertar curiosidade, servir de incentivo ao aprendizado e divulgar de maneira interessante e divertida temas da Matemática.

<http://matematica.com.br/site/>

O *site* reúne as questões de Matemática de grandes vestibulares. Também apresenta um material didático (artigos, vídeos, provas, desafios, curiosidades etc.) sobre a disciplina para os Ensinos Fundamental e Médio, bem como conteúdo sobre a aplicação da Matemática no dia a dia.

<http://www.projetos.unijui.edu.br/matematica/fabrica_virtual/>

Contém objetos de aprendizagem do Laboratório Virtual de Matemática da Universidade Regional do Noroeste do Estado do Rio Grande do Sul (Unijuí) e da Rede Internacional Virtual de Educação (Rived).

<http://www.peda.com/poly>

Em inglês, programa para exploração e construção de poliedros.

<http://www.planetaeducacao.com.br>

Portal educacional que tem como objetivo disseminar as novas tecnologias da informação e da comunicação. Apresenta artigos sobre números inteiros e números decimais para o 6º ano.

<http://alea-estp.ine.pt> e <http://alea.ine.pt/html/probabil/html/probabilidades.html>

Ação Local de Estatística Aplicada é um *site* de Portugal que traz textos com noções de Estatística e Probabilidades, textos históricos, problemas, desafios, jogos, curiosidades etc.

<http://www.fc.up.pt/atractor/mat/Polied/poliedros.html>

Página do *site* da Faculdade de Ciências da Universidade do Porto, Portugal, apresenta animações de poliedros em 3D.

<http://nautilus.fis.uc.pt/mn/pitagoras/pitflash1.html>

Contém diversos jogos abordando temas da Matemática, dentre eles sobre o teorema de Pitágoras.

<http://matematica.no.sapo.pt/nconcreto.htm>

Apresenta texto sobre o surgimento do número.

(Estes *sites* foram indicados com base em conteúdos acessados em março de 2015).

REFERÊNCIAS

BORIN, Júlia. *Jogos e resolução de problemas*: uma estratégia para as aulas de Matemática. São Paulo: IME; USP, 1995.

BOYER, Carl B. *História da Matemática*. São Paulo: Edgard Blücher, 1996.

BRASIL. MINISTÉRIO DA EDUCAÇÃO. Secretaria de Educação Fundamental. *Parâmetros Curriculares Nacionais de Matemática*. Brasília: SEF; MEC, 1998.

CARDOSO, Virgínia Cardia. *Materiais didáticos para as quatro operações*. São Paulo: IME; USP, 1992.

CENTURION, Marília. *Conteúdo e metodologia da Matemática, números e operações*. São Paulo: Scipione, 1994.

D'AMBRÓSIO, Ubiratan. *Da realidade à ação* – reflexões sobre educação e Matemática. São Paulo: Summus, 1995.

_____. *Educação matemática*: da teoria à prática. Campinas: Papirus, 1996.

DINIZ, Maria Ignez de Souza Vieira; SMOLE, Kátia Cristina Stocco. *O conceito de ângulo e o ensino de geometria*. São Paulo: IME; USP, 1992.

GUELLI, Oscar. *A invenção dos números*. São Paulo: Ática, 1998. v. 1. (Coleção Contando a História da Matemática).

IFRAH, Georges. *Números*: a história de uma grande invenção. Rio de Janeiro: Globo, 1992.

KAMII, Constance. *Aritmética*: novas perspectivas. Implicações da teoria de Piaget. Campinas: Papirus, 1992.

KRULIK, Stephen; REYS, Robert E. (Org.). *A resolução de problemas na matemática escolar*. São Paulo: Atual, 1997.

LIMA, Elon Lages. *Áreas e volumes*. Rio de Janeiro: Ao Livro Técnico, 1975. (Coleção Fundamentos da Matemática Elementar).

MACHADO, Nílson José. *Coleção Matemática por Assunto*. São Paulo: Scipione, 1988. v. 1.

MOISE, E; DOWNS, F. L. *Geometria moderna*. São Paulo: Edgard Blücher, 1971.

NETO, Ernesto Rosa. *Didática da Matemática*. São Paulo: Ática, 1987.

POLYA, George. *A arte de resolver problemas*. Rio de Janeiro: Interciência, 1978.

RUBINSTEIN, Cléa et al. *Matemática para o curso de formação de professores*. São Paulo: Moderna, 1977.

SANTOS, Vânia Maria Pereira (Coord.). *Avaliação de aprendizagem e raciocínio em Matemática*: métodos alternativos. Rio de Janeiro: IM-UFRJ; Projeto Fundão; Spec/PADCT/Capes, 1997.

STRUIK, Dirk J. *História concisa das Matemáticas*. Lisboa: Gradiva, 1997.

TROTA, Fernando; IMENES, Luiz Márcio; JAKUBOVIC, José. *Matemática aplicada*. São Paulo: Moderna, 1980.

WALLE, John A. van de. *Matemática no Ensino Fundamental*: formação de professores e aplicação em sala de aula. Porto Alegre: Artmed, 2009.

ZABALLA, Antoni (Org.). *A prática educativa*: como ensinar. Porto Alegre: Artmed, 1998.

MOLDES E MALHAS

1. Prisma triangular (atividade Montando prismas e pirâmides)

CONSERVE SEU LIVRO
Tire cópias dos moldes e da malha.

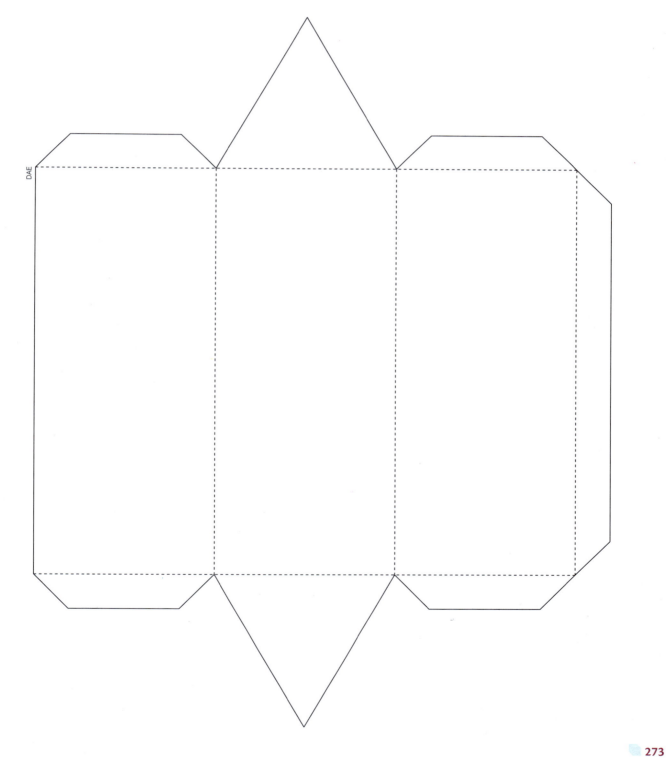

273

2. Prisma pentagonal

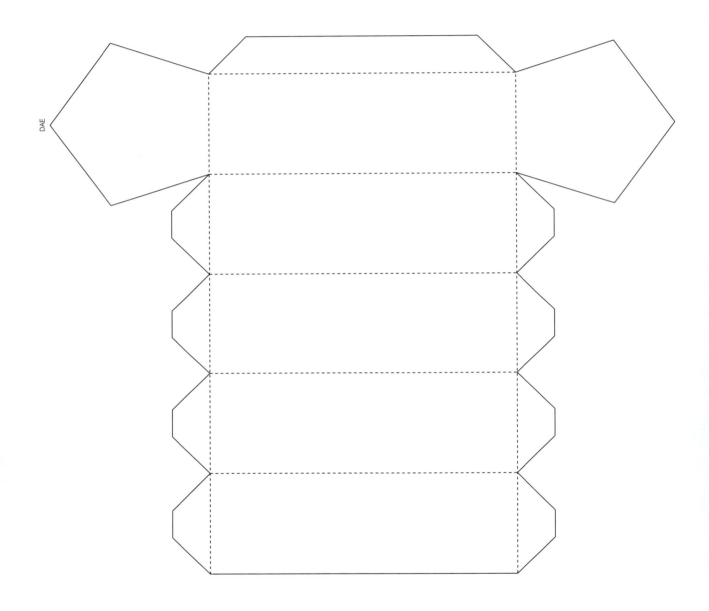

3. Prisma hexagonal

CONSERVE SEU LIVRO
Tire cópias dos moldes e da malha.

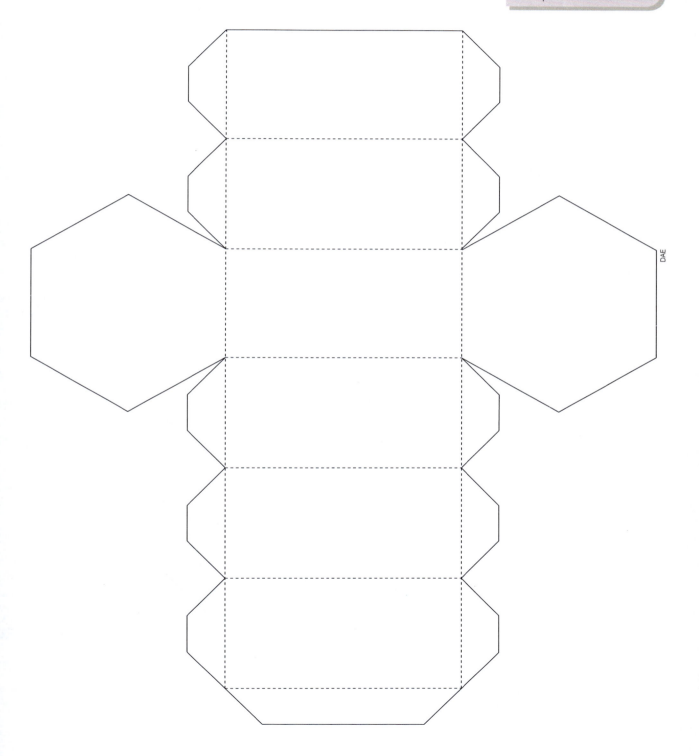

4. Pirâmide de base quadrada

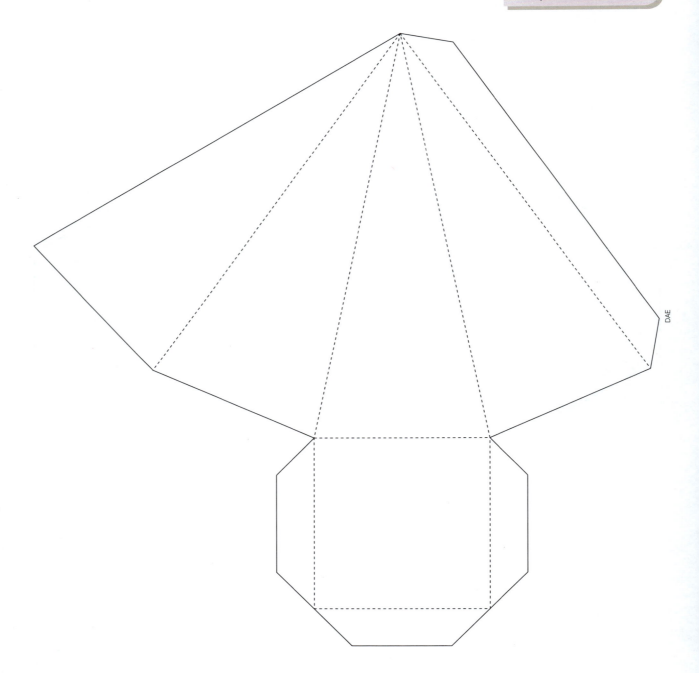

5. Pirâmide de base pentagonal

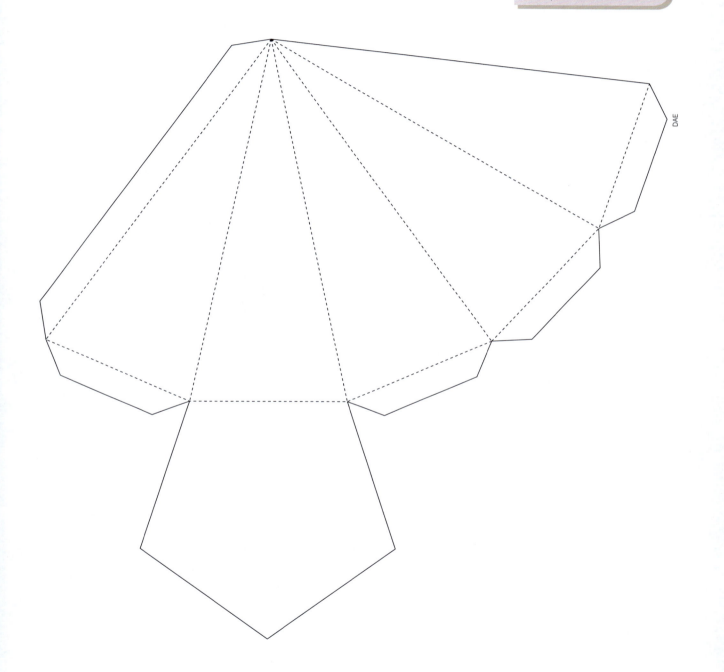

6. Tetraedro regular

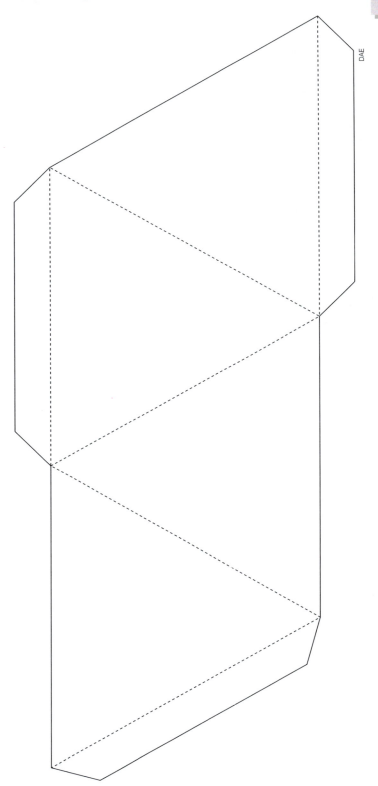

7. Cubo ou hexaedro regular

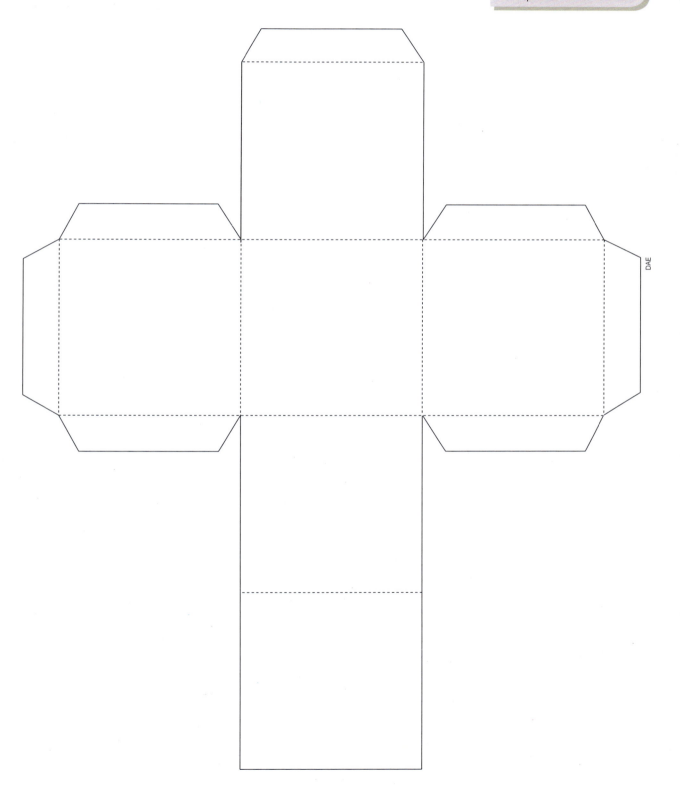

8. Octaedro regular

CONSERVE SEU LIVRO
Tire cópias dos moldes e da malha.

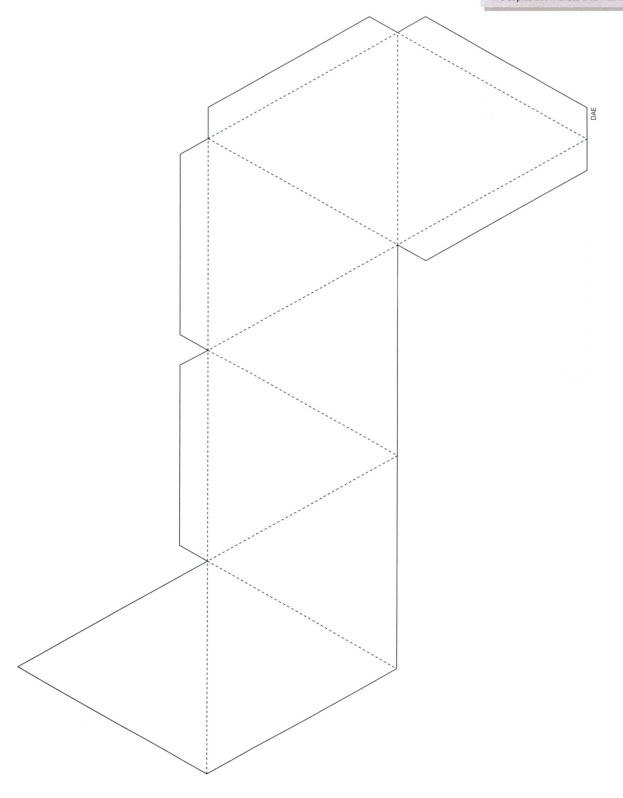

9. Dodecaedro regular

CONSERVE SEU LIVRO
Tire cópias dos moldes e da malha.

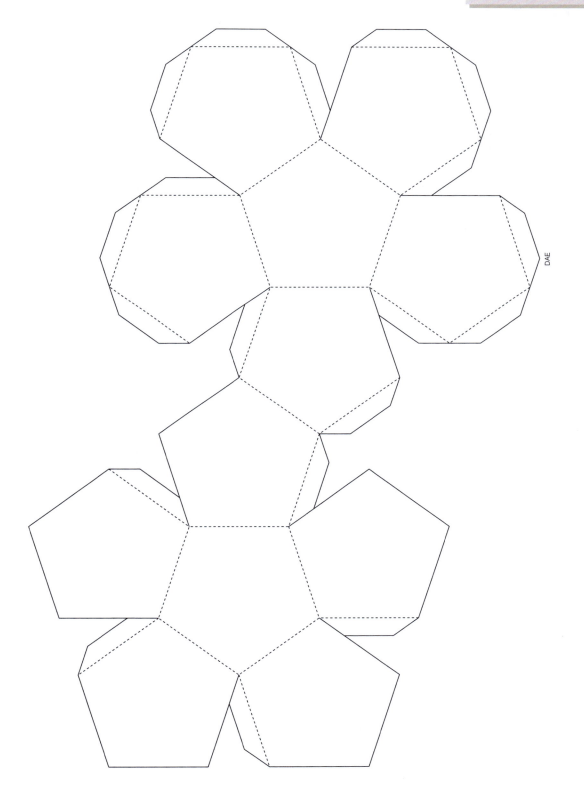

10. Icosaedro regular

CONSERVE SEU LIVRO
Tire cópias dos moldes e da malha.

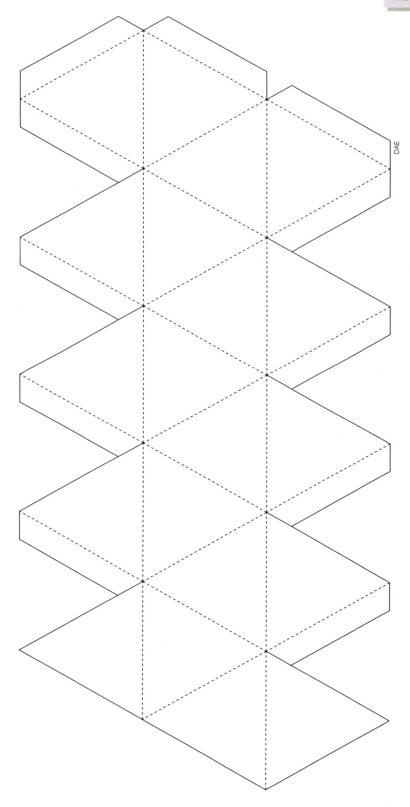

11. Malha triangular

CONSERVE SEU LIVRO
Tire cópias dos moldes e da malha.

RESPOSTAS DOS EXERCÍCIOS

UNIDADE 1

Revisando

Página 19

39. a) V **c)** V
b) F **d)** F
40. 754
41. R$ 2.005.144,00
42. a) 40; 108 **b)** 4n
43. a) 20 alunos
b) 8 alunos
44. 223
45. Par; par.
46. Ímpar.
47. Domingo.
48. 37 bandeirolas
49. 3 ou 7

Página 20

50. 16 bombons
51. b
52. b
53. 30 003, 30 030, 30 300 e 33 000
54. 600 g
55. 400 g, 350 g e 250 g
56. 84 cm
57. 2,28 m

Página 21

58. a) 77 e 78; 2 números
b) 51, 52 e 53; 3 números
67 números
59. 20 páginas
60. b
61. c
62. c
63. b

Página 22

64. 40 segundos
65. 10 tipos
66. a) 104 mulheres e crianças
b) 54 homens

Desafios

67. R$ 177,00
68. 12 livros
69. 5 lápis
70. a) 888
b) 987, 978, 897, 879, 798 e 789
c) 996, 969 e 699

Autoavaliação

Página 24

71. d **75.** b
72. a **76.** b
73. d **77.** c
74. a **78.** b

UNIDADE 2

Seção livre

Página 31

1. a) 2004 e 2010
b) 58,88
2. a) R$ 5,40
b) R$ 1,75 litros
c) R$ 44,75

Página 49

82. 8 vezes
83. Joaquim Cruz: 8 m em 1 s
Robson Caetano: 10 m em 1 s
Robson Caetano foi o mais veloz.

Revisando

Página 50

84. Guilherme: 6 balas; Pedro: 4 balas.
85. 0,2; $\frac{1}{4}$; 0,4; $\frac{1}{2}$; 0,7; $\frac{3}{4}$; 0,9
86. a) $\frac{14}{2}, \frac{21}{3}$ (Há outras possibilidades.)
b) $\frac{65}{10}$
c) $\frac{2}{9}, \frac{4}{18}$ (Há outras possibilidades.)
d) $\frac{12}{5}$
87. a) A
b) C
88. 0,16 litro
89. a) 8,5 **c)** 1,5
b) 2,1 **d)** 3,3
90. 1 pão e meio
91. a) $\frac{17}{30}$ **d)** $\frac{5}{6}$
b) $\frac{9}{8}$ **e)** $\frac{13}{5}$
c) $\frac{17}{12}$ **f)** $\frac{13}{4}$
92. 1,6 m
93. c

Página 51

94. a) José. **c)** 0,05 m
b) Rodrigo.
95. a) O percurso de Rodrigo.
b) Mais.
c) $\frac{1}{4}$
96. a) Davi. **c)** $\frac{1}{10}$
b) $\frac{9}{10}$
97. 192 calorias
98. 200 gramas

Página 52

99. 20 pacientes
100. a) 0 **c)** 1
b) 13,51 **d)** 0,17
101. Porque $3,2^2 = 10,24$.
102. a) 13,5 **b)** 1,4
103. 12 min
104. A: 0,550 kg; B: 0,325 kg
105. a) R$ 2,50
b) R$ 2,50
c) R$ 1,50
d) R$ 3,70
106. a) 1,5 **b)** 1,92
107. 0,05
108. 9,1

Página 53

109. 180 pessoas
110. a) $\frac{7}{6}$ **b)** $\frac{1}{10}$
111. 2 h e 15 min
112. 3 min 20 s
113. 6 min 53 s

Desafios

114. 8 kg
115. a) Cinco embalagens com 4 latinhas.
Quatro embalagens com 5 latinhas.
Duas embalagens com 4 latinhas mais duas embalagens com 6 latinhas.
Duas embalagens com 5 latinhas mais uma embalagem com 4 latinhas mais uma embalagem com 6 latinhas.
b) Comprando quatro embalagens com 5 latinhas; R$ 32,00.

Seção livre
Página 54
- $\dfrac{1}{2} + \dfrac{1}{3} + \dfrac{1}{9} = \dfrac{9}{18} + \dfrac{6}{18} + \dfrac{2}{18} = $
  $= \dfrac{17}{18}$
- $1 - \dfrac{17}{18} = \dfrac{1}{18}$

Autoavaliação
Página 55
116. d
117. c
118. c
119. d
120. c
121. a
122. a
123. d

Página 56
124. d
125. b
126. c
127. c
128. b
129. b
130. b
131. c

UNIDADE 3
Revisando
Página 84
107. **a)** $+9$ **d)** $+6$
   b) -15 **e)** -20
   c) -3
108. **a)** $+1$ **d)** -6
   b) -6 **e)** -5
   c) -5
109. C
110. $-10; -\dfrac{3}{2}; 0; \dfrac{1}{2}; 3,9; 4$
111. $-1, 0, 1, 2$ e 3
112. **a)** Em 2013 e 2014.
   b) Em 2012 e 2015.
   c) Prejuízo.
   d) Em 2014.
   e) -40 milhões
   f) 10 milhões

Página 85
113. -54
114. **a)** 14 **c)** -15
   b) 12 **d)** -6
115. **a)** 10 **d)** 38
   b) -1 **e)** -17
   c) -28 **f)** -60
116. $-R\$ 120,00$
117. **a)** $4; -6$
   b) $(-2) + (+2); (-1) + (+1); 0 + 0$
118. $+16$
119. d

120. b
121. 10 copos

Página 86
122. -23
123. **a)** $3 - 3; -2 + 2$
   b) $-5 + 2$
   c) $3 \cdot (-5)$
   d) $(-2) \cdot (-5)$
   e) $3 \cdot (-2); 2 \cdot (-3)$
   f) $2 \cdot 3 \cdot 4; (-2) \cdot (-3) \cdot 4$
124. **a)** -9 **c)** -25
   b) -35 **d)** 14
125. **a)** $\dfrac{19}{27}$ **e)** -1
   b) $\dfrac{17}{2}$ **f)** $-\dfrac{5}{12}$
   c) 0 **g)** $\dfrac{15}{4}$
   d) $\dfrac{19}{4}$ **h)** 6

Desafios
126. 61 pontos
127. **a)** 9 **c)** 3
   b) -5 **d)** 5
128. 2^{31}
129. -5
130. -280
131. 2

Autoavaliação
Página 87
132. b
133. a
134. d
135. c
136. a
137. c
138. c
139. d

Página 88
140. d
141. b
142. c
143. a
144. b
145. d
146. a
147. a
148. a

UNIDADE 4
Seção livre
Página 110
Aproximadamente 90 vezes.
- 720 000 km
- 50 km
- Aproximadamente 30 km.

Revisando
Página 111
39. Receita A.
40. O da 3ª xícara.
41. **a)** Resposta pessoal.
   b) 25 xícaras
42. $A = 204; B = 306; C = 612; D = 2\,040$
43. **a)** 12 **b)** 9
44. 105 latas
45. **a)** $\dfrac{3}{8}$
   b) $\dfrac{5}{8}$
   c) 1 500 camisetas

Página 112
46. **a)** Sair uma bolinha branca (por exemplo).
   b) Sair uma bolinha preta.
   c) Sair uma bolinha azul.
47. Luís.
48. 63 anos
49. 12 folhas de alface
50. 24 cm
51. 25 palitos

Página 113
52. 24,6 km/h
53. 3 minutos
54. 82,5 kg de farinha; 30 kg de açúcar; 20 kg de frutas cristalizadas
55. $a = 12; b = 0,75; c = 24; d = 9$
56. 10 copos de suco concentrado com 25 copos de água
57. Desenho de um triângulo com 2,5 cm de lado.
58. 9,6 cm
59. 50 m
60. 18 km

Página 114
61. Sim.
62. 42 litros
63. 3 840 calorias
64. **a)** 9 dias **b)** Não.
65. 60 km/h

Desafios
66. A
67. **a)** 38,5 segundos
   b) 9 andares
68. 306 km
69. 6 crianças
70. b

Autoavaliação
Página 115
71. d
72. b
73. b
74. d
75. c
76. b

Página 116
77. d
78. c
79. c
80. d
81. b
82. d

UNIDADE 5
Seção livre
Página 127
1,3 m

Revisando
Página 128
31. 5,4 kg
32. 2,17 litros
33. 20%
34. a) R$ 55,00
    b) 20%
35. R$ 51,00
36. R$ 120,00

Página 129
37. R$ 216,00
38. 36%
39. 98 mulheres

Desafios
40. a) R$ 57,20
    b) R$ 200,00
    c) 20%
41. R$ 0,25
42. a) Sim. Significa que não houve produção.
    b) Não. Uma diminuição de 100% corresponderia ao preço zero, que é o mínimo.

Autoavaliação
Página 130
43. a
44. b
45. c
46. d
47. d
48. c
49. c
50. b
51. b

UNIDADE 6
Seção livre
Página 143
a)

Ano da Olimpíada	Quantidade de medalhas
1996	15
2000	12
2004	10
2008	15
2012	17

b) 13,8 medalhas
c) 10 medalhas de ouro

Revisando
Página 149
41. a) 18 jogos   c) Fevereiro.
    b) 9 jogos   d) Março.
42. c
43. jardim (verde); pomar (marrom); horta (roxo); casa (rosa)
44.

	Porcentagem	Despesa (R$)
TV	37,5%	18 750
Jornais	25%	12 500
Rádio	17,5%	8 750
Revistas	12%	6 000
Correio	8%	4 000
Total	100%	50 000

45. a) Laranja.
    b) 90°
    c) 126°

Página 150
46. b
47. a) 50 quartos
    b) Novembro; 45 quartos.
    c)
48. a) 28   c) 196 pães
    b) Sábado.   d) 126 pães

Página 151
49. a) Março e abril.
    b) 200 cadeiras
    c) Sim. O estoque era suficiente.
50. a) Futebol.   c) Tênis.
    b) 27 alunos   d) 8 alunos
51. a) 50 funcionários
    b) 34 funcionários

Página 152
52. a) 2,5 latas   c) 10,5 latas
    b) 14 latas
53. R$ 23,50
54. R$ 16,50
55. R$ 73,00
56. Resposta pessoal.

Página 153
57. 49
58. −1 °C
59. b
60. R$ 2,50

Desafios
61. a
62. a) 40%   b) 64°

Autoavaliação
Página 154
63. c   65. a
64. a   66. b

Página 155
67. d   70. b
68. a   71. b
69. b   72. d

Página 156
73. c   76. d
74. c   77. c
75. b   78. b

UNIDADE 7
Revisando
Página 171
18. a) A, C, D, E e F   c) B
    b) D e F   d) E
19. a) D   c) B
    b) D   d) A
20. Sim. E.
21. Pirâmide hexagonal.
22. a) 6 faces
    b) 8 vértices
    c) 12 arestas
    d) 7 faces
    e) 10 vértices
    f) 15 arestas
    g) Triângulo; quadrados; pentágonos.
23. Um cilindro.
24. Pirâmide.

Página 172
25. a)

	Bolinhas	Canudinhos
1ª construção	8	12
2ª construção	6	9

   b) 15 canudinhos
   c) 3
26. 16 vértices; 24 arestas
27. 7 vértices; 12 arestas

Desafios
28. a) 11 faces
   b) 11 vértices
   c) 20 arestas
29. 51 caixotes
30. a) 27 pequenos cubos
   b) 1 pequeno cubo
   c) 12 pequenos cubos
   d) 8 pequenos cubos

Autoavaliação
Página 174
31. a   **33.** b
32. d   **34.** a

Página 175
35. c
36. b
37. c
38. b
39. c

Página 176
40. a
41. d
42. c
43. b
44. c
45. d

UNIDADE 8
Revisando
Página 198
45. R$ 88.000,00
46. 12 cm²
47. Perímetro: 48 cm
   Área: 72 cm²

48. a) 600 m²   **b)** 16 m
49. a) R$ 89,36
   b) R$ 51,06
50. B, C, A e D.
51. 0,78 m²; 1,2 m²

Página 199
52. a) 150 mL   **b)** 200 mililitros
53. A, D e H; B, F e I; C, E e G.
54. 3 000 embalagens
55. 1,5 L
56. a) 6 placas de vidro
   b) 0,6 m²; 0,48 m²; 0,20 m²
   c) 2,56 m²
   d) 240 L
57. 432 km
58. 3 808 cm³

Página 200
59. a) 90 minutos
   b) 2 600 litros
60. I, F, J, O, L, M, H
61. 330 cm²

Desafios
62. R$ 1.620,00
63. c
64. 50 cm

Autoavaliação
Página 201
65. d   **68.** a
66. a   **69.** a
67. c   **70.** d

Página 202
71. d
72. a
73. c
74. a
75. c
76. c

UNIDADE 9
Revisando
Página 218
48. a) 5   **f)** 60
   b) 10   **g)** $\frac{1}{2}$
   c) -6
   d) 8   **h)** 0,4
   e) 0,4   **i)** 2
                      j) 25

49. 4 kg
50. $x = 12$
51. 22,5 kg
52. 600 g
53. a) -11
   b) 5
   c) $-1,54$
   d) $-\frac{3}{8}$
   e) -25
   f) 4
54. $x = 5$
55. 7 m
56. R$ 40,00

Página 219
57. a) $x = 2$ cm
   b) $x = 3$ cm
58. 1 000 coxinhas
59. 10
60. 80 L
61. a) 2   **d)** $\frac{16}{5}$
   b) 18
   c) 2   **e)** -8
62. R$ 537,50
63. R$ 900,00
64. a) 6
   b) -1

Página 220
65. a)

	Hoje	Daqui a x anos
Carlos	17	$17 + x$
Mário	15	$15 + x$

   b) 20 anos
66. 5 anos
67. a) 9   **c)** $\frac{13}{6}$
   b) 59
68. 7 meninas

Desafios
69. 6 meses
70. R$ 1,92
71. 10 vendedores
72. 40 bombons
73. 75 kg

Seção livre
Página 221
168

Autoavaliação
Página 222
74. a
75. d
76. c
77. d
78. c
79. a
80. d
81. b
82. a

Página 223
83. b
84. d
85. d
86. d
87. c
88. a

Página 224
89. a
90. b
91. b
92. c
93. a
94. c

UNIDADE 10
Revisando
Página 234
31. **a)** $x > 4,8$ **b)** $x > 15$
32. R$ 20,00
33. **a)** $x \geq 2$
    b) $x < -8$
    c) $x > \frac{7}{2}$
    d) $x > -2$
    e) $x \leq 9,6$
    f) $x > 1,6$
    g) $x < \frac{11}{5}$
34. $x > \frac{1}{6}$

Desafios
35. d
36. 17
37. a

Seção livre
Página 235
38. Menos da metade.
39. **a)** 270 km **b)** 405 km
40. Significa que os automóveis podem se deslocar com velocidades que variam de 0 a 60 km/h, ou seja, $0 < \text{velocidade} \leq 60$ km/h.
41. c

42. Pesagem I: descobrimos o grupo mais leve.
    Pesagem II: tomando as 3 laranjas desse mesmo grupo, descobrimos a laranja mais leve.
    I. 1º prato: 3 laranjas
       2º prato: 3 laranjas
       De lado: 3 laranjas
    II. 1º prato: 1 laranja
        2º prato: 1 laranja
        De lado: 1 laranja

Autoavaliação
Página 236
43. d
44. b
45. d
46. b
47. c
48. b
49. d
50. c

UNIDADE 11
Revisando
Página 265
67. b
68. 180°; 270°
69. **a)** Reto.
    b) Obtuso.
    c) Agudo.
70. **a)** 70° **d)** 90°
    b) 120° **e)** 160°
    c) 30° **f)** 60°
71. **a)** I: 120°; II: 60°; III: 0°; IV: 90°; V: 60°; VI: 180°.
    b) I: obtuso; II: agudo; III: nulo; IV: reto; V: agudo; VI: meia-volta ou raso.
    c) II e V
    d) 9 horas

Página 266
72. **a)** Seis.
    b) 135°, 135°, 90°, 135°, 135° e 90°
73. **a)** 45°
    b) 135°
74. **a)** Por exemplo: $A\hat{O}E$.
    b) Por exemplo: $B\hat{O}E$.
    c) Por exemplo: $B\hat{O}C$.
    d) Por exemplo: $A\hat{O}E$ e $E\hat{O}D$.
    e) Por exemplo: $A\hat{O}E$ e $E\hat{O}B$.
    f) Por exemplo: $A\hat{O}C$ e $B\hat{O}D$.
75. 42°
76. 140°
77. **a)** $x = 33°20'$
    b) $x = 20°$
    c) $x = 9°$

Página 267
78.

Ângulo	Complemento
32°	58°
19°	71°
45°	45°
62°	28°
x	$90° - x$

Ângulo	Suplemento
52°	128°
95°	85°
120°	60°
74°	106°
x	$180° - x$

79. 80°
80. 40°
81. **a)** $x = 95°$; $z = 17°$; $y = 68°$; $w = 68°$
    b) $a = 60°$
82. **a)** $x = 60°$
    b) $y = 150°$

Desafios
83. **a)** 9 h 45 min
    b) 22° 30'
84. $y = 80°$
85.

Autoavaliação
Página 268
86. b
87. b
88. c
89. c
90. b
91. c
92. b
93. b
94. c